AF665457

plaisir d'amour

FSC
www.fsc.org
MIX
Papier aus verantwortungsvollen Quellen
Paper from responsible sources
FSC® C105338

HAYLEY FAIMAN

HERO

UNSERE LIEBE TANZT IM STURM

plaisir d'amour

Hayley Faiman
Außergewöhnliche Helden Teil 2:
Hero - Unsere Liebe tanzt im Sturm

Aus dem Amerikanischen ins Deutsche übertragen von L.O. Summers

© 2019 by Hayley Faiman unter dem Originaltitel „Hero (An Unfit Hero Novel, Book 2)
© 2022 der deutschsprachigen Ausgabe und Übersetzung by Plaisir d'Amour Verlag, D-64678 Lindenfels
www.plaisirdamour.de
info@plaisirdamourbooks.com
© Covergestaltung: Sabrina Dahlenburg (www.art-for-your-book.de)
© Coverfoto: Shutterstock.com
ISBN Print: 978-3-86495-566-2
ISBN eBook: 978-3-86495-567-9

Alle Rechte vorbehalten. Dies ist ein Werk der Fiktion. Namen, Darsteller, Orte und Handlung entspringen entweder der Fantasie der Autorin oder werden fiktiv eingesetzt. Jegliche Ähnlichkeit mit tatsächlichen Vorkommnissen, Schauplätzen oder Personen, lebend oder verstorben, ist rein zufällig.

Dieses Buch darf ohne die ausdrückliche schriftliche Genehmigung der Autorin weder in seiner Gesamtheit noch in Auszügen auf keinerlei Art mithilfe elektronischer oder mechanischer Mittel vervielfältigt oder weitergegeben werden. Ausgenommen hiervon sind kurze Zitate in Buchrezensionen.

Ein Held ist ein gewöhnlicher Mensch, der die Kraft findet, trotz überwältigender Hindernisse durchzuhalten und zu bestehen.

Christopher Reeve

INHALT:

Prolog

Wyatt

Vor fünfzehn Jahren – Highschool

Sammis Augen treffen meine, Tränen schimmern in ihnen, und ich frage mich, warum sie so verdammt traurig aussieht. Es ist unser erstes Jahr an der Highschool. Wir haben soeben unser Footballspiel gewonnen und werden zur verdammten nationalen Highschool-Meisterschaft fahren. Es gibt absolut nichts auf der gesamten weiten Welt, worüber man traurig sein muss. Ich habe mein wunderschönes Mädchen an meiner Seite und verflucht – ich bin auf dem Gipfel der Welt!

„Ich bin schwanger", platzt es aus ihr heraus.

Mit offenem Mund starre ich sie an, während der Footballhelm an meinen Fingerspitzen baumelt und die gesamte verfickte Highschool auf dem Feld feiert. Meine ganze Welt dreht sich und kommt dann zum Stillstand.

„Du bist was?", hauche ich.

„Schwanger", flüstert sie.

Mein Helm rutscht mir aus den Fingern und fällt ins Gras. Das Hochgefühl vom Spiel verblasst, das Jubeln und die Siegesrufe um uns herum werden zu einem Hintergrundgeräusch, und ich kann nichts mehr verstehen. Ich starre nur noch Sammi an, mein Herz rast und das Blut rauscht in meinen Ohren.

Fuck.

Schwanger.

Ich falle auf die Knie und nehme ihre Hand in meine. „Heirate mich“, bringe ich mit erstickter Stimme hervor.

Sie reißt ihre Finger aus meinem Griff, ihre Augen weiten sich, während ihre Tränen weiter fließen. „Wyatt“, krächzt sie und schüttelt den Kopf. „Wir können nicht heiraten, wir sind erst sechzehn.“

Mein Blick hält ihren unbeirrt fest. Ich weiß, was ich will. „Ich werde das Richtige tun, Sammi. Wir werden heiraten und dieses Baby großziehen. Wir werden eine glückliche Familie sein.“

„Wir sind zu jung“, murmelt sie und tritt einen Schritt zurück. Ohne ein weiteres Wort wendet sie sich von mir ab und rennt auf ihren langen Beinen davon. Sie läuft vor mir weg, vor meinem Antrag.

„Wyatt?“, ruft Ford Matthews.

Ich greife meinen Helm, stehe auf und drehe mich zu ihm um. Er runzelt die Stirn, aber ich schüttle nur den Kopf. Ich kann ihm nicht sagen, was gerade passiert ist. Nicht bevor Sammi und ich verlobt sind, nicht bevor sie so weit ist, dass die Welt es erfährt. Sammi ist schüchtern und ruhig, ein Grund, warum ich mich gleich zu Beginn unseres ersten Jahres an der Highschool in sie verliebt habe. Sie ist das Mädchen, das in der Klasse ganz vorne in der ersten Reihe sitzt, sie ist klug und immer auf die Schule fokussiert. Ich habe mich in sie verliebt, bevor ich überhaupt ihren Namen kannte. Nun trägt sie mein Baby unter ihrem Herzen, und ich wünsche mir nichts sehnlicher, als dass sie für den Rest meines Lebens meine Frau ist.

„Möchtest du Party machen?“, fragt Ford und unterbricht meine Gedanken.

„Nee, ich werde einfach nach Hause gehen." Ich zucke mit den Schultern. Als ich mich von ihm abwende, hält er mich nicht vom Gehen ab. Ich muss mir einen Plan ausdenken, einen, den Sammi als einwandfrei erachten wird. Einen, der sie am Ende zu meiner Frau macht, sodass wir das Baby gemeinsam großziehen können, wie es sich gehört. Sie kann weiter zur Schule gehen, sie kann sogar das College besuchen. Was immer sie möchte, soll sie bekommen. Solange sie bei mir ist, solange wir unser Baby haben, werde ich glücklich sein. Meine Familie – das ist alles, was mir wichtig ist.

***

Wyatt

Eine Woche später

Seit fünf Tagen trage ich den Ring in meiner Hosentasche mit mir herum. Mit meinen Eltern habe ich gesprochen und ihnen die Wahrheit gesagt. Beide waren großartig und haben sogar angeboten, uns in ihrem Wohnwagen leben zu lassen, bis wir uns ein eigenes Heim leisten können. Ich habe einen Plan, einen idiotensicheren Plan für unsere Zukunft. Das einzige Problem ist, dass ich Sammi bisher nicht dazu habe bewegen können, mit mir zu reden. Sie hat die ganze Woche die Schule geschwänzt, nimmt meine Anrufe nicht entgegen, und jedes Mal, wenn ich zu ihrem Haus gegangen bin, ist es komplett abgedunkelt gewesen und niemand hat geöffnet.

Heute Abend wird sich all das ändern. Ich werde nicht aufgeben, kein „Nein" als Antwort akzeptieren und ihr den Heiratsantrag machen, damit wir unser gemeinsames Leben starten können.

Mit erhobener Faust hämmere ich gegen die Haustür. Zwischen dem vierten Klopfen und Klingeln öffnet sich langsam die Tür. Sammi steht da, dunkle Ringe unter den Augen, gekleidet in eine übergroße Jogginghose und ein Sweatshirt.

„Baby“, krächze ich, schließe sie in meine Arme und ziehe sie an meine Brust.

Sie erwidert meine Umarmung nicht, liegt kraftlos in meinen Armen.

Ich runzle die Stirn, als ich sie etwas von mir schiebe und in ihr viel zu blasses Gesicht sehe. „Ich habe einen Plan. Ich weiß nicht, warum du nicht da gewesen bist, aber ich habe alles genau durchdacht. Ich habe sogar mit meinen Eltern gesprochen und sie unterstützen uns komplett“, plappere ich drauflos.

Ihr Atem stockt, aber ich höre nicht auf zu sprechen. „Mein Vater hat vorgeschlagen, dass ich auf eine Berufsschule gehe, und ich habe eine Fachschule für Elektriker gefunden. Ich würde an Stromleitungen arbeiten und die Schule dauert nur ein paar Monate, danach kann ich eine bezahlte Lehre beginnen. In vier Jahren werde ich Geselle sein und wirklich gut verdienen. Alles wird sich regeln, meine Eltern haben sogar angeboten, dass wir mietfrei im Wohnwagen hinter ihrem Haus wohnen dürfen, bis wir uns ein eigenes Heim leisten können. Meine Mutter möchte uns als Babysitterin helfen, bis du die Highschool abgeschlossen und dich in einem College deiner Wahl eingeschrieben hast. Es wird alles klappen, Baby, du wirst sehen.“

Sammi sagt nichts. Vermutlich liegt es daran, dass ich in meiner Vorfreude über die Zukunft zu viele

Informationen rausgehauen habe. Ich hole den kleinen goldenen Ring aus meiner Hosentasche, nehme einen tiefen Atemzug und stoße ihn zischend wieder aus. Dann falle ich auf die Knie, halte den Ring hoch und mein Blick fixiert ihr gespenstisch blasses Gesicht.

„Ich liebe dich, Sammi! Ich liebe dich seit dem Augenblick, als ich dich das erste Mal gesehen habe. Ich werde dich immer lieben! Das hier mag nicht der Zeitpunkt sein, den wir geplant haben, aber Baby, das ist exakt die Zukunft, die ich mir für uns erträumt habe. Du und ich, verheiratet, eine Familie. Heiratest du mich?“

Sie tritt einen Schritt zurück, ihr Kopf wackelt hin und her. Ihre Augen fokussieren meine, ihr Blick schweift nicht ab, um den Kontakt zu unterbrechen. Als sie spricht, bricht meine gesamte Welt zusammen.

„Ich hatte eine Abtreibung“, haucht sie.

„Was?“, krächze ich und traue ihren Worten nicht. Das kann nicht wahr sein, das würde sie nicht tun, nicht, ohne es mir zu sagen. Nicht, ohne mit mir darüber zu reden. Dieses Baby ist auch meins. Niemals würde sie diese Entscheidung für uns beide treffen, nicht Sammi.

„Es ist das Beste, Wyatt. Schau, wir sind einfach zu jung.“

Mein Herz bricht, es zersplittert in eine Million Scherben, genau hier auf der Veranda von Sammis Elternhaus. Ich stehe auf und fühle mich wie ein Idiot, aber es ist mir egal. Sich wie ein Idiot zu fühlen, ist nichts im Vergleich dazu, ein Baby zu verlieren. Eines, von dem ich gedacht habe, dass es mit Liebe gezeugt wurde. Eines, über das ich mich gefreut habe.

Sie ruft meinen Namen, aber ich ignoriere sie und verschwinde, denn ich kann sie nicht ansehen, nicht jetzt, vielleicht nie wieder. Ich steige in meinen Pickup, starte den Motor und fahre los. Einfach weg, weg von allem. Wie ich meinen Eltern erklären soll, was sie getan hat, weiß ich nicht, und ich habe auch keinen Plan, wie ich es mir selbst verständlich machen soll. Es fühlt sich nämlich einfach nicht real an. Nachdem ich den billigen Ring aus meiner Tasche genommen habe, kurble ich das Fenster runter und werfe ihn auf das Feld hinaus.

Scheiß auf Sammi.

Scheiß auf sie.

***

Exeter

Vor sieben Jahren – Highschool

Zwei pinkfarbene Linien leuchten mir entgegen.

Schwanger.

Siebzehn und schwanger.

Ich blicke hinüber zu dem Kerl, dem potenziellen Vater dieses Babys. Mit geschlossenen Augen hält er sich einen Joint an die Lippen und zieht daran. Unschlüssig, ob ich es ihm sagen soll, kaue ich an meiner Unterlippe. Es muss nicht sein Kind sein. Bisher bin ich mit zwei Männern zusammen gewesen, und beim Gedanken daran, dass dieses Baby von dem anderen Mann sein könnte, dreht sich mein Magen vor Ekel um.

„Babe, bist du fertig mit dem, was auch immer du gerade tust? Komm rüber und mach meinen Schwanz hart, damit du mich ficken kannst“, ruft er und bricht in Gelächter aus.

Ich beiße fester in meine Unterlippe und tue, was er verlangt. Sex ist nur Sex, er bedeutet nichts, hat es nie und wird es nie.

Nachdem er gekommen ist, sammle ich meine Sachen zusammen, gehe und entscheide, dass ich niemals zurückkehren werde. Ich liebe ihn nicht, ich habe nie einen von ihnen geliebt. Ich angle mein Telefon aus der Tasche und rufe meine Cousine Emily an.

„Hallo?“, fragt sie mit trauriger Stimme.

Ich räuspere mich und schließe meine Augen, bevor ich spreche. „Wir müssen uns irgendwo treffen.“

Sie stimmt sofort zu und ich mache mich auf den Weg. Bei jedem Schritt, den ich gehe, weiß ich, dass die Richtung, die ich einschlage, das, was ich tun werde, mein Leben verändern wird. Nichts wird jemals wieder wie früher sein – nicht, dass mein Leben überhaupt großartig wäre, denn das ist es nicht.

Emily ist schon dort, als ich bei dem unscheinbaren, schlichten Gebäude ankomme. Sie ist erst elf Jahre alt, ich bin siebzehn, und wenn ich glauben würde, dass irgendjemand anderes verstehen kann, was ich im Begriff bin zu tun, hätte ich diese Person angerufen. Es gibt hier keine Schilder, aber jeder weiß, was sich hinter diesen Türen befindet.

„Ist es Onkel Davids?“, fragt sie.

Ich schüttle den Kopf und zucke dann die Schultern. „Ich weiß es nicht“, gebe ich zu.

Sie nickt und hält mir ihre Hand hin. Ich schiebe meine Handfläche in ihre und sie drückt sie einmal beruhigend. „Ich werde immer an deiner Seite sein, Ex."

Zusammen betreten wir die Klinik, und mein Leben nimmt eine dramatische Wendung, eine urplötzliche Veränderung, und ebenso Emilys. Von diesem Moment an werde ich alles ändern. Das hier ist ein Hindernis auf meinem Weg, ein äußerst schmerzhaftes, aber ich werde mich nicht länger benutzen und missbrauchen lassen.

Es endet jetzt.

Es endet mit dem hier, und eines Tages werde ich mehr wert sein. Ich werde besser sein!

Kapitel 1

Wyatt

Pardner's ist die einzige Bar hier im Umkreis, die man an einem Freitagabend besuchen kann. Alle meine Freunde sind heute Abend mit anderen Dingen beschäftigt. Louis ist in Vegas, Beaumont ist irgendwo in Kalifornien, Ford ist vermutlich nach einem harten Tag Arbeit auf seiner Ranch vor dem Fernseher eingeschlafen, und Rylan genießt seine frische Beziehung mit einer der süßesten Frauen, die ich je getroffen habe – Channing. Somit bleibe nur ich übrig, um allein ein Bier in einer Bar zu trinken, in der ich so gut wie jede Frau gefickt habe, die hier mit ihren Freundinnen herumsteht. *Jesus!* Ich schließe meine Augen und schütte grunzend weiter Bier in mich hinein. Ich sollte einfach nach Hause gehen und dort mit meiner Alkoholeskapade weitermachen, bis ich umfalle.

Als ich die Augen wieder öffne, nehme ich aus dem Augenwinkel eine Frau wahr. Ich drehe meinen Kopf und mustere ihre gesamte Erscheinung. Sie ist klein, hat dunkles Haar, einen runden Hintern und, verfickt, ihre Titten sind prall und betteln nach meinen Händen. Sie steht allein da und starrt auf den Tisch, als ob sie in Gedanken versunken wäre. Ich stehe auf und beschließe, mein Glück zu versuchen. Sie sollte nicht allein hier sein. Sie sollte nirgendwo allein sein, aber definitiv nicht in dieser Höhle mit diesen Wölfen –, wie ich einer bin.

„Bist du allein hier?“, frage ich, als ich zu ihr an den Tisch trete.

Erschrocken keucht sie auf und hebt den Blick. Ich unterdrücke ein Stöhnen beim Anblick ihrer runden, hellblauen Augen. Sie hat das schönste Gesicht, das ich je gesehen habe. Einige Sommersprossen zieren ihren Nasenrücken und sie hat einen kleinen Schönheitsfleck direkt über ihrer Lippe. Ihre Wangen färben sich rosa, ehe sie mit ihrer Zungenspitze ihre vollen Lippen befeuchtet. Mein Schwanz drückt unangenehm gegen meinen Reißverschluss. Ich muss sie haben, muss in ihr sein.

„Ja, bin ich", gibt sie zu, mit einer Stimme sanft und süß klingend, fast melodisch.

Ich lehne mich über den kleinen Tisch, strecke den Arm aus und umfasse ihr Handgelenk. Sie erlaubt es mir, und mir entgeht nicht, wie ihr Atem stockt, als ich in kleinen Kreisen über ihre weiche Haut reibe.

„Möchtest du mit mir nach Hause gehen?", frage ich und lasse sie wieder los.

Sie runzelt die Stirn, leckt sich erneut über ihre Lippen und schenkt mir ein kleines Lächeln. „Das habe ich noch nie getan, nicht in einer Bar …"

„Ich heiße Wyatt Johnson", sage ich und grinse.

„Exeter White", erwidert sie.

„Lass uns gehen, Schönheit", schlage ich vor.

Ich will nicht nur aus dieser Bar verschwinden, sondern auch in ihr sein. Sie ist atemberaubend, und ich weiß, dass eine Nacht diesem kurvigen Körper zu huldigen genau das ist, was ich brauche, um meinen Kopf freizubekommen. Ich habe mich in Erinnerungen aus der Vergangenheit verloren. Ich muss sie loswerden. Ich muss aufhören, an Sammi zu denken, an alles, was zwischen uns passiert ist.

Ich muss verdammt noch mal weiterziehen.

Exeter zögert nur für einen Moment, dann nimmt sie einen letzten Schluck von ihrem Drink, bevor sie aufsteht. Ich halte ihr meine Hand hin, und ein Ruck durchfährt mich, als sie danach greift. Meine Finger um ihre geschlossen, gehen wir auf die Hintertür der Bar zu. Der Schotterplatz hinter dem Gebäude ist leer bis auf die Autos, die alle wahllos in provisorisch gekennzeichneten Parklücken geparkt sind. Plötzlich bin ich unschlüssig, was ich zu dieser Frau sagen soll. Ich weiß, was ich mit ihr machen möchte, aber ich bin nicht sicher, wie ich ein Gespräch starten soll. Als ich die Tür meines Pick-ups geöffnet habe und sie einsteigt, ist ihr Arsch direkt vor meinem Gesicht, und ich muss bei diesem Anblick ein Stöhnen unterdrücken. Sie ist kurviger, als ich es normalerweise mag, aber fuck, ich möchte jeden Quadratzentimeter dieser Kurven kosten. Sobald sie sich gesetzt hat, schließe ich die Tür und jogge zu meiner Seite rüber. Ich starte den Motor, stelle den Hebel auf Rückwärts und platziere meine Finger auf ihrer Kopfstütze. Ihre Augen mustern mein Profil, als ich nach hinten sehe und raussetze. Mein Schwanz drückt noch mehr gegen meine Jeans, denn die Vorfreude auf das, was kommen wird, ist einfach zu groß.

„Also, was arbeitest du?“, fragt sie mit schüchternem Unterton.

Ich grinse und blicke rüber zu ihr, während ich auf die dunkle Landstraße biege. „Ich bin Elektriker“, verkünde ich mit stolzgeschwellter Brust.

„Elektriker?“, fragt sie.

„Ja. Ich baue Stromleitungen und stelle den Strom wieder her“, erkläre ich.

„Oh“, haucht sie. „Wow.“

„Und du?“, frage ich und umklammere mein Lenkrad so fest, dass ich meine Knöchel knacken höre.

Exeter ist für einen Moment still, dann seufzt sie. „Ich bin staatlich geprüfte Krankenschwester“, sagt sie leise.

„Heilige Scheiße, das ist großartig“, entgegne ich und löse eine Hand vom Lenkrad, um sie auf ihr Knie zu legen. „Das ist ein wunderbarer Beruf. Auf welcher Station arbeitest du?“

Sie legt ihre Hand über meine. „Geburtsstation“, murmelt sie.

Bei ihren Worten krampft sich mein Herz in meiner Brust zusammen. Es sollte mir nichts ausmachen, es sind fünfzehn Jahre vergangen, und es ist nicht so, dass mein Kind jemals geboren worden wäre oder ich gesehen hätte, wie es in Sammis Körper heranwächst. Aber ich denke immer noch beinahe jeden einzelnen Tag daran. Ich denke an die Tatsache, dass er oder sie nun in der Highschool wäre. Ich frage mich, wenn es ein Junge gewesen wäre, würde er wie ich sein, wie ich aussehen? Würde er Football mögen oder würde er mehr wie Sammi sein? Fünfzehn Jahre haben den Schmerz in mir nicht ausgelöscht, dass sie eine Entscheidung für mich getroffen hat, ohne meine Zustimmung, und dass sich niemand einen Dreck interessiert hat, was ich gedacht oder mir gewünscht habe.

***

Exeter

Der Mann neben mir runzelt die Stirn. Ich wäre besser nicht mit ihm hier in seinem Truck, sollte nicht zu seinem Haus fahren. Überhaupt wäre ich besser zu Hause geblieben, aber die Erinnerungen an meine Vergangenheit sind zu viel – zu schmerzhaft. Ich muss mich davon befreien, deswegen habe ich mich dazu entschieden, das Angebot dieses großen, bärtigen Kerls anzunehmen. Vor allem, weil ich die Traurigkeit kenne, die in seinen braunen Augen liegt.

Er fährt vor ein kleines, einstöckiges Haus im Ranchstil und stellt den Hebel auf Parken.

„Bereit?", fragt er und sein Blick trifft meinen. Seine Haare sind dunkel, sein Bart ist voll und dicht, und ich würde zu gerne wissen, wie er sich überall auf meinem nackten Körper anfühlen wird. Ich bin noch nie mit einem Mann mit Bart zusammen gewesen, und allein das macht die heutige Nacht aufregend.

„Bin ich", flüstere ich.

Er lächelt und zeigt dabei seine weißen Zähne, die hinter seinem dunklen Bart besonders strahlend zur Geltung kommen. Ohne ein weiteres Wort steigt er aus und joggt um die Vorderseite seines Pick-ups. Es würde mich interessieren, wieso er mich unter all den Frauen in der Bar ausgewählt hat. Aber dann habe ich Angst, nachzufragen, weil ich nie zuvor mit einem Mann von solch rauer Schönheit zusammen gewesen bin, und ich werde mich mit beiden Händen an ihn klammern, zumindest für diese Nacht.

Meine Tür fliegt auf und er hält mir die offene Hand hin. Er benimmt sich wie ein Gentleman, und ich habe nie gedacht, mal so behandelt zu werden, auch wenn es nur für eine Nacht ist. Als ich ausgestiegen bin, zieht mich Wyatt sanft hinter sich her, direkt auf sein Haus zu.

„Wohnst du allein?", frage ich, als er die Tür aufschließt und sie öffnet.

Er knipst das Licht im Wohnzimmer an und ich trete einen Schritt hinein. Es ist schlicht gehalten, keine Dekoration, nicht mehr als ein Sofa und ein riesiger Fernseher an der Wand. Ich schließe die Tür hinter mir und sehe Wyatt wieder an. Der Blick aus seinen dunklen Augen ruht auf mir, wandert meinen Körper hinunter, bis er auf meinen Brüsten haften bleibt. Er leckt sich über seine Lippen, was ich normalerweise nicht im Geringsten sexy finde, aber bei ihm zittern mir meine Schenkel.

„Mein Cousin hat bis vor einiger Zeit bei mir zur Untermiete gewohnt." Er hebt die Schultern. „Er lebt nun mit seiner Frau zusammen", brummt er.

Ich erwarte, dass er einen Schritt auf mich zu macht, mich vielleicht irgendwo berührt – egal wo. Mein ganzer Körper fühlt sich an wie ein Knäuel aus Bedürfnissen, Sehnsucht und Verlangen, aber Wyatt tut nichts, er rührt sich nicht von der Stelle.

Endlich, nach einer gefühlten Ewigkeit, bewegen sich seine Füße, und ich halte den Atem an, während er den Abstand zwischen uns verringert. Er hebt seine Hand, streckt den Zeigefinger aus, und ich schließe die Augen, als er meine Schläfe berührt und dann über mein Gesicht streicht. Ich atme erst aus, als seine Fingerkuppe meine Unterlippe nachzeichnet. Mein Blick verbindet sich mit seinem, als ich meine Augen öffne und ihn mit meiner Zunge koste. Er knurrt, seine Augen weiten sich für einen Moment. Dann beugt er sich hinab und senkt seine Hand, bevor sein Mund seine vorherige Berührung wiederholt. Ich neige meinen Kopf, öffne leicht meine Lippen und gewähre ihm Einlass. Er stöhnt, eine seiner Hände umfasst meine Hüfte, die andere taucht in mein Haar und greift nach einer Strähne an meinem Hinterkopf. Ich knabbere an seiner Unterlippe, was ihm ein weiteres Stöhnen entlockt.

Langsam beendet er den Kuss, sein Atem geht schwer und der Blick aus seinen halb geschlossenen Augen findet meinen. „Exeter“, raunt er.

„Wyatt.“

„Fuck“, zischt er, ehe seine Lippen erneut meine berühren. Dieses Mal füllt seine Zunge meinen Mund voll aus und ich stöhne meinerseits auf. Es gibt keine Worte, um zu beschreiben, wie er mich küsst, außer dass der Mann meinen Mund *fickt.* Ich lege meine Arme um seine Schultern. Meine Finger streichen über seinen Nacken und befühlen sein etwas längeres Haar, das weicher ist, als ich erwartet habe. Er stöhnt, zieht sich von mir zurück, und wir beide atmen schwer, während wir uns gegenseitig anstarren.

„Du kannst verflucht gut küssen, Exeter. Gottverdammt, dieser Mund wurde gemacht fürs Küssen, Süße.“

„Ist das alles, was du vorhast?“, frage ich. Mein Körper ist zu heiß, meine Beine sind zu wackelig und mein Herz schlägt zu schnell.

„Nein, Ma’am.“ Er grinst, beugt sich vor und hebt mich hoch.

Hebt.

Mich.

Hoch.

Mich.

Kleidergröße vierundvierzig, viel Titten, Arsch und dicke Schenkel, *mich.* Ich protestiere, aber er bringt mich mit einem Kuss zum Schweigen, während er den Flur entlang stapft. Er biegt rechts ab und legt mich ohne große Worte aufs Bett.

„Zieh dich aus, Exeter“, fordert er.

Ein Schauer des Verlangens durchfährt meinen gesamten Körper. Ich greife nach dem Saum meines schwarzen Tops, ziehe es schnell über meinen Kopf und werfe es irgendwohin. Völlig egal, wo es landet. Dann stehe ich auf und öffne den Reißverschluss meiner engen Stretch-Jeans. *Gott sei Dank gibt es Lycra*, denke ich, als ich sie mir von den Beinen streife. Meine Wangen fühlen sich heiß an, als mir klar wird, dass ich nur noch in Slip und BH vor diesem Mann stehe. Einem praktisch Fremden.

Der Raum ist in schwaches Licht getaucht, das von der einzigen Lampe in der Zimmerecke stammt. Jetzt gibt es kein Verstecken mehr. Er kann alles von mir sehen, und obwohl es mir eben beim Ausziehen nichts ausgemacht hat, ist es mir nun, mit einem etwas weniger lustvernebelten Gehirn, doch wichtig, was er denkt.

„Fuck", zischt er.

Er schließt den Abstand zwischen uns, und bevor ich merke, was passiert, geht seine Zunge wieder mit meiner auf Tuchfühlung. Ich stöhne, öffne mich mehr für ihn, heiße seine Zunge willkommen. Seine Hände sind warm, als er sie auf meine Schultern legt und dann langsam über meinen Rücken gleiten lässt, während seine Lippen an meinem Hals hinunterfahren. Ich schließe die Augen, und er streift mir die Träger meines BHs ab, befreit meine Brüste aus ihrer Enge. Die kühle Luft küsst meine Haut, und meine Nippel werden sofort hart. Sein Mund erobert weiter meinen Hals, er saugt an meinem Schlüsselbein, senkt seinen Kopf noch mehr und umschließt eine meiner Brustwarzen mit seinen Lippen. Unwillkürlich grabe ich meine Hand in seine Haare, mein Kopf fällt zurück und ich wölbe ihm meine Brust stärker entgegen. Ich will mehr, so viel mehr. Seine Zunge flattert um meinen Nippel, umkreist ihn noch einmal, bevor sein Mund zur anderen Seite wandert. Er saugt, wirbelt und umkreist meine andere Spitze. Dabei stelle ich mir vor, wie er das Gleiche mit meiner Klit macht. Ein Schauer durchströmt meinen Körper bei diesem Gedanken.

„Wyatt“, wimmere ich, unfähig mich zu kontrollieren.

Er stöhnt, sein Mund verlässt nie meine Haut, weder während er meine Brüste noch meinen Bauch oder meine Pussy küsst. Ich trage immer noch meinen schlichten, schwarzen Baumwollslip. Seine Finger haken sich in die Seiten meines Höschens und er zieht es langsam meine Beine bis zu meinen Fußknöcheln hinunter.

„Süße, schmeckt deine Pussy so fantastisch wie dein Mund?“, fragte er.

„I-i-ich …“, stammle ich, weil ich nicht weiß, was ich sagen soll.

Zum Glück erwartet Wyatt keine Antwort. Seine Hände greifen nach meinen Hüften, und ohne Widerstand meinerseits zieht er mich nach unten, sodass ich am Ende des Bettes sitze.

„Spreize diese wunderschönen Schenkel für mich“, fordert er, und seine Augen blicken nirgendwo anders hin als zu der Beute, auf die er so sehr aus ist.

Ich tue, worum er mich bittet, und spreize meine Beine. Schauer der Erregung rollen über mich, als er beim Blick auf meine Mitte lang und tief stöhnt.

Kapitel 2

Wyatt

Exeters Wangen färben sich rosa vor Verlegenheit. Sie ist komplett nackt, die Beine geöffnet, ihr Geschlecht rosa und feucht. Gottverdammt, sie ist die schönste Frau, die ich jemals in meinem Bett gehabt habe. Ich kann nicht glauben, dass ich ihre Pussy vernaschen werde, denn ich kenne diese Frau nicht einmal, aber fuck, ich verzehre mich wirklich nach ihr. Ich habe bisher nur Sammi geleckt, jede andere Frau, mit der ich geschlafen habe, war ein schnelles *Rein-und-Raus*-Ding. Aber das hier ist anders, *sie* ist anders. Sie ist keine abgebrühte Barschlampe, nicht irgendeine Tussi aus einer Studentenverbindung, die den Sommer zu Hause verbringt.

Exeter hebt ihre Hand, fährt mit ihren Fingern durch mein Haar. Ich beuge mich etwas vor und inhaliere tief ihren Duft.

„Fuck, du wirst süß schmecken."

Ihre Wangen färben sich knallrot, und ich merke, dass ich sie deswegen nur noch mehr begehre. Mein Blick ruht auf ihr, während ich mit meiner flachen Zunge durch ihre gesamte Mitte gleite. Ihre hellen Augen weiten und verdrehen sich, bevor sich ihre Lider flatternd schließen.

„O Gott", seufzt sie, als ich ihre Klit umkreise.

Ihre Beine fallen weiter auseinander, geben meinen Schultern mehr Raum, und ich ergreife die Gelegenheit näher zu rücken. Ihre Hüften heben sich, mein Blick bleibt fest auf sie gerichtet. Ich nehme ihre Signale wahr, während ich mich mit ihrem Körper vertraut mache, mit ihren Wünschen, mit ihren

Bedürfnissen – mit ihrem Verlangen. Exeters Finger krallen sich in meinem Haar fest, und ich stöhne auf, als sie ihre Pussy gegen mein Gesicht presst. Ich schiebe zwei Finger in sie hinein, während meine Zunge sich auf ihren Kitzler konzentriert. Ihr gesamter Körper erzittert, als ich mit meinen Fingern in ihre feuchte Hitze rein- und rausstoße. Ich knurre, stelle mir vor, wie mein Schwanz den Platz meiner Finger in ihr einnimmt. Sie ist warm und feucht, so gottverdammt süß und einladend, dass ich mich kaum zurückhalten kann. Ihre Schenkel beben neben meinem Kopf, als ich die Geschwindigkeit meiner Zunge erhöhe.

„Ich komme gleich", schreit sie.

Ich werde schneller, meine Finger und meine Zunge bewegen sich so rasend schnell, dass sie gezwungen sein wird, gleich auf meiner Zunge zu kommen. Ein Laut entringt sich ihrer Kehle, eine Mischung aus Wimmern und Schluchzen. Ihr ganzer Körper zittert, und letztendlich schließe ich die Augen, als sie ihren Höhepunkt erreicht. Ich kann nicht aufhören, sie zu schmecken, nehme jedes verfickte Bisschen von ihrem süßen Geschmack auf. Erst als sie komplett entspannt ist, ihr Körper kraftlos vor mir, ziehe ich mich widerwillig zwischen ihren Beinen zurück. Ich wünsche mir, ich könnte die ganze gottverdammte Nacht mit meinem Gesicht in ihrer Pussy vergraben sein. Verdammt, sie riecht und schmeckt spektakulär.

„Wyatt", haucht sie und ihre Hände lösen sich aus meinem Haar.

Ich küsse mich ihren Bauch hinauf und bemerke dabei, dass sie versucht, ihn einzuziehen. Das braucht sie nicht, ihr Körper ist weich und üppig, er ist perfekt. Ich greife hinter mich und ziehe mir mein Hemd über den Kopf. Exeter tastet nach meiner Hose, öffnet den Knopf meiner Jeans und den Reißverschluss und zieht sie samt meiner Boxershorts über meine Hüften. Mein Schwanz springt heraus, sofort umschließen ihre Finger meine Länge und beginnen diese geübt zu streicheln.

„Fuck", zische ich und presse meine Lippen auf ihre. Ich fülle ihren Mund mit meiner Zunge, koste sie. Verflucht, ich könnte abwechselnd ihren Mund küssen, ihre Pussy lecken und würde als glücklicher Mann sterben. Sie streichelt erneut meinen Schwanz, ihr Griff ist fest, es fühlt sich so verdammt gut an. Ich bin im Begriff auf ihrem Bauch zu kommen, und das werde ich auch tun, aber erst, wenn ich in ihr war. Ich schlinge meine Finger um ihr Handgelenk, ziehe sie von meinem Schwanz weg und drücke ihren Arm über ihren Kopf. Sie keucht auf und wölbt ihren Rücken. Nichts wünsche ich mir sehnlicher, als sofort in sie einzutauchen. Ich greife in meine Jeanstasche und ziehe ein Kondom heraus. Mit den Zähnen reiße ich die Folie auf, lasse ihr Handgelenk los und rolle es über mein steifes Glied.

„Bist du bereit?", krächze ich.

Sie leckt sich über ihre Lippen, nickt dann und ihr Blick findet meinen. Ich platziere meinen Schwanz vor ihrer Mitte und drücke nur die Spitze hinein. Keuchend schließe ich meine Augen.

„Ich bin bereit", seufzt sie.

Ohne noch einen weiteren Moment zu verschwenden, versinke ich bis zur Wurzel in ihr. Ich fluche abgehackt, als ich ihren Körper vollständig ausgefüllt habe. Sie ist so warm, so nass, und ich verfluche dieses beschissene Kondom zwischen uns. Am liebsten würde ich sie pur und klitschnass spüren.

„Wyatt“, wispert sie.

Ich umfasse ihre Taille und ziehe sie näher zu mir heran. Wie hypnotisiert beobachte ich, wie mein Schwanz in sie hinein- und wieder herausgleitet und das Kondom mit jedem Stoß mehr von ihrer Nässe bedeckt wird.

Sie wird voll und ganz von mir ausgefüllt, nimmt mich tief in sich auf. Ihre Beine bewegen sich, rücken näher an ihre Brust und erlauben mir, so noch mehr in ihr zu sein. Mit meiner Hand gleite ich über ihren Busen, bis meine Finger sich um ihren Nacken legen und sie sanft festhalten, während ich sie weiter langsam ficke. Ich möchte das hier nicht übereilen, sonst komme ich in Sekundenschnelle. Es soll noch etwas dauern, zumindest eine kleine Weile, ein paar Minuten.

Exeter hebt beide Hände, ihre Finger krallen sich in das Laken über ihrem Kopf, und dann überrascht sie mich, als sie ihren Rücken durchdrückt und sich gegen mich stemmt.

„Mehr“, bettelt sie.

„Fuck“, knurre ich.

Ich ziehe mich aus ihr heraus, umklammere die Außenseiten ihrer Oberschenkel und drehe sie auf den Bauch. Dann halte ich mich an ihren üppigen Hüften fest, ziehe ihren Körper hoch und fülle sie mit einer einzigen fließenden Bewegung wieder aus. Ihr entweicht ein langes Stöhnen. Ich gebe ihr keine Zeit, sich anzupassen, sondern ficke sie hart. Meine Finger drücken sich in ihr Fleisch, mein Kiefer spannt sich an und ich knurre, während ich sie von hinten nehme.

„Ja“, zischt sie, drückt sich gegen mich, fickt mich mit der gleichen Kraft, Stärke und purer Lust, wie ich sie ficke. „O Gott. Ich komme, hör nicht auf", schreit sie.

Ihr Arsch bebt, ich beobachte voll Ehrfurcht, wie sie sich bewegt, und dann fühle ich, wie sich ihre Pussy um mich zusammenzieht. Erst dann lasse ich mich gehen. Noch dreimal ramme ich in ihre feuchte Hitze, bevor mein Rücken kribbelt und sich meine Eier zusammenziehen. Ich gleite aus ihr heraus, reiße das Kondom herunter und wichse meinen Schwanz, bis mein Samen sich in langen, heißen Schüben über ihrem verflucht geilen Arsch verteilt. Ich verreibe mein Sperma auf ihrer Haut, liebe es, wie sie damit aussieht. Sie liegt auf ihrem Bauch, schaut über die Schulter zu mir, und unsere Blicke treffen sich. Irgendetwas in mir verändert sich, und mir wird klar, dass diese Frau nicht einfach irgendein Fick ist. Sie ist etwas anderes.

Etwas Bedeutenderes.

***

Exeter

Meine Lider öffnen sich und ein schwerer Arm legt sich um meinen Rücken. Scharf atme ich ein, meine Augen passen sich dem dunklen Raum an. *O mein Gott.* Ich habe mit einem völlig Fremden geschlafen. Von all den Dummheiten, die ich in meinem Leben bisher getan habe, ist dies die absolut dümmste. Keine Ahnung, was mich da geritten hat.

Mich selbst verfluchend, schließe ich meine Augen. Ich bin eine schreckliche Lügnerin, sogar mir selbst gegenüber. Warum ich mit Wyatt nach Hause gegangen bin, weiß ich genau. Langsam bewege ich meinen

Kopf und blinzle, sodass ich ihn ansehen kann. Er liegt auf seinem Bauch und schläft auf seiner Wange. Seine Augen sind geschlossen, seine Lippen zusammengepresst und kaum zu erkennen unter seinem dichten, dunklen Bart. Wenn er die Augen öffnen würde, würde ich seine hellbraunen Augen sehen, und *das* ist der Grund, warum ich mit ihm gegangen bin – er ist wunderschön. Ein Mädchen wie ich erregt nicht die Aufmerksamkeit eines Mannes wie ihm. Seine raue Schönheit, sein durchtrainierter, muskulöser Körper, sein lässiges Lächeln. Noch nie in meinem Leben hat mich jemand wie er zweimal angesehen, geschweige denn mich gefragt, ob ich mit ihm nach Hause gehen will.

Ich nehme einen tiefen Atemzug und versuche, mich von seinem Bett zu lösen, denn ich muss gehen. Ich muss verschwinden. Sobald er mich im Morgenlicht sieht, wird er es bereuen, mich jemals berührt zu haben. Kein Mann wie er, kein *guter* Mann mit einem netten Haus, einem neueren Truck und sauberen, rauen Arbeiterhänden würde Abschaum wie mich wollen. Ich mag zur Schule gegangen und eine staatlich geprüfte Krankenschwester geworden sein, aber ich bin immer noch Exeter White. Ich bin immer noch das Mädchen, das von ihrem Vater missbraucht worden ist, immer noch das Mädchen, das mit siebzehn Jahren abgetrieben hat. Für einen Mann wie ihn werde ich nie etwas taugen. Ich verdiene niemanden, der gut ist. Niemanden, der so liebevoll lächelt, dessen Berührungen nicht von grausamen Absichten durchdrungen sind. Ich bin zu schmutzig für ihn, zu beschädigt für *jeden*, der so ist wie er.

So leise wie möglich ziehe ich mich an und schnappe mir meine Handtasche. Meine Schuhe ziehe ich erst an, nachdem ich aus der Haustür geschlüpft bin. Ich wende mich nach rechts und laufe zurück zur Bar, zu meinem Auto. Wie furchtbar dumm von mir, ich hätte selbst hierher fahren sollen. Aber ich habe ja auch nie behauptet, klug zu sein, denn das bin ich nicht. Bin es nie gewesen und werde es nie sein.

Die Straßen sind ruhig und dunkel, als ich mich auf den Weg zur Country-Bar mache. Ich höre überall um mich herum Geräusche, Tiere, die sich in der Dunkelheit bewegen. Es wäre bestimmt nicht gut, ihre Wege zu kreuzen, und ich hoffe, dass sie verborgen in der Dunkelheit bleiben und nicht in meiner Nähe auftauchen. Mit gesenktem Kopf konzentriere ich mich auf meine Füße, mache einen Schritt nach dem anderen.

Tränen schießen mir in die Augen beim Gedanken daran, dass ich diesen schönen Mann und das bequeme Bett verlassen habe. Mein Körper sehnt sich dorthin zurück, um in seinen muskulösen Armen zu versinken. Aber mein Verstand ist klüger als dieser Gedanke, er weiß, dass nichts Gutes dabei herauskommen wird, die Enttäuschung in seinen Augen zu sehen, wenn er erkennt, wer und was ich bin. Es fühlt sich an, als würde ich stundenlang laufen, vor allem, weil diese Schuhe so unbequem sind. Das Brummen eines Pick-ups ertönt hinter mir, ich sehe das Licht der Scheinwerfer und halte meinen Atem an.

„Bitte lass mich heute Nacht nicht sterben“, wispere ich.

„Exeter“, ruft eine dunkle Stimme und übertönt den lauten Motor.

Mein gesamter Körper erstarrt für einen kurzen Moment, ehe ich mich langsam umdrehe. Es ist

Wyatt, stelle ich zu meinem Entsetzen fest, und er sieht angepisst aus, wenn ich mir sein Gesicht so anschaue.

„Wyatt …“, flüstere ich, bevor meine Stimme versagt.

Er springt aus dem Truck und stürmt auf mich zu. Im Licht der Scheinwerfer erkenne ich, dass seine Haare zerzaust sind, seine Kleider verknittert und verrutscht und seine Jeans in seine Boots gestopft.

„Was zur Hölle ist los mit dir?“, brüllt er.

Ich zucke erschrocken zusammen und schaue direkt in sein verärgertes Gesicht. Er stemmt die Hände in die Hüften und spuckt wütend auf den Boden in den Dreck. „Nein. Ich will es gar nicht wissen. Du wirst nur etwas Beschissenes sagen“, knurrt er.

„Wie bitte?“, hauche ich.

Er schüttelt seinen Kopf, sein Blick findet meinen. „Du hast dich aus meinem Bett geschlichen. Du spazierst in tiefster Nacht herum, allein, mitten im verdammten Nirgendwo. Also nehme ich an, dass irgendein Scheiß in deinem Kopf vor sich geht, denn keine Frau, die halbwegs bei Verstand ist, würde tun, was du gerade tust.“

„Du bist ein Arschloch“, erwidere ich.

Er nickt. „Jepp“, sagt er und zieht die Brauen hoch, als ob das nichts Neues wäre. „Steig verdammt noch mal in den Pick-up.“

Ich verschränke die Arme vor meiner Brust. „Nein“, sage ich und stampfe unterstreichend mit dem Fuß auf.

Er schüttelt den Kopf. „Steig verdammt noch mal in den Wagen. Ich bringe dich sicher zu deinem Auto!“, befiehlt er.

Ich presse meine Lippen aufeinander, beiße mir dann auf die Unterlippe und denke über sein Angebot nach. Ich möchte wirklich nicht zu Fuß gehen. Er hat recht, es ist nicht sicher. Obwohl mir keine Überfälle bekannt sind, bedeutet das nicht, dass nicht doch etwas in unserer kleinen Stadt passieren kann.

„Okay“, flüstere ich.

„Großartig.“

Ohne ein weiteres Wort dreht er sich um, geht hinüber zu seiner Seite des Trucks und springt rein. Er hilft mir nicht hinein, so wie noch vor ein paar Stunden. Ich vermute, nachdem er mich gefickt hat, ist jeder Sinn für eine ritterliche Gentleman-Geste dahin. Gut zu wissen.

Schweigend fährt er mich zu meinem Auto. Als wir vor der Bar angekommen sind, fährt er vor die Rückseite meines Autos, dem einzigen, das auf dem Parkplatz übrig geblieben ist. Er sagt nichts, stellt nicht mal den Hebel auf Parken.

Ich steige auf der Beifahrerseite aus und betrachte sein schönes Profil, um zu versuchen, es mir einzuprägen. Denn ich weiß, dass ich nie wieder etwas so Reines und Gutes in meinem Leben haben werde.

„Tschüss“, wispere ich.

Er antwortet nicht, trotzdem weiß ich, dass er mich gehört hat, da seine Wange zuckt. Ich schließe die Tür, gehe langsam rüber zu meinem Auto und steige ein. Ich starte den Motor, und erst nachdem ich den Hebel auf Rückwärts gestellt habe, fährt sein Wagen vom Parkplatz. Seine Rücklichter verschwinden in der dunklen Nacht, und mein ganzer Körper fühlt sich an, als wäre ihm der Atem geraubt worden. Ich habe soeben den Traum davon verloren, was hätte sein können, und das ist echt scheiße.

Kapitel 3

Wyatt

Arbeit ist das, was ich brauche. Arbeit wird mich von allem ablenken, was mit Exeter zu tun hat. Gestern ist ein verdammter Albtraum gewesen. Ich habe den gesamten Tag im Bett verbracht und ihren Duft auf meinen Laken gerochen. Ich habe nicht gewollt, dass sie mich verlässt. Dummerweise bin ich davon ausgegangen, dass wir gemeinsam im Bett aufwachen, wieder ficken und dann etwas frühstücken würden. Wieder einmal haben meine Vorstellung und mein Verlangen die Oberhand gewonnen. Es ist falsch, sie als mehr als einen Fick aus der Bar zu betrachten.

Ein One-Night-Stand ohne die Option auf mehr. Ehrlich gesagt, glaube ich nicht, dass ich jemals mehr haben werde. Ich werde nie das haben, was mein Cousin Rylan und seine Frau haben.

Ich werde nie eine Familie haben.

Mein Telefon klingelt und ich seufze beim Blick auf das Display. Es ist Mama. Sie ruft mich immer montags auf meinem Weg zur Arbeit an. Rylan wartet bei sich zu Hause auf mich, also gehe ich schnell ran.

„Du warst länger nicht zum Abendessen da“, tadelt sie zur Begrüßung.

„War beschäftigt, Mama“, lüge ich.

Sie brummt, wissend, dass meine Worte eine Lüge sind. „Ich möchte Rylans Frau kennenlernen und meinen Neffen wiedersehen, es ist schon viel zu lange her.“

Ich überlege, die zwei für ein Familienessen mit zu meinen Eltern zu nehmen, und schüttle den Kopf.

Sie haben genug Scheiße laufen und brauchen nicht noch mehr davon. Channing ist schwanger, und der Vater des Babys ist ein verdammtes Arschloch, das gemeinsam mit seiner Schlampe von Frau nicht aufhört, sie zu schikanieren. Rylans Nerven hängen an einem seidenen Faden. Sein Absturz vor ein paar Wochen hat mich zu Tode erschreckt, und ich glaube nicht, dass ein gemütliches Familienessen ihm helfen würde.

„Bald", versuche ich, sie hinzuhalten.

Sie gibt ein missbilligendes Brummen von sich, aber dankenswerterweise pocht sie nicht weiter darauf.

„Wie wäre es mit nächstem Sonntag? Ich komme vorbei", murmle ich. Das Letzte, was ich tun möchte, ist zu meinen Eltern zu fahren. Nicht, dass ich sie nicht lieben würde, denn das tue ich. Es ist nur so, dass jedes Mal, wenn ich sie besuche, eine versuchte Ehevermittlung daraus wird. Sie wollen nur, dass ich glücklich bin, das weiß ich, aber zu diesem Zeitpunkt bezweifle ich, dass ich jemals jemanden für mich finden werde.

Ich fahre vor Channings Doppelhaushälfte und hupe als Signal an Rylan, dass ich da bin.

„Okay", entgegnet Mama und seufzt. „Ich mache dein Lieblingsessen, du kommst also besser", fordert sie.

„Ja, Ma'am, werde ich", stimme ich zu.

Sie beendet den Anruf mit einem *Ich liebe dich*, dann öffnet Rylan die Beifahrertür und springt hinein.

„Was ist dir über die Leber gelaufen?", fragt er, während ich den Hebel auf Fahren stelle.

Ich grunze, nicht gewillt, in jener Unterhaltung zu landen, die sich ergäbe, wenn ich ihm von meinem Samstagabend mit Exeter erzählen würde. Er hat sein eigenes Drama zu bewältigen. Seine eigenen Probleme mit Channing, mit seiner Familie, mit seinen Dämonen. Ich habe kein Verlangen danach, ihn auch noch mit meiner Scheiße zu belästigen.

Nach den Wochen, die ich wegen des letzten Wirbelsturms von zu Hause weg gewesen bin, habe ich dringend Dampf ablassen müssen. Irgendwie bin ich dann bei ihr gelandet. Es wäre besser gewesen, sie nicht zu ihrem Auto zu fahren. Oder sie überhaupt gehen zu lassen.

„Da du mir nichts erzählen willst … können wir auf dem Heimweg bei Walmart anhalten?", fragt er.

Seufzend fahre ich mir mit meinen Fingern durchs Haar. „Ja", brumme ich.

Rylan grinst mich an. Es ist nicht nötig, ihn direkt anzusehen, um zu wissen, wie strahlend sein Lächeln ist. Er verdient alles Glück dieser Erde und ich freue mich für ihn. Ich wünsche mir nur, ich würde nicht ganz so oft Zeuge davon sein müssen.

Das Werksgelände kommt in Sicht und ich reihe mich mit meinem Pick-up neben den Fahrzeugen der anderen Männer ein. Als ich den Wagen parke, wird mir klar, dass dies die letzte Woche ist, die wir zusammen arbeiten werden. Ziemlich sicher trägt auch das zu meiner beschissenen Laune bei. Ich gehe rüber zu meiner Crew und hebe mein Kinn zum Gruß, als ich bei meinem Vorarbeiter ankomme.

„Bist du bereit für heute?", fragt er.

„Wie viele Masten müssen wir setzen?"

„Wir müssen sechs Löcher graben und dann setzen wir sechs Masten ein. Ich würde gerne zehn schaffen, aber lass uns bei sechs bleiben", erklärt er.

„Verdammt, ja, lass sie uns graben und setzen", brumme ich.

Rylan und ich beladen meinen Truck, der Vorarbeiter und die anderen Kollegen jeweils ihre Wagen. Die Baustelle ist etwa dreißig Minuten entfernt, also fahren wir im Konvoi dorthin, der Vorarbeiter vorneweg in seinem Pick-up. Es wird ein anstrengender Tag, aber das ist genau das, was ich brauche, um mich von der Frau abzulenken, an die ich jede Sekunde denken muss, seit ich sie getroffen habe. Ich umklammere das Lenkrad fester und versuche, mir nicht ihren kurvigen, nackten Körper vorzustellen. Nach einem tiefen Atemzug versuche ich, ebenfalls zu vergessen, wie sie geduftet, wie sich ihr dunkles Haar zwischen meinen Fingern angefühlt hat.

Fuck.

Ich muss wieder Sex haben. Ich muss mir Exeter aus dem Hirn vögeln.

„Du willst mir nichts erzählen, und das ist völlig in Ordnung für mich, Cousin. Aber du weißt, dass du mit mir reden kannst, wenn du willst. Ich werde dich nicht als Loser oder Weichei oder so betiteln", spottet Rylan.

Schnell drehe ich meinen Kopf und starre ihn mit zusammengekniffenen Augen an. Ein breites Grinsen ziert sein Gesicht – der Mistkerl will mich provozieren!

„Fick dich", knurre ich.

„Danke, aber ich habe jemanden, der das für mich erledigt, und ich stehe nicht auf Inzest", feixt er.

Ich kann nicht anders und breche in Gelächter aus. „Du bist ein Mistkerl", ätze ich zwischen Lachen und Luftholen.

„Zumindest ist es mir gelungen, diesen mürrischen Ausdruck aus deinem Gesicht zu bekommen", erwidert er ungerührt.

Ich seufze und beschließe, Exeter endgültig aus meinen Gedanken zu verbannen. Ich kann mir keine Ablenkungen leisten, wenn ich zehn Meter hoch in der Luft bin, mit nichts anderem als meiner hydraulischen Hebebühne und den Truck-Stützen als stabilisierendem Anker. Ich muss in Höchstform sein, insbesondere wenn ich mit Elektrizität arbeite. Ein Fehler und du bist tot, oder du verlierst, im günstigsten Fall, als Folge des Stromschlags den gesamten verdammten Arm.

***

Exeter

MawMaw passt auf mich auf. Ich liebe meine Großmutter, das habe ich immer getan. Ihr Zuhause ist meine Rettung gewesen, als ich siebzehn geworden bin. Am Tag meiner Abtreibung bin ich zu ihr gegangen, um Trost, Liebe und Unterstützung zu finden. MawMaw hat mich nur einmal angesehen und mir verboten, zurück nach Hause zu meinem Vater zu gehen – wenn man ihn so nennen kann.

Meine Mutter ist die Tochter von MawMaw, sie starb, als ich ein kleines Mädchen gewesen bin. Unglücklicherweise hat sie mich allein mit dem Mann gelassen, der mich nicht nur gezeugt, sondern auch missbraucht hat. Eine ganze Familie von Perversen, geboren und aufgewachsen in einem Leben voll Schrecken. Meine Cousine Emily und ich sind die Hauptleidtragenden ihrer Verdorbenheit gewesen. Ich habe das Glück gehabt, dort rauszukommen, aber Emily nicht. Sie hat jahrelang psychisch darunter gelitten. Selbst jetzt, während sie erwachsen wird, hat sie mit ihren Dämonen zu kämpfen, wie man an der Wahl ihrer Beziehung sehen kann. Sie ist mit Jacob zusammen, der zufällig MawMaws direkter Nachbar ist. Er ist doppelt so alt wie sie, und ich glaube, dass er sie auf ähnliche Weise missbraucht, wie es ihr eigener Vater getan hat.

„Wo ist Emily?“, frage ich und wische die Küchentheke ab. Dort sind Krümel vom Frühstückstoast, die das billige Resopal verschmutzen.

MawMaw winkt ab. „Dieses Mädchen ist wild. Sie hat einen Wutanfall bekommen, weil ich sie gebeten habe, mich in den Einkaufsladen zu fahren“, sagt sie und seufzt.

Emily wohnt seit letztem Jahr bei mir, aber sie verbringt so viel Zeit bei MawMaw, dass es zu ihrem zweiten Zuhause geworden ist, insbesondere wenn ich Spätschicht habe. Wenn sie nicht zu Hause ist, hängt sie hier herum, und in letzter Zeit ist sie meistens nebenan. „Bleibt sie immer noch bis spätnachts weg und treibt sich in der Stadt herum?“, frage ich beiläufig.

MawMaw nickt mit dem Kopf. „Dummes Mädchen. Wenn ich sie nur hierbehalten könnte. Sie ist jetzt achtzehn, ich weiß, aber etwas stimmt nicht mit ihr, Kind.“

Ich schließe meine Augen für einen kurzen Moment. Nein, etwas stimmt ganz sicher *nicht* mit Emily. Ich habe MawMaw bisher nichts über Jacob erzählt, doch ich erkenne immer häufiger die Anzeichen. Sie ist verschlossener als je zuvor, hat eine erhebliche Menge an Gewicht verloren und versucht, die Blutergüsse auf ihrem Körper zu verstecken. Alles Beweise für seine Misshandlungen. Ich weiß einfach nicht, wie ich ihr helfen kann. An ihrem achtzehnten

Geburtstag habe ich sie endlich von ihrem Vater wegbekommen und sie ist bei mir eingezogen, aber ich habe keine geregelten Arbeitszeiten und ich kann nicht immer Tag und Nacht auf sie aufpassen. Zudem ist sie achtzehn, fast neunzehn. Ich kann sie nicht aufhalten, auch wenn ich es will. Alles, was ich tun kann, ist, für sie da zu sein, einfach da zu sein.

„Musst du noch in den Supermarkt?“, frage ich, um das Thema zu wechseln.

„Ich werde am Wochenende Gumbo für die Kirche kochen“, erklärt sie.

„Also, dann komm. Ich fahre dich“, sage ich lächelnd.

MawMaw steht auf, dann kommt sie auf mich zu, und ich halte den Atem an, als sie die Hand ausstreckt. Sie streicht mir eine Strähne meines dunklen Haares hinter mein Ohr, ihre Augen sind freundlich und sanft, als sie mich ansieht.

„Du bist ein gutes Mädchen, Exeter. Ihr Mädchen habt dieses Leben, das euch das Schicksal zugedacht hat, nicht verdient. Aber, liebes Kind, du hast dich da rausgekämpft. Ich würde mir wünschen, du würdest deinen Wert erkennen.“ Sie lächelt.

Ihre Worte erfüllen mein Herz, bis es fast platzt, und ich wünsche mir, sie annehmen und glauben zu können, so wie sie es sich verzweifelt für mich erhofft. Ich möchte glauben, dass ich gut bin, dass ich mich rausgekämpft habe, aber meine Sünden lasten zu schwer auf meinen Schultern. Die Taten, die ich begangen habe, werden mir nie verziehen werden.

„Bist du bereit fürs Einkaufen?“, frage ich gut gelaunt und weigere mich, auf ihre Worte zu reagieren.

Sie schüttelt den Kopf, offensichtlich verärgert über mich. Das ist okay, mir macht es nichts aus, wenn man sich über mich ärgert, vor allem, wenn es meinen Ausflüchten dient. Ich spurte aus dem Haus, um das Auto zu starten, damit ich die Klimaanlage schon mal anschalten kann. Da erhasche ich einen Blick auf Emily, die sich an Jacobs Haus entlang drückt. Ich beschließe, mit ihr zu sprechen. Zumindest muss ich versuchen, ihr auszureden, da reinzugehen, obwohl ich noch nicht mal weiß, was sie auf der anderen Seite der Tür wirklich erwartet. Tief in meinen Knochen spüre ich jedoch, dass es richtig übel ist.

„Emily", zische ich.

Sie stoppt, dreht sich um und ich ziehe eine Grimasse beim Anblick der eindeutigen Blutergüsse um ihren schlanken Hals. Ihre Augen erschrecken mich am meisten, sie sind völlig leer. Allerdings weiß ich, dass ihr Vater das Licht in ihnen bereits vor Jahren getötet hat, so wie es bei mir der Fall gewesen ist. Noch vor wenigen Wochen hat es tief in ihrem Inneren einen kleinen Glanz gegeben, aber dieser ist komplett erloschen. Mein Herz tut weh bei diesem Gedanken.

„Komm heim, geh nicht", flehe ich leise.

Sie schüttelt den Kopf einige Male und schaut dann hinter sich auf das Haus, bevor sie ihren Blick wieder mir zuwendet. „Er ist das Beste, was ich je hatte", behauptet sie ausdruckslos.

„Du weißt nicht, was ein guter Mann ist, Emily. Komm mit mir zur Therapie, lass dir helfen", flehe ich. Ich gehe seit zwei Jahren zu einem Therapeuten, nicht sicher, ob es irgendetwas für mich bewirkt. Meine Schuldgefühle haben sich nicht verringert, und ich arbeite immer noch daran, mich anders als ekelhaft zu fühlen. Außerdem erlaube ich mir nicht, überhaupt nur daran zu denken, eine echte Beziehung einzugehen.

„Du würdest nicht wissen, was du mit einem guten Mann anstellen sollst, selbst wenn er dir vor die Füße fällt“, erwidert sie und schnaubt auf.

Ich gehe nicht auf ihre Bemerkung ein. Ich habe einen direkt vor mir gehabt, einen großen, imposanten, reinen und guten Mann, und bin weggelaufen. Nicht, weil ich gedacht habe, dass ich etwas Besseres verdiene, ganz im Gegenteil. Ich weiß, dass ich nichts von ihm verdiene, nicht mal den epischen Orgasmus, den er mir geschenkt hat.

„Hier geht es nicht um mich“, betone ich.

Sie schüttelt trotzig ihren Kopf. Sie ist so jung, und ich wünsche mir, zu ihr durchzudringen, aber mir ist klar, dass ich nichts tun kann, bis sie bereit für Hilfe ist. Sie muss mehr für sich wollen, für ihre Zukunft. Bis dahin werde ich da sein, warten und hoffen, dass sie zu mir kommt, wenn sie bereit dazu ist.

Emily wendet sich von mir ab, ohne ein Wort zu sagen, und flüchtet nach hinten in den Garten.

Seufzend gehe ich zu meinem Auto und rutsche auf den Fahrersitz, um den Motor zu starten. Ich drehe mich um und starre auf Jacobs Haus. Mit zusammengekniffenen Augen erkenne ich, wie er mich durchs Fenster beobachtet. Ich hebe meine Hand und bedeute ihm abzuziehen. Sein Grinsen wird breiter und er winkt mir zurück. Er erinnert mich zu sehr an meinen Vater und an Emilys Vater, er ist ein Pädophiler. Wenn ich ihn erwischen würde, würde ich sicherstellen, dass er dafür eingesperrt wird und den Rest seiner Tage im Gefängnis verbringt.

Kapitel 4

Wyatt

Rylan klettert in den Truck und ein ungutes Gefühl überkommt mich. Ich weiß, dass es daran liegt, weil heute unser letzter gemeinsamer Tag ist. Seine und Channings Vergangenheit verursachen Probleme für ihre Zukunft, also habe ich vorgeschlagen, dass sie in eine ein paar Stunden entfernte, etwas größere Stadt ziehen. Vielleicht wird in einer großen Stadt nicht so hart über sie geurteilt? In einer unserer Crews ist eine Stelle für einen Bodenarbeiter frei geworden, was genau die Position ist, die er jetzt hat. Es scheint der perfekte Zeitpunkt zu sein. Aber jetzt, wo es bald so weit ist, möchte ich nicht, dass er geht. Ich mag seine Anwesenheit, und ich habe das Gefühl, dass wir endlich wieder so einen guten Draht wie früher zueinander haben. Was ich nicht mehr für möglich gehalten hätte.

„Ich soll am Montag einfach dort aufkreuzen?“, fragt Rylan und unterbricht meine trostlosen Gedanken.

Ich brumme, nicht fähig ihm wirklich zu antworten, nicht so, wie er es will. Ich möchte schlicht und einfach nicht, dass er geht. Schließlich seufze ich tief, ehe ich grinse. „Jepp, sprich einfach mit Big Rickie. Er ist dein neuer Vorarbeiter“, instruiere ich ihn.

Der Rest der Heimfahrt verläuft schweigend. Wir sind beide in unseren eigenen Gedanken versunken.

Ich fahre an den Gehsteig vor ihrem Doppelhaus und runzle die Stirn, als ich bemerke, dass ihre Zufahrt leer ist.

„Wo ist Channing?“, frage ich.

Rylan blickt von der leeren Einfahrt zu mir zurück, seine Stirn ist ebenfalls gerunzelt. „Keine Ahnung. Sie hat mir nicht gesagt, dass sie länger arbeiten muss. Sie hätte eigentlich gegen drei Uhr zu Hause sein müssen." Sein Blick wandert zur Uhr an meinem Armaturenbrett und sein Körper spannt sich sichtlich an. Es ist schon nach sechs Uhr am Abend.

„Ich gehe mit dir hinein", kündige ich an und stelle den Motor des Pick-ups ab. Ich folge Rylan und bemerke, wie er seine Hand in die Tasche gräbt. Seine Bewegungen sind steif und abgehackt, offensichtlich, weil er eine Scheißangst hat. Allein das lässt mir das Blut in den Adern gefrieren. Langsam schließt er die Tür auf, und ich bleibe dicht hinter ihm, als er die Tür öffnet und einen Schritt hineingeht.

Das gesamte Haus ist totenstill.

Es dauert nur Sekunde, bis wir realisieren, dass das Haus völlig leer ist. Sie ist nicht hier, aber das sollte sie verdammt noch mal sein.

„Lass uns zum Diner fahren", schlage ich vor.

Rylan hebt sein Kinn und nickt. „Ich werde vorher noch schnell im Schlafzimmer nachsehen."

Das braucht er nicht, sie ist nicht hier, das spüre ich tief in meinen Knochen. Niemand ist zu Hause, niemand ist zu Hause gewesen, schon seit Stunden nicht mehr. Rylan rennt ins Schlafzimmer. Auf seinem Rückweg trifft sein Blick meinen. „Wir fahren zum Diner", ruft er mir zu.

„Wir werden sie finden", meine ich. Ich weiß nicht, ob ich es ihm zu seiner Beruhigung oder zu meiner versichere. Vielleicht versuche ich nur, mich selbst zu beruhigen, denn Channing ist nicht nur die Frau meines Cousins. Sie ist seine Rettung, und ich bin mir nicht sicher, ob er ohne sie so gut zurechtkommen würde wie im Moment.

Ohne sie wäre seine Welt noch dunkler als meine.

Ich rase durch die Stadt. Es ist mir scheißegal, ob der Sheriff mich rauszieht und ich eine Strafe aufgebrummt bekomme. Im Grunde hoffe ich sogar, dass er es tut. Es würde diese Situation verdammt vereinfachen. Ich biege in die Straße zum Diner ein und atme auf, als ich Channings Auto auf demselben Parkplatz stehen sehe, auf dem sie jeden Tag während der Arbeit parkt.

Wir springen beide aus dem Truck und rennen in den ruhigen Laden. Lulamae, ihre Kollegin, steht am Tresen und zieht die Brauen hoch, als sie uns im Panikmodus sieht.

„Wo ist sie?", schreit Rylan.

Lulamae zuckt erschrocken zusammen und Clarence taucht hinter dem Tresen auf. Der kauzige, alte Koch runzelt die Stirn, als er uns sieht. Nachdem wir das Büro leer vorgefunden haben, mit Channings letztem Scheck noch auf dem Schreibtisch, legt sich Lulamae eine Hand in den Nacken und schlingt die andere um die Vorderseite ihres Halses. Ihre knochigen Finger treten unter dem Druck weiß hervor.

„Ich dachte, sie sei gegangen. Sie sagte, sie würde gehen. Ich habe ihr gesagt, sie soll gehen", murmelt sie.

„Es ist nicht deine Schuld, Lulamae. Niemand konnte es ahnen. Sie müssen sie hinten rausgebracht haben", versichert ihr Rylan.

„Weißt du, wo die beiden wohnen?", fragt sie und dreht sich um, um Rylan anzusehen.

„Die beiden?", frage ich, nicht sicher, von wem genau sie sprechen. Ich nehme an, dass dies alles mit dem Vater von Channings Baby und seiner Frau zu tun hat. Beide haben sich verdächtig hasserfüllt ihr gegenüber verhalten. Ein weiterer Grund, warum Rylan so angetan von ihr ist – sie muss genauso gerettet werden wie er.

Clarence schnaubt, sein Handy in seiner Hand. „Ich habe den Sheriff verständigt, aber ihr zwei solltet euch vielleicht auch auf den Weg machen“, schlägt er vor.

Rylan deutet mit seinem Kinn in meine Richtung, dreht sich dann um und verlässt das Diner. Ich folge ihm rasch, denn ich kann ihn nicht allein lassen, ich muss ihm helfen. Ich kann nicht zulassen, dass er wieder ins Gefängnis kommt oder dass seiner schwangeren Frau und ihrem Baby etwas passiert.

Sobald wir eingestiegen sind, starte ich den Truck, angle mein Handy aus der Hosentasche und scrolle durch meine Kontakte, bis ich den gesuchten Namen finde.

„Wyatt“, murmelt eine Stimme.

„Sind du und Louis noch in der Stadt?“, frage ich.

Er räuspert sich am anderen Ende. „Was brauchst du?“

„Ich weiß es noch nicht. Wir treffen uns …“ Ich rattere die Adresse runter, dann rufe ich Ford an und sage ihm das Gleiche.

„Wyatt?“, fragt Rylan.

Er hat offensichtlich keinen Schimmer, warum ich diese Männer anrufe. Sie sind diejenigen, die du als Rückendeckung haben willst, wenn die Kacke am Dampfen ist. Sie sind die Männer, die dir zur Seite stehen und für dich da sind, ganz egal, was verdammt noch mal passiert. Und ich habe so ein Gefühl, dass wir in dieser Situation Zeugen benötigen werden. Verflucht viele Zeugen.

„Rückendeckung, Zeugen, die, was immer vor sich geht, es hinterher bezeugen können“, murmle ich. Ich kann nicht denken, während ich fahre. Das Einzige, was mir durch den Kopf geht, ist die Tatsache, dass wir Channing bei all dem verlieren könnten. Rylan hat endlich seine andere Hälfte gefunden und wir dürfen sie verdammt noch mal nicht verlieren.

Wir halten in dem Moment vor einem Haus an, als gerade ein teurer schwarzer Pick-up aus der entgegengesetzten Richtung kommt und neben uns parkt. Beaumont und Louis wissen auf alle Fälle, wie sie einen Auftritt hinlegen.

Rylan sagt nichts, als wir alle aus den Trucks steigen und aufeinander zugehen.

„Ford braucht noch ein bisschen. Channing ist verschwunden. Das ist die Wohnung von James und Jennifer. Sieht nicht so aus, als wäre jemand zu Hause, aber verdammt, wir wissen nicht, wo sie sonst sein könnten“, erkläre ich.

Rylan sieht aus, als würde er versuchen zu schlucken, aber seine Kehle will nicht funktionieren.

„Ich gehe ums Haus herum und schaue durch ein paar Fenster“, bietet Beaumont an.

„Sollen wir nicht besser auf den Sheriff warten?“, fragt Rylan schließlich und ich starre ihn ungläubig an.

Wir wissen bereits, dass der Sheriff verdammt noch mal nichts unternehmen wird, wenn es um diese Situation geht. Er wurde mehrmals gerufen. Zu diesem Zeitpunkt bin ich mir noch nicht einmal sicher, ob er überhaupt hier auftauchen wird. Nie im Leben werden wir einfach auf ihn warten.

„Ich kann mich nicht wegsperren lassen, wenn ich mich um eine Frau und ein Baby kümmern muss“, kommentiert er.

Ich blicke zurück zum Haus, dann rüber zu Rylan, und stoße einen Seufzer aus. Ich öffne den Mund, um etwas zu sagen, aber dann beweist mir der gottverdammte Sheriff das Gegenteil meiner Annahme. Fords alter Ranch-Pick-up biegt in die Straße ein, mit zwei gottverdammten Streifenwagen mit Blaulicht im Schlepptau. Der Sheriff parkt schnell ein, steigt aus dem Auto und joggt zu uns.

„Ihr habt doch nichts Dummes angestellt, oder?“, fragt er mit funkelnden Augen und blickt zwischen uns allen hin und her.

„Nein, wir haben uns nur umgesehen und uns gefragt, ob sie hier ist“, sagt Beaumont schulterzuckend.

„Beau“, warnt der Officer ihn mit einem deutlichen Unterton.

Beaumont hebt beschwichtigend seine Hände hoch. „Das hier hat absolut nichts mit meiner Vergangenheit zu tun, sondern mit Channing. Du erinnerst dich an die schwangere Freundin von mir? Diese beiden“, sagt er und zeigt auf James und Jennifers Haus, „terrorisieren sie schon seit Wochen. Wir wissen, dass sie etwas mit ihrem Verschwinden zu tun haben, Robby.“

Der Sheriff nickt, sein Blick schweift vom Haus hinüber zu Rylan. „Du glaubst nicht, dass sie freiwillig zu ihrem kleinen Freund zurückgegangen sein könnte?“, fragt er, während sein Blick weiterhin auf Rylan geheftet ist. Dieses Arschloch.

„Nein, wir wollten in ein paar Tagen nach Fredericksburg umziehen. Raus aus der Stadt“, erklärt er mit einer gottverdammten Ruhe.

Ich balle meine Hände zu Fäusten und wünsche mir nichts sehnlicher, als mich mit Sheriff Robby anzulegen.

„Ich werde an die Tür klopfen, aber ich kann euch nichts versprechen. Sie könnte überall sein. Da sie erwachsen ist, kann ich sie nicht schon nach ein paar Stunden als offiziell vermisst melden“, erklärt er uns.

Als ich nach unten schaue, bemerke ich, dass Rylan das Gleiche wie ich tut: Er ballt seine Hände zu Fäusten und öffnet und schließt sie immer wieder. Ich bin überrascht, dass er nicht die Nerven verliert. Channing ist nicht mal meine Frau und ich bin kurz davor durchzudrehen.

„Sie sind nicht da“, ächzt Beaumont, laut genug, dass es der Sheriff hören muss.

Rylan nickt zustimmend. „Nein, sind sie nicht.“

„Wo verstecken sie sie dann?“, fragt Ford und reibt sich über seinen Dreitagebart.

Niemand öffnet die Tür, genau wie wir es vermutet haben, und der Sheriff kommt mit einem besorgten Blick und einem Schulterzucken zurück. „Ruft uns an, wenn sie wieder zu Hause ist. Ich werde es auf dem Revier melden. Wir werden sie finden, wenn sie denn gefunden werden will.“ Er wartet unsere Antwort nicht ab, sondern lässt uns stehen, steigt wieder in seinen Wagen und rauscht davon.

„Wichser“, knurrt Beaumont.

„Warum hasst du ihn so sehr?“, will Louis wissen.

Wir sehen alle Beaumont an. Er spuckt auf den Boden. „Ich hasse ihn nicht. Ich hasse seine Schwester.“ Er zuckt mit den Schultern.

„Welche? Chelle?“, fragt Ford mit einem Stirnrunzeln.

Beaumont nickt. „Chelle und ich waren mal zusammen. Sie hat genau das getan, was er Channing vorwirft. Ist mit irgendeinem Wichser durchgebrannt, während wir zusammen waren. Sie hat mich betrogen und all den Scheiß. Es ist Jahre her, ich sollte darüber hinweg sein, aber mir dreht sich noch immer der Magen um.“

„Warum? Weil sie dich betrogen hat?“, fragt Rylan.

Er schüttelt den Kopf, sein Blick ist auf seine Füße gerichtet. „Weil ich sie überall gesucht habe. Ich dachte, dieser Wichser hätte sie gegen ihren Willen mitgenommen. Ich dachte, sie sei verletzt worden. Sie hat mich das aber nur glauben lassen, obwohl sie nur hätte anrufen müssen, um mir zu sagen, dass es vorbei ist. Ich habe mich gequält, mich gefragt, ob sie durch die Hölle gehen musste, und er hat mich nicht wissen lassen, dass sie in Sicherheit ist. Nicht einmal dann, als ich ihn danach gefragt habe.“

„Warum?“, hakt Rylan nach.

„Warum macht irgendjemand den Scheiß, den er macht?“

„Sie hat dir nie eine Antwort auf deine Fragen gegeben? Nicht einmal, als du sie gefunden hattest?“, fragt Louis.

Beaumont schüttelt erneut den Kopf und schiebt seine Hände in die Hosentaschen. „Nein, hat sie nicht. Ich habe sie gefragt, doch sie meinte nur, sie hätte sich verliebt. Das war die einzige Erklärung. Doch das ist Schwachsinn“, meint er. „Alles gottverdammter Schwachsinn. Ich schätze, der Sheriff denkt, dass alle Frauen wie Chelle sind. Ich weiß, dass

Channing ihr nicht ähnelt. Sie würde nie die Stadt verlassen. Nie im Leben."

Ich erinnere mich. Chelle ist schon immer ein Miststück gewesen. Sie hat Beaumont mächtig durch den Fleischwolf gedreht, bevor er die Stadt verlassen hat und berühmt geworden ist. Die Geschichte über Chelle ist nicht neu, ich habe sie eine Million Mal gehört. Sie ist im Grunde eine Legende oder vielleicht mehr eine Lehre für uns alle. Was verdammt noch mal es auch immer ist, es hat nichts mit unserem eigentlichen Problem zu tun – Channing zu finden.

Dann fällt mir schlagartig etwas ein. „Was ist mit James' Bruder?", frage ich und unterbreche damit ihre Erzählstunde.

Die Jungs sehen mich fragend an, ehe es ihnen dämmert.

„Wisst ihr, wo er wohnt?", will Louis wissen.

Ford und ich nicken. Gallup ist nicht *so* groß, und durch meinen Job weiß ich, wo so gut wie jeder wohnt, inklusive dieses Stück Scheiße, Jacob.

„Lasst uns mit einem Auto fahren. Wir lassen die Pick-ups am Diner stehen und fahren zusammen von dort aus los", meine ich.

„So machen wir es." Louis nickt.

Wir trennen uns und Rylan klettert auf den Beifahrersitz meines Trucks, während ich auf den Fahrersitz steige. „Glaubst du, dass sie bei seinem Bruder ist?", fragt Rylan.

„Ehrlich gesagt, ich weiß es nicht, Ry. Aber wir werden alle Möglichkeiten abklappern. Wir werden sie finden", erkläre ich.

„Fuck", grummelt er.

Ich bleibe ruhig und fokussiere mich darauf, zum Haus zu fahren. Eine Million verschiedene

Gedanken füllen meinen Kopf. Ich hasse sie alle, versuche, mich nicht davon beeinflussen zu lassen. Aber verdammt, sie haben Channing, ich weiß, dass sie sie haben. „Wir werden nicht aufgeben, bis wir sie gefunden haben. Wir wissen, dass sie sie haben. Sie ist nicht abgehauen, nicht Channing. Nicht nach der letzten Nacht. Wenn sie Probleme hat, dann weiß sie, dass sie damit auch zu mir kommen kann. Ihr Auto steht noch da, ihr Scheck liegt noch im Büro. Sie ist nicht einfach aus einer Laune heraus weggelaufen", sage ich zu Rylan, genauso wie ich es zu mir selbst sage.

***

Exeter

Ich helfe MawMaw beim Backen ihres berühmten Schokoladenschichtkuchens, als es an der Tür klopft.

„Schieb das einfach in den Ofen, Kind, und ich gehe an die Tür", sagt sie und schenkt mir ein breites Lächeln.

Ich diskutiere nicht mit ihr, es ist ihr Haus und ich bin nur hier, um den Nachmittag mit ihr zu verbringen.

„Das Haus nebenan … haben Sie eine schwangere Frau hineingehen sehen?", höre ich eine männliche Stimme fragen.

Ich wasche meine Hände am Spülbecken und greife schnell nach einem Handtuch, gerade als MawMaw dem Mann antwortet.

„Dort gehen immer junge Frauen ein und aus. Das ist nicht richtig, denn er ist ein erwachsener Mann. Es geht mich ja nichts an, aber diese Mädchen machen nicht den Anschein, als wären sie volljährig", erklärt sie.

„Ich glaube, er hat meine schwangere Freundin entführt. Meinen Sie, Sie könnten versuchen, sie aus dem Haus zu locken? Ich will nur mit ihm reden und überprüfen, ob sie wirklich da drin ist", plappert er.

Mein Herz bleibt stehen. *Jacob.* Er ist ein perverses Stück Scheiße, aber ich kann mir nicht vorstellen, dass er einer schwangeren Frau wehtut. Obwohl es mich nicht überraschen würde, nachdem ich die Blessuren auf Emilys Haut gesehen habe.

„Ich werde den Sheriff anrufen", kommentiert MawMaw und tritt einen Schritt zurück.

Meine Füße kleben irgendwie am Boden fest und bewegen sich erst, als ich die panische Stimme des Mannes höre. „Ich habe ihn schon angerufen, aber er hat gesagt, dass sie noch keine Vermisstenanzeige aufgeben können, weil sie volljährig ist. Sie wird aber vermisst, und ich glaube, sie haben sie entführt."

MawMaw blickt wieder hinüber zu Jacobs Haus, dann zurück zu dem Mann, als ich neben ihr ankomme.

„MawMaw, was ist hier los?", frage ich. Ich sehe den Mann an.

Er ist gut aussehend, hat dunkelblondes Haar und vertraute hellbraune Augen, die uns flehend entgegenblicken. Er ist mit Tätowierungen übersät, und obwohl sie vermutlich furchteinflößend aussehen sollen, tun sie es nicht. Sie lassen ihn nur noch attraktiver wirken, als er von Natur aus bereits ist. Als mein Blick zu den anderen Männern hinter seinem Rücken schweift, sehe ich *ihn.* Wyatt. Ich kann fühlen, wie mein Gesicht bei seinem Anblick heiß wird und sich meine Wangen knallrot färben.

O mein Gott!

Er ist hier, steht vor mir, und ich realisiere noch einmal, dass ich ihn niemals haben kann, niemals. Er ist absolut atemberaubend schön.

„Exeter?", fragt Wyatt.

Es ist eine knappe Woche her, und ich bin davon ausgegangen, dass er mich bereits vergessen hat, inklusive meines Namens. Ich lächle und schiebe nervös eine Strähne hinter mein Ohr. „Hey, Wyatt", flüstere ich.

„Meinst du, du kannst uns helfen?", fragt er.

Ich gehe um MawMaw herum und öffne die Fliegengittertür, um auf die Veranda zu treten. „Was immer du brauchst, Wyatt", sage ich und atme hörbar aus.

Unglücklicherweise sind meine Worte genau so gemeint, wie sie es andeuten oder eben nicht andeuten. Er flucht, aber ich ignoriere es, weil ich bereits weiß, dass er nur meine Hilfe für seinen Freund benötigt. Dass er mich darum bittet, hat eigentlich nichts zu *bedeuten*. Und ich weiß auch, wen er sucht. Es gibt nur eine schwangere Frau in der Stadt, die mit Jacob und seinem Bruder James in Verbindung gebracht wird, abgesehen von James' Ehefrau. Es ist Channing Shepard, und ich denke, dieses arme Mädchen hat schon genug durchgemacht. Ich erkenne eine missbrauchte Schwester, wenn ich eine sehe, und ich werde alles tun, um sie zu retten. Um sie zurück in die Arme dieses tätowierten Mannes zu bringen, der sie so verzweifelt zurückhaben möchte.

James ist Lehrer an der Highschool, und wenn die Gerüchte stimmen, hatten die beiden eine Affäre, als Channing noch seine Schülerin gewesen ist. Zudem soll das Baby, das sie unter ihrem Herzen trägt, von ihrem Ex-Lehrer und nicht von jenem Mann sein, der sagt, dass er ihr Freund ist.

Mein Blick wandert hinüber zu dem tätowierten Kerl vor mir. Dann dämmert es mir: Das ist *Rylan.* Ich erinnere mich, über ihn in der Zeitung gelesen zu haben. Er ist gerade erst aus dem Gefängnis entlassen worden, nachdem er wegen Trunkenheit am Steuer versehentlich eine schwangere Frau und ihr ungeborenes Baby getötet hat. Gott. Ich schüttle den Kopf. Ich bin der Meinung, dass sie mehr als genug mitgemacht haben. Wenn ich helfen kann, dann werde ich das tun.

„Geh du nur wieder rein, MawMaw. Ruf den Sheriff, wenn es denn sein muss", flüstere ich.

MawMaw hebt ihr Kinn und zwinkert mir kurz zu, bevor sie im Haus verschwindet.

Ich blicke zu Jacobs Haus, dann zurück zu der Gruppe von Männern, die allesamt gut aussehen. „Das, was er da drinnen veranstaltet, ist nichts Gutes. Ich werde sehen, ob ich mich hinten reinschleichen kann. Er schließt nie ab." Ich zucke die Schultern.

„Exeter!" Wyatt schnaubt unzufrieden auf.

Mein Blick findet seinen. „Das spielt keine Rolle, Wyatt. Ich weiß, wer Channing ist, ich habe die Gerüchte gehört. Ich weiß aber auch, wer Jacob und James sind. Ich will helfen."

Ohne ein weiteres Wort wende ich mich ab und eile zur Rückseite des Hauses, zu dem Ort, an dem ich Emily öfter habe verschwinden sehen, als mir lieb ist.

Kapitel 5

Wyatt

Exeter eilt davon und mein Körper erstarrt für einen Moment. Bevor sie um die Ecke verschwindet, lösen sich meine Füße. Vorsichtig, um kein Geräusch zu machen, folge ich ihr. Sie huscht durch eine Glasschiebetür ins Innere und lässt diese einen Spalt offen stehen, sodass es mir ebenfalls gelingt, unauffällig hineinzugehen. Ich kann nicht glauben, dass ich verflucht noch mal in dieses Haus einbreche, aber für Rylan und Channing würde ich alles tun. Und vor allem, um Exeter vor irgendeiner Scheiße zu bewahren.

„Keine Sorge, ich bin Emilys verklemmte Cousine. Der Sheriff ist auf dem Weg, hoffe ich zumindest. Wyatt und seine Leute warten draußen und sind stinksauer", flüstert Exeter Channing zu.

Ich brumme und gehe hinter ihr in die Hocke. „Ich bin nicht sauer", zische ich.

Exeter gibt ein aufgeschrecktes Geräusch von sich, ihre Hände liegen auf den Fesseln um Channings Handgelenke. „Wo kommst du denn her? Warum bist du hier?", fragt sie.

„Könnt ihr euch woanders weiterstreiten?", presst Channing mühsam hervor. „Ich stecke irgendwie in der Klemme." Sie klingt verängstigt, verschreckt, und ich hoffe, dass sie nicht verletzt ist. Rylan braucht nicht noch mehr Schmerz in seinem Leben, und sie auch nicht. Sie verdienen ihr kleines Stück Glück, und ich werde verflixt noch mal dafür sorgen, dass sie es auch bekommen. Irgendjemand muss glücklich sein, gottverdammt.

„Okay, Channing“, sage ich und lache.

Ich schubse Exeters Hände weg, als ich Channings Handgelenke losbinden will, aber sie stößt meine Hände ebenfalls weg. Knurrend greife ich nach Exeters Handgelenken und halte sie fest. Ich schiebe sie weg, vorsichtig, ohne zu viel Druck anzuwenden. Sie ist wirklich schlecht darin, Fesseln zu lösen.

„Exeter, wenn du nicht sofort damit aufhörst, schneide ich die Schlampe auf“, grollt jemand.

Die Stimme der neuen Frau klingt angespannt, rau und jung. Langsam hebe ich meinen Blick und sehe sie vor Channing stehen, in der Hand ein Messer. Ihr Haar ist strähnig, ihr Körper völlig nackt und übersät mit roten Malen, kombiniert mit alten und neuen lila und gelben Blutergüssen.

„Tu das nicht, Emily. Bitte, tu das nicht“, fleht Exeter. Sie starrt die Frau an, welche den Kopf schüttelt.

Emily sieht manisch aus. Hinter ihren müden Augen verbirgt sich eindeutig mehr. Sie ist Jacobs neueste Errungenschaft, sie muss es sein. Dieses Arschloch benutzt und missbraucht junge Mädchen schon seit Jahren. Ich presse meinen Kiefer zusammen und frage mich, wie er noch immer auf freiem Fuß sein kann, wenn er doch im Gefängnis verrotten sollte.

„Sie versucht, alles zu ruinieren, Exeter“, zischt sie.

Exeter stößt einen Fluch aus. „Nein, das tut sie nicht. Ihr Freund will sie zurück nach Hause holen, sie will nichts mit diesen Leuten zu tun haben. Das musst du mir glauben“, fleht sie.

„Ich kann dich nicht einfach gehen lassen“, murmelt Emily.

Exeter tritt zur Seite und bewegt sich dann auf Emily zu. Ich folge ihr und lege meine Hand auf ihren unteren Rücken. Ich weiß nicht, ob es zur

Unterstützung oder zum Schutz ist. Vielleicht muss ich sie im Moment einfach unter meinen Fingern spüren. Ich muss dafür sorgen, dass sie sicher ist.

„Du kannst und du wirst“, kündige ich an, fasse nach hinten in meine Jeans und ergreife die Waffe, die ich mir in den Hosenbund geschoben habe, bevor ich aus dem Truck gestiegen bin. Ich habe meine Pistole immer bei mir, und heute bin ich froh über meine Paranoia.

Um Emily nicht zu erschrecken, die ihr Messer immer noch mit einer tödlichen Umklammerung festhält, halte ich meine Waffe dicht an meinen Schenkel gepresst.

Plötzlich schwingt sie das Messer in unsere Richtung. Wir springen beide zurück und verharren auf unseren Plätzen. Es juckt mich in den Fingern abzudrücken, aber ich tue es nicht. Wenn ich in ihre Augen schaue, erkenne ich, dass sie nicht ganz bei sich ist. Sie ist krank. Ich bleibe ruhig stehen, warte, wie sich diese Situation entwickelt, und versuche, Zeit zu gewinnen, bis der Sheriff endlich eintrifft, bevor noch jemand verletzt wird.

„Wenn ich schreie, werden sie hierher zurückkommen und dann werden wir alle sterben“, sagt Emily. „Du musst gehen, Exeter. Ich kann dich nicht retten.“

„Warum bist du so? Warum tust du das?“, fragt Exeter mit weicher, sanfter Stimme.

Emily schüttelt den Kopf und legt ihre freie Hand an ihren Hals. „Er liebt mich. Du verstehst das nicht. Das wirst du auch nie, denn kein Mann will dich so, wie Jacob mich will.“

„Er ist krank, Emily. Du bist ebenfalls krank“, flüstert Exeter.

Emily schüttelt erneut den Kopf, ihre Augen schimmern wilder als zuvor. „Ist er nicht. Er liebt mich und manchmal tut Liebe nun mal weh. So wie dein Vater dir wehgetan hat, so wie meiner mich verletzt hat", wettert sie.

Mein Rücken versteift sich, weil mir klar wird, dass sie nicht aufhören wird. Ihre Worte durchdringen mich. Die Bedeutung ist mir nicht entgangen, nicht mal für eine verfickte Sekunde. Ich schiebe meine Waffe in den Hosenbund meiner Jeans und stürze mich auf Emily.

In Sekundenschnelle presse ich meine Hand auf ihren Mund und drücke sie zu Boden. Wenn sie mich mit ihrem Messer sticht, werde ich es höchstwahrscheinlich überleben, denn sie ist schrecklich dünn und extrem schwach. Ich möchte jedoch nicht, dass sie jemand anderem wehtut, vor allem nicht mit diesem persönlichen Scheiß über Exeter, von dem ich sicher bin, dass sie nicht will, dass er öffentlich gemacht wird.

Ich höre ein Geräusch und blicke nach rechts. James bleibt kurz stehen, er stutzt bei dem Anblick dessen, was sich vor ihm abspielt. Ich nutze seine Überraschung zu meinem Vorteil, greife zu meinem hinteren Hosenbund, ziehe meine Waffe hervor und richte sie auf ihn.

„Fuck", schreit er, und ich drücke ab, gerade als er zur Seite springt. Er brüllt auf, taumelt ein paar Schritte und presst seine Hand an seine Seite. Das Geräusch einer gegen die Wand krachenden Tür lässt mich erstarren, meine Waffe halte ich immer noch auf den schreienden James gerichtet.

Ein Knurren ertönt, und ich höre ihn, bevor ich ihn sehe – Sheriff Robby. Er ruft irgendetwas, seine

Waffe ist gezogen, und mir entgeht nicht der überraschte Ausdruck auf seinem Gesicht, als er die nackte Frau unter mir entdeckt. Mein Atem kommt in schwerfälligen Stößen und Emily unter mir erschlafft.

„Es sind drei von ihnen, ein weiterer Mann und noch eine schwangere Frau befinden sich irgendwo im Haus“, sage ich, plötzlich wieder fähig zu sprechen.

„Arsch auf den Boden, James“, knurrt Sheriff Robby.

„Aber meine Seite“, wimmert er.

Er legt den Kopf schief, die Augen auf James geheftet. „Beweg deinen verdammten Arsch auf den Boden, du nutzloses Stück Scheiße“, sagt er fauchend.

Widerwillig gehorcht James. Sheriff Robby hebt sein Kinn, steckt die Waffe in das Holster und verschwindet in Richtung Rückseite des Hauses.

Emily bewegt sich wieder und lässt das Messer los. Ich sehe zu ihr runter, sie sieht völlig fertig aus. Mir wird ganz übel, weil dieses arme Mädchen so schwer missbraucht worden ist. Ich helfe ihr, sich hinzusetzen und sich gegen die Wand zu lehnen. Ihr Blick ist auf den Boden gerichtet und sie sieht so verdammt verloren aus.

Ford, Beaumont und Louis sind die Nächsten, die durch die Tür stürmen. Sie sehen zu mir, zum Mädchen auf dem Boden, dann zurück zu mir, gerade als der Sheriff Jacob und Jennifer mit vorgehaltener Waffe hereinbringt.

„Ärsche runter! Setzt euch an die verdammte Wand!“, wütet er.

Die zwei Arschlöcher lassen sich neben James an der Wand nieder. Jennifer beginnt zu jammern, aber Robby schneidet ihr das Wort ab.

„Halt deine Klappe“, bellt er.

Ich wende mich von Emily ab, gehe rüber zu den dreien, die momentan alle ziemlich erbärmlich aussehen. Sie besitzen nicht mehr die Macht über irgendetwas, sie halten nicht länger eine unschuldige, schwangere Frau gegen ihren Willen fest oder quälen ein junges Mädchen.

Nicht fähig, mich länger zurückzuhalten, hole ich mit meinem Fuß aus und verpasse James einen Tritt genau dorthin, wo ich ihn angeschossen habe. Es knackst unangenehm, als mein mit Stahlkappe ausgestatteter Stiefel auf seine Rippen trifft.

Ich beuge mich runter und murmle so leise, dass nur er es hören kann: „Wenn du dich noch einmal mit meiner Familie anlegst, dann schwöre ich bei Gott, dass ich dich jagen, dir bei lebendigem Leib die Haut abziehen und lächeln werde, wenn du dabei draufgehst. Channing gehört dir nicht mehr, auch das Baby nicht. Halte dich verfickt noch mal fern.“

Er sagt nichts, schluckt aber schwer, als er mich ansieht. Endlich hat er es geschnallt – hoffentlich.

Mein Blick fliegt zwischen den dreien hin und her und ich kräusle meine Lippen. „Genießt das Gefängnis, ihr Wichser“, schnaube ich, wende mich ab und gehe zu Exeter. Sie steht immer noch seltsam still in der Mitte des Raumes, ihr Blick ist auf Emily gerichtet.

„Exeter?“, flüstere ich mit sanfter, ruhiger Stimme, gerade so, als ob ich ein verschrecktes Tier beruhigen würde.

Sie zuckt erschrocken zusammen. Mit geweiteten Augen sieht sie mich an. „Nicht“, warnt sie.

Ich hebe beschwichtigend meine Hände und schüttle einmal den Kopf. „Ich mache nichts“, lüge ich.

Exeter wendet sich von mir ab, geht einen Schritt auf Emily zu und kniet vor ihr nieder. Sie flüstert ihr etwas zu, und ich versuche, nicht angestrengt zuzuhören. Ich möchte sie besser kennenlernen, ich möchte wissen, was Emily gemeint hat, als sie von ihren Vätern erzählt hat, die ihnen wehgetan haben. Wobei ich mir ziemlich sicher bin, dass ich die Wahrheit irgendwie doch nicht kennen möchte.

Exeter steht auf und stellt sich vor Emily. Sie schüttelt sich kurz. „Ich werde für dich da sein, Emily, wenn all das vorbei ist und du dich wieder wie du selbst fühlst. Wenn du dir Hilfe holst, werde ich für dich da sein“, sagt sie, diesmal laut genug, dass auch ich es hören kann.

Emily dreht ihren Kopf zur Seite und ignoriert ihre Cousine. Ich überlege, ob es irgendeine Hilfe für dieses junge Mädchen gibt.

Ich hoffe es.

Ich hoffe, sie überlebt das hier, bekommt Hilfe und kommt irgendwann wieder auf die Beine. Angesichts des leeren Ausdrucks in ihren Augen wird das jedoch vermutlich eine verdammt lange Zeit benötigen.

Exeter seufzt, dreht mir den Rücken zu und möchte davongehen, aber das lasse ich nicht zu. Ich strecke den Arm aus und umklammere ihren Oberarm mit meinen Fingern. Sanft ziehe ich sie an meine Brust.

„Wohin willst du, Süße?“, frage ich und lege meinen Mund an ihr Ohr. Mein Schwanz wird in meiner

Jeans schmerzhaft hart, als ihr praller Hintern gegen mich knallt.

Sie versucht, sich aus meinem Griff zu winden, aber ich halte sie fest, wobei ich darauf achte, sie nicht zu grob anzufassen.

„Du hast deinem Cousin geholfen. Hoffentlich habe ich meiner Cousine geholfen, und jetzt verschwinde ich“, presst sie angestrengt hervor. „Lass mich gehen.“

Ich schnalze missbilligend mit der Zunge, ziehe sie noch etwas näher an mich heran, damit sie spürt, wie hart mein Schwanz ist, nur weil sie so nah bei mir steht. Sie keucht auf und dreht sich in meinen Armen herum.

Es ist mir egal, dass der Raum voller Menschen ist und es verdammt chaotisch zugeht. Alles in mir schmilzt dahin, als mein Blick ihre hellblauen Augen findet.

Rylans Gebrüll zerschlägt unseren Moment. Ich lasse sie los, schaue zu Rylan hinüber, der Channing umarmt. Angesichts der überwältigenden Liebe und Erleichterung, die sie offenkundig empfinden, schließe ich die Augen. Ich kann mir keine perfektere Frau für meinen Cousin wünschen. Beide sind so kaputt und trotzdem gibt es für beide niemanden sonst auf dieser Welt.

Exeter will sich davonschleichen, aber ich lasse es nicht zu. Schnell verringere ich die Distanz und umklammere erneut ihren Oberarm mit meinen Fingern. Anstatt sie zum Anhalten zu zwingen, bewegen sich meine Beine und ich bugsiere ihren perfekten Arsch zurück zu ihrer MawMaw.

Wenn sie glaubt, sie könnte dieses Mal wieder wegrennen, ohne mit mir zu sprechen, dann hat sie ihren verdammten Verstand verloren.

***

Exeter

Wyatt lässt mich nicht gehen, nicht, dass ich es wirklich wollen würde. Stattdessen marschiert er mit mir hinüber zu meiner MawMaw wie mit einem Kind. Als wir ihre rückseitige Veranda erreichen, reiße ich mich aus seinem Griff los. Er hindert mich nicht daran, und ich bin mir durchaus bewusst, dass er mich weiterhin festhalten könnte, würde er es denn wollen. Er baut sich breitbeinig vor mir auf, verschränkt seine starken Arme über seiner breiten Brust und starrt mich an.

„Rede", bellt er.

„Worüber?", frage ich und stelle mich dumm.

Seine Arme spannen sich an, und ich muss meine Schenkel zusammenpressen, weil er so verdammt schön aussieht. Sogar wenn er mich anfunkelt, ist er absolut umwerfend und einhundert Prozent außerhalb meiner Liga. Mein Magen zieht sich zusammen. Mir ist das schon in der Bar klar gewesen, und auch als er mich mit zu sich nach Hause genommen hat, habe ich es gewusst. Und genau deswegen habe ich mich auf und davon gemacht. Um nicht den Schmerz der Ablehnung fühlen zu müssen, der letztendlich kommen würde. Nun steht er vor mir, nachdem er meine Cousine nackt und misshandelt gesehen hat. Er weiß nun zweifellos, dass ich so weit unter ihm bin wie Kaugummi, der an den Sohlen seiner Schuhe festklebt.

„Hast du mich neulich Nacht verlassen, weil dir wehgetan wurde?“, will er wissen.

Ich zucke zusammen und stoße laut den Atem aus. Er hat es gehört, natürlich hat er es gehört, aber es sind Emilys Worte gewesen. Ich weiche einen Schritt zurück, aber ich komme nicht weit, denn er greift nach mir und packt mich weniger grob, als ich es erwartet habe. Stattdessen legt er eine Hand an meine Hüfte und mit der anderen umfasst er meinen Hinterkopf. Meine Augen weiten sich, ich suche seinen Blick, aber mir gefällt nicht, was ich sehe. Er sieht sanft und süß aus. Als würde er mich retten wollen. Mein Magen zieht sich erneut zusammen und meine Knie stoßen bebend aneinander. Einmal. Zweimal. Dreimal.

„Hat dein Vater dir wehgetan, Süße?“, fragt er leise.

„Es ist nicht wichtig“, erwidere ich schnell und versuche, mich von ihm wegzuschieben, aber er ist stark und lässt mich nirgendwohin gehen.

Er behält mich genau dort, wo er mich haben möchte, und das ist zu verdammt nah. Er begreift zu viel, viel zu viel. Wyatt senkt den Kopf, seine Nase gleitet an meiner Schläfe entlang und er atmet ein. Meine Augen schließen sich wie von selbst und ich lehne mich gegen ihn. Ich liebe seine zärtliche Berührung, die Art, wie sein Duft mich umhüllt. Ich liebe alles an ihm, und gleichzeitig verfluche ich mich dafür, dass ich es so sehr genieße.

Er brummt, dann fühle ich seinen Atem an meinem Ohr. „Es ist wichtig, Exeter. Ich will dich, Süße. Ich will alles von dir. Ich muss nur wissen, wie ich mit dir umgehen kann“, flüstert er.

Ich beiße mir auf die Innenseite meiner Wange und genieße es, wie seine Worte mich fühlen lassen. Als würde er mich beschützen wollen, als würde er mich wollen, *mich*! Aber wenn er es weiß, dann wird er mich keineswegs mehr wollen.

„Ich muss reingehen und MawMaw sagen, dass alles okay ist. Sie dreht vermutlich schon am Rad", lüge ich.

MawMaw ist die Ruhe in Person. Das ist sie schon immer gewesen. Das einzige Mal, dass sie sich aufgeregt hat, ist gewesen, als sie herausgefunden hat, was mir passiert ist, was mein Vater mir jahrelang angetan hat. Sie ist damals zu seinem Haus marschiert, mit der Schrotflinte in der Hand, und hat sie direkt auf ihn gerichtet, während ich meine Sachen gepackt habe. Sie hat ihm unmissverständlich klargemacht, dass sie die Polizei ruft, wenn sie ihn auch nur irgendwie riechen, geschweige denn in meiner Nähe sehen würde. MawMaw ist meine verdammte Heldin. Ist sie schon immer gewesen.

Wyatt lässt mich los, und als ich ihm in die Augen sehe, wirkt er, als würde er körperliche Schmerzen erleiden. Ich husche an ihm vorbei, erwarte, dass er verschwindet, aber stattdessen folgt er mir hinein. Ich blicke hinter mich, kneife die Augen zusammen, aber er zuckt nur mit den Schultern und schenkt mir ein sexy, schiefes Grinsen unter seinem dichten Bart.

„Alles in Ordnung dort drüben?", fragt MawMaw, sobald wir das Wohnzimmer betreten.

Sie schaut Fernsehen oder besser gesagt ihre heiß geliebten Telenovelas. MawMaw liebt sie und ich schaffe es nicht, mir ein Lächeln zu verkneifen, als sie den Fernseher auf Pause stellt, weil sie keine Sekunde verpassen möchte.

„Ja, Ma'am. Mein Cousin hat seine schwangere Freundin gefunden und um die Übeltäter wird sich gerade gekümmert. Ich möchte mich bei Ihnen bedanken“, sagt Wyatt höflich und senkt seinen Kopf.

MawMaw errötet tatsächlich ein wenig, wie ich überrascht zur Kenntnis nehme. „Na ja, ich wusste immer, dass dieser Mann ein übler Kerl ist, genau wie sein Bruder. Ich habe die Gerüchte gehört. Ich wusste, welche Art von kranken Perversen sie sind“, sagt sie.

Mir entgeht nicht der Blick, mit dem sie mich festnagelt, und ich bezweifle, dass er Wyatt entgeht.

Verdammt!

Wyatt dreht seinen Kopf, sein Blick forscht in meinem Gesicht und wird weich.

Doppelt verdammt.

„Danke nochmals, Ma'am. Wenn es irgendetwas gibt, womit ich Ihnen helfen oder was ich für Sie tun kann, um mich zu revanchieren, würde ich mich sehr freuen“, raunt er mit tiefer und eindringlicher Stimme.

„Ich bin nur froh, dass sie endlich für ihre Sünden bezahlen müssen“, winkt MawMaw ab. „Ich glaube, ich bin ein bisschen ausgetrocknet, ich werde nur mal schnell in die Küche gehen“, murmelt sie, steht auf und verschwindet. Zweifellos, um uns ein bisschen Privatsphäre zu geben.

Dreimal verdammt.

„Wir sind noch nicht fertig, Exeter“, verkündet Wyatt.

Dann, ohne mir eine Chance zu geben, etwas zu erwidern, stapft er aus dem Haus und wirft die Tür hinter sich zu.

„Dieser Junge ist gebaut wie eine mächtige Eiche und er ist im Begriff zu fallen. Und zwar mit einer Wucht, deren Aufprall selbst die gesamte Schöpfung übertönen wird“, sagt MawMaw hinter mir.

„Was?“, frage ich und drehe mich um, um sie anzusehen.

„Er ist vernarrt in dich, Kind.“

Ich schüttle den Kopf, aber sie wirft mir nur einen Blick zu. Einer, der besagt, dass sie ganz genau weiß, wovon sie spricht, und sie mit mir bis zum Tod darüber streiten würde, also halte ich besser den Mund und stimme ihr zu.

Scheiße.

Kapitel 6

Wyatt

Zum Glück wurde ich nicht angeklagt, nachdem ich James angeschossen habe. Robby stimmt mit mir überein, dass der Scheißkerl es verdient hat, in vielerlei Hinsicht. *Notwehr.* Angeblich hat Exeter den Sachverhalt bestätigt. Ich schließe meine Augen und nehme einen Zug von meinem Bier.

Exeter.

Ich will sie, mehr als ich jemals eine Frau gewollt habe. Ich brauche sie. Sie hat etwas an sich, das komplett anders ist als bei jeder anderen Frau, die ich je getroffen habe, und ich will mehr wissen – ich möchte alles von ihr wissen.

Ich verbringe den gesamten verdammten Tag mit Trinken. Ich bin erbärmlich, ein absolut erbärmliches Wrack. So schlimm, dass ich, als ich zum Telefon greife, mich nicht abhalten kann, jemanden anzurufen, den ich besser nicht anrufen sollte.

„Ich bin nicht mal in der Nähe der Stadt, ich weiß nicht, warum du mich anrufst", sagt sie zur Begrüßung.

Ich schnaufe laut. Natürlich weiß ich, dass sie umgezogen ist, aber das fühlt sich immer noch so unwirklich an. Sie ist mein Rückzugsort gewesen. Immer da, wenn ich meine Trauer in etwas anderem als Alkohol ertränken musste.

„Warum, Sammi?"

Sie seufzt. „Warum was?" Sie klingt ungeduldig, und ich nehme an, sie hat auch einen Grund dafür. Wir tanzen seit über fünfzehn Jahre umeinander herum.

Irgendwo verloren in einer Zwischenwelt aus Liebe und Hass. Immer eher zur Seite des Hasses geneigt als zur Liebe.

„Warum wolltest du mich nicht?“, frage ich lallend.

„Du bist betrunken, Wyatt“, flüstert sie und es ist hörbar in ihrer Stimme – Mitleid.

Die Schlampe hat tatsächlich Mitleid mit mir und irgendetwas daran macht mich körperlich krank. Ich nicke und schließe meine Augen, als ob sie mich sehen könnte, und bin verdammt froh, dass sie es nicht kann. Ich bin so verflucht erbärmlich. Es ist kein Wunder, dass sie mich bemitleidet.

Fuck, ich bemitleide mich selbst.

„Ich weiß, dass ich betrunken bin. Gestern habe ich jemanden angeschossen. Ich kann das Mädchen, das ich will, nicht mal dazu bewegen, mit mir zu reden, und du bist ohne ein *Fick dich* gegangen. Ich möchte wissen, was ich an mir habe, das mich so verdammt unerwünscht macht.“

Ein unbestimmter Laut dringt aus der Tiefe ihrer Kehle, aber sie antwortet nicht. Ich warte ab, bin kurz davor, das Gespräch zu beenden, um das bisschen Stolz zu retten, das mir noch geblieben ist. Sie atmet tief ein und wieder aus, und ich warte für einen weiteren Moment.

„Unser Scheiß hat nichts mit dir zu tun. Dass ich gegangen bin und getan habe, was ich getan habe, hatte auch nichts mit dir zu tun, nicht wirklich. Ich war jung, *wir* waren jung. Überleg doch mal, was wäre, wenn wir geheiratet hätten. Denkst du, du wärst glücklich? Ehrlich? Wir sind nicht mehr die gleichen Menschen, die wir damals waren, und ich bin nicht sicher, ob wir uns überhaupt *mögen* würden, geschweige denn uns lieben.“

„Wir sind nicht die gleichen Menschen wegen dem, was du getan hast“, werfe ich ihr vor.

Sie seufzt erneut schwer. Ich weiß, ich habe diese Diskussion bereits bis zum Erbrechen mit ihr geführt, öfter als nötig, dabei hat es sich schon so lange erledigt. Es gibt kein Zurück mehr, kein Ändern dessen, was geschehen ist. Nichts kann Tote zum Leben erwecken.

„Ich weiß“, sagt sie mit ersticktem Laut.

„Fuck, ich bin ein Arschloch“, antworte ich lallend.

Sie lacht und es klingt verdammt traurig. „Ja, auch das weiß ich“, flüstert sie.

„Es tut mir leid, Sammi“, gebe ich zu und meine Schultern zittern, während ich versuche, mich mit meinem letzten bisschen Verstand zusammenzureißen.

Sie brummt. „Wir sind beide verletzt worden und wir haben uns gegenseitig verletzt. Du musst dich nicht für deine Gefühle entschuldigen, Wyatt. Und erst recht nicht für deine tiefen Gefühle. Denn das macht dich zum besten Mann, den ich je gekannt habe“, sagt sie, und mein Herz pocht so verflixt stark, dass ich erwarte, dass es in eine Million Teile zerspringt, aber das tut es nicht.

„Ich werde dich nicht mehr anrufen. Ich bin nur betrunken. Rylans Frau ist gekidnappt worden und dann war *sie* da. Fuck. Ich bin so ein Versager.“

„Wer immer sie ist, sie kann sich glücklich schätzen, dich zu haben. Vergiss das nie“, sagt sie und dann ist das Telefon still.

Ich realisiere, dass sie aufgelegt hat. Ich bin froh darüber, tatsächlich wäre es besser gewesen, wenn sie meinen Anruf erst gar nicht angenommen hätte. Ich nehme einen weiteren Zug von meinem Bier und fluche, als mein Telefon klingelt. Stirnrunzelnd erkenne ich, dass es Rylan ist.

„Hey, bist du heute zu Hause?“, fragt er.

Ich blicke runter zu der Bierflasche in meiner Hand, dann auf meine Boxershorts, die ich als einziges Kleidungsstück trage, und grunze. „Jepp.“

„Gut.“

Er beendet den Anruf, und ich schätze, das bedeutet, dass er später vorbeikommen wird. Widerstrebend beschließe ich, aufzustehen und zu duschen. Torkelnd schlüpfe ich ins Bad, und es dauert nicht lange, bis ich mich wieder wie ein Mensch und nüchterner fühle.

Ich stehe in der Mitte meines Wohnzimmers und sehe mich um. Alles an meinem Haus nervt mich. Ursprünglich habe ich es gekauft, weil ich gutes Geld verdiene, aber mehr noch, weil ich gehofft habe, eine Frau zu finden, mit der ich das alles hier teilen kann. Das ist bisher nicht passiert. Und nun gibt es Exeter, aber sie will nichts mit mir zu tun haben. Mit gerunzelter Stirn frage ich mich, ob ich es verkaufen und aufs Land ziehen soll. Ich denke an Ford und seine Familienranch, wie er draußen mitten im Nirgendwo und weit weg von allem und jedem lebt. Das will ich auch. Ich möchte die Freiheit haben, ein Stück Texas mein Eigen nennen zu können. Einen Ort, an dem mich niemand stören kann, es sei denn, ich möchte es so.

Ich angle mir mein Handy, setze mich aufs Sofa und beginne zu suchen. Ich möchte mindestens zehn Hektar, eventuell mehr, wenn ich es mir leisten kann. Vielleicht werde ich nie eine eigene Familie haben, keine Kinder, die auf dem Grund und Boden, den ich kaufe, herumrennen und groß werden. Aber Rylan und Channing werden mir eine Familie schenken, und ich kann es kaum erwarten, bis ihr Nachwuchs mir die Bude zerschießt.

Es klopft an der Tür, und endlich lächle ich, gefühlt das erste Mal seit Jahren. Es mag eine dumme Entscheidung sein, umzuziehen, aber das bezweifle ich. Diesen Ort zu verlassen, dieses Zuhause, in das ich so viel Hoffnung auf eine Zukunft gesetzt habe, die sich wahrscheinlich nie erfüllen wird – genau das ist es, was ich brauche. Einen Neustart sozusagen. Dies hier ist ein Zuhause für eine Familie, es sollte von Lachen und Glück erfüllt sein und nicht von Schwermut und Kummer, wie es durch mich die letzten Jahre der Fall war. Mit einem Nicken treffe ich meine Entscheidung.

Ich öffne die Tür und werde von Rylan und Channing begrüßt. Beide sehen glücklich aus, aber etwas anderes liegt in ihren Augen verborgen. Sorge, Unsicherheit und Zweifel. Ich kann es nicht ausstehen, die beiden so zu sehen. Ich neige den Kopf und lächle noch breiter.

„Ich wollte mit dir reden. Na ja, *wir* wollten mit dir reden“, murmelt Rylan schließlich.

***

Exeter

Ich seufze, als ich das neugeborene Baby an meine Brust schmiege. „Es tut mir leid, kleine Lady, gleich wird es kalt werden“, warne ich und lege das Baby auf die kleine Auflage, die wir für das erste Bad der Babys verwenden. Das ist das letzte Baby, vor Schichtende, um das ich mich kümmere. Und ich kann nicht abstreiten, dass ich mehr als glücklich darüber bin, mich um das Baby kümmern zu dürfen. Neugeborenen ihr erstes Bad zu geben, ist mein liebster Teil dieses Jobs.

„Ist sie okay?“, fragt die frischgebackene Mutter von ihrem Bett aus. Sie hat gerade einen Kaiserschnitt hinter sich und kann sich nicht weiter aufrecht setzen, als ihr Bett eingestellt ist.

Ich blicke über meine Schulter zu ihr, während ich die Flasche mit dem Babybadeschaum öffne. „Es geht ihr sehr gut. Können Sie mich von dort aus sehen?“, frage ich. „Ich bade sie und dann bekommen Sie sie gleich zurück.“

Sie brummt und im nächsten Moment fallen ihr die Augen zu. Das Baby wimmert, verärgert über mich, weil ich es aus der schönen, warmen Wickeldecke packe. Ich spreche mit ihr in einem sanften Singsang, ohne meine Stimme zu erheben, während ihr Gequake den Raum erfüllt.

Nachdem sie sauber und trocken ist, lege ich ihr eine frische Windel an und wickle sie wieder in die Decke. Die Mutter schläft tief und ist allein. Stirnrunzelnd frage ich mich, wo der Vater oder ihre Familie ist. Sicherlich würde jemand dieses neue Leben begrüßen und kuscheln wollen. Normalerweise sind zu diesem Zeitpunkt die Räume brechend voll mit Familie und Freunden.

Ich gehe hinüber zur frischgebackenen Mutter und lege meine Hand auf ihren Arm. Ihre Augen öffnen sich langsam und sie lächelt mich schwach an.

„Möchten Sie sie nehmen?“, frage ich.

Ohne ein Wort zu sagen, öffnet sie ihre Arme und ich lege das Baby hinein. So sehr ich auch möchte, ich frage nicht, wo ihre Familie ist, es geht mich nichts an. Ich betrachte sie einen Moment, ehe ich die beiden allein lasse, damit sie sich aneinander gewöhnen können. Mutter und Baby – das ist ein Anblick, der meinen gesamten Körper schmerzt. Nicht nur mein Herz, sondern mein gesamtes Sein.

„Machst du Feierabend?", fragt Shirley.

Sie ist für meine Schicht die Stationsschwester und bleibt immer bis zur Schichtübergabe.

Ich nicke und lächle sie an. „Ich habe gerade nach 2C gesehen, das Baby gebadet und das Krankenblatt aktualisiert", erwidere ich und versuche, nicht daran zu denken, dass sie allein sind.

„Traurig, das mit ihnen", murmelt sie.

„Traurig?", frage ich.

Shirley beißt sich in die Lippe und schaut sich dann um, um sicherzugehen, dass wir allein sind. Während sie spricht, tippe ich meine Zeit am Computer ein und logge mich dann aus dem System aus.

„Das arme Mädchen ist ganz allein, der Vater hat sich vor einem Monat auf und davon gemacht. Keine Nachricht, kein Goodbye, nichts. Sie hat ihn in Llano ausfindig gemacht. Er wohnt jetzt mit einer anderen Frau zusammen." Sie schüttelt den Kopf, und ihr Blick wird weich, als sie zur geschlossenen Zimmertür blickt.

„Das ist furchtbar", gebe ich zu. Mein Herz schmerzt für sie, für jede Frau in ihrer Lage. Für all die frischgebackenen Mütter, die in dieser grausamen Welt ihr Leben als Alleinerziehende bestreiten müssen. Sie ist mutiger, als ich es gewesen bin, als ich es je sein kann. Für einen Moment schließe ich meine Augen und atme tief ein und aus. Ich darf nicht an meine Vergangenheit denken, an das, was ich getan habe. Ich weiß ganz genau, dass meine Situation anders war, dass ich das Richtige getan habe, auch wenn es höllisch wehtut.

„Ja, Männer sind Abschaum“, sagt Shirley und zieht eine Grimasse, als ob sie etwas Schlechtes riechen würde.

Ich widerspreche ihr nicht. Denn ich weiß, dass Shirley selbst Erfahrung mit einigen schlimmen Männern in ihrem Leben vorzuweisen hat. Sie denkt vermutlich, dass sie alle Abschaum sind, und das kann ich ihr nicht verübeln. Ich habe in meinem Leben auch nicht viele gute Männer getroffen und trotzdem unterscheiden wir uns in diesem Punkt. Ich erlaube mir nicht, mich ihnen gegenüber verletzlich zu zeigen, und dadurch wurde mir nicht von so vielen Männern wehgetan wie ihr. Ich werde das nicht zulassen. Als Kind bin ich genug verletzt worden. Jetzt, wo ich erwachsen bin und die Kontrolle über mich und meine Zukunft habe, möchte ich mich nie wieder von einem Mann bis tief in mein Innerstes zerstören lassen.

Ich winke Shirley zum Abschied und schiebe den Riemen meiner Handtasche auf meine Schulter. Mit gesenktem Kopf warte ich darauf, dass sich der Lift öffnet. Als ich eintrete, drücke ich den Knopf für die Parkgarage und seufze. Die letzten paar Tage sind extrem stressig gewesen, zusätzlich zu meinen Zwölf-Stunden-Schichten, und ich bin einfach nur erschöpft.

Die Aufzugskabine stoppt in der Kardiologie-Etage, und ich halte den Atem an wie jedes Mal, wenn sie auf diesem verdammten Stockwerk stehen bleibt. Eine Hand drängt sich zwischen die sich wieder schließenden Türen. Entnervt atme ich aus und unterdrücke ein Stöhnen, als *er* in die Kabine steigt.

„Exeter“, sagt er mit eindeutig überraschtem Ton in der Stimme und stellt sich dicht neben mich.

„Elijah“, presse ich hervor und zwinge mich zu einem Lächeln, während ich meinen Kopf hebe, um ihn anzusehen. Sein Kinn ist gesenkt und seine grünen Augen sind intensiv auf mich gerichtet – zu intensiv.

Elijah ist einer meiner größten Fehler gewesen. Wir haben auf der Weihnachtsfeier letztes Jahr Sex gehabt. Wir waren beide ziemlich betrunken und er in besonderer Flirtstimmung gewesen. Ich hatte Mitleid mit mir selbst und habe es zu weit kommen lassen. Noch nie zuvor habe ich mich auf jemanden eingelassen, mit dem ich zusammenarbeite, und ich habe gewusst, dass ich es besser lassen sollte. Aber ähnlich wie in der Nacht, in der ich Wyatt kennengelernt habe, hat mich einfach der Umstand schockiert, dass er sich für mich interessiert. Mein Selbstbewusstsein ist eine echte Last, wenn es um Männer geht.

Elijah ist Arzt, und er hat mir mehr als deutlich zu verstehen gegeben, dass er mich gerne wiedersehen würde, aber ich weise ihn immer wieder ab. Ich mag ihn, aber nicht auf diese Weise. Er scheint ein netter Kerl zu sein, trotzdem ist er überhaupt nicht mein Typ. Ihm fehlt das gewisse Etwas. Und nicht nur das. Bei ihm bin ich nicht zum Höhepunkt gekommen. Was nicht der einzige Grund für kein weiteres Date gewesen ist. Er ist nicht rau genug für mich. Er ist überhaupt nicht wie Wyatt, eigentlich ist er das komplette Gegenteil von ihm. Damals habe ich nicht gewusst, was ich will, ich habe nur bemerkt, dass er zu weich ist – *viel zu weich.*

„Ich hatte gehofft, dass ich dir bald wieder begegnen würde“, beginnt er und mir wird flau im Magen.

Ich weiß, was er will, was er fragen wird, denn so beginnt er jede Unterhaltung. Die Fahrstuhltüren öffnen sich und wir steigen gemeinsam aus. Ich steuere auf mein geparktes Auto zu, das nicht dort steht, wo die Ärzte ihre Parkplätze haben. Er folgt mir und ich seufze.

„Wie ist es dir ergangen?“, frage ich beiläufig und hoffe, dass er den Wink versteht.

Ein kleines Lächeln zeigt sich auf seinen Lippen und seine Augen funkeln beinahe, und da bemerke ich, dass ich ihm versehentlich ein Startsignal gegeben habe. *Verdammt!* Er öffnet den Mund, gerade als wir in den Gang kommen, in dem mein Auto parkt. Er dreht seinen Kopf, klappt seinen Mund wieder zu und hält an.

Ich folge seinem Blick und mein gesamter Körper beginnt zu kribbeln.

Wyatt.

Wyatt lehnt an der Beifahrerseite meines Autos, seinen Hintern gegen die Tür gelehnt, seine Beine überkreuzt und seine Arme vor der Brust verschränkt. Ich befeuchte meine Lippen bei seinem Anblick, als er sich von meinem Auto abstößt und ein paar Schritte auf uns zukommt.

„Hey, Süße“, raunt er, seine hellbraunen Augen auf nichts anderes als mich gerichtet.

„Hey“, hauche ich.

„Ich bin Dr. Elijah Madison“, unterbricht Elijah.

Wyatt zuckt nicht einmal mit der Wimper, sein Blick ist weiterhin auf mich fokussiert und er schnaubt gelangweilt auf. „Schön für dich.“

Mir bleibt der Mund offen stehen, als er seinen Arm ausstreckt, nach mir greift und meinen Körper an seinen zieht. Ich lege meine Handflächen auf seine

Brust und meinen Kopf in den Nacken, um ihn anzusehen. Meine Augen fixieren seine vollen Lippen unter seinem Bart, die geradezu danach betteln, geküsst zu werden, und ich wundere mich, wie ich es überhaupt ausgehalten habe, mich so lange von ihm fernzuhalten. Vielleicht bin ich einfach erschöpft und im Delirium, vielleicht will ich ihn einfach *so* sehr.

„Tja", brummt Elijah und im nächsten Moment ertönt das sich entfernende Klacken seiner Schuhe auf dem Beton des sonst ruhigen Parkplatzes.

„Der Typ ist ein verdammter Vollidiot", grollt Wyatt.

Ich presse meine Lippen aufeinander und versuche, nicht zu lachen. „Was machst du denn hier?", frage ich, um das Thema zu wechseln.

Er senkt den Kopf, seine Nase streicht meine Schläfe entlang. „Ich weiß es nicht. Ich musste dich einfach sehen, und da ich nicht wusste, wo du wohnst, ließ ich es darauf ankommen und habe mich hier am Krankenhaus umgesehen, bis mir dein Auto aufgefallen ist", murmelt er an meinem Ohr.

Ein Schauer rieselt durch meinen Körper. Meine Finger graben sich in seine Schultern, während sein Atem über mein Gesicht strömt. Ich will ihn. Ich kann nicht weiter bestreiten, dass es so ist. Er ist exakt das, von dem ich nicht geahnt habe, dass ich es in meinem Leben haben will. Er ist rau, zu gut aussehend für mich, gutherzig, loyal zu seiner Familie und seinen Freunden und der beste Liebhaber, den ich je gehabt habe.

Ich würde mir wünschen, er würde zu mir gehören.

Kapitel 7

Wyatt

Ich muss los und Rylan abholen, aber ich habe die Gelegenheit genutzt, um sie zu sehen, ohne zu wissen, ob ich sie wirklich antreffe. Ich habe einfach nicht aufhören können, an sie zu denken, an das, was sie gesagt hat, daran, wie mutig sie gewesen ist, als sie mir mit Channing geholfen hat. Dann hat sie mit dem Sheriff gesprochen und meine Notwehr-Behauptung bekräftigt. Klar, es hat der Wahrheit entsprochen, aber sie hätte alles Mögliche behaupten können.

„Du bist früh auf", merkt sie an.

Ich schmunzle, nehme meine Lippen von ihrem Gesicht, sodass ich in ihre wunderschönen blauen Augen sehen kann. „Ich bin auf dem Weg zur Arbeit. Ich muss Rylan noch in Gallup abholen."

„Du bist dreißig Minuten entgegen deiner Richtung gefahren, nur um mit mir zu reden?", fragte sie und atmet laut aus.

Ich zucke mit den Schultern „Ich habe deine Nummer nicht und ich kann dich nicht vergessen."

Sie lässt mich los, tritt einen Schritt zurück, und ich merke, dass ich ihren kurvigen Körper vermisse. Ich liebe es, wie sie sich an mich presst, insbesondere ihre prallen Brüste. Diese Titten sind mein gottverdammter Untergang. Ich kann sie immer noch sehen, wenn ich meine Augen schließe. Fuck, ich will wieder alles von ihr, so absolut dringend, dass mein ganzer Körper schmerzt – nicht nur mein Schwanz.

„Das mit uns würde nicht funktionieren. Ich will mit niemanden ausgehen, Wyatt. Mit niemandem."

Ich blicke auf sie herab. Sie lügt. Sie denkt dummes Zeug, und ich überlege, ob es nicht einen Weg gibt, sie zum Umdenken zu bewegen. Sie will mich, ich erkenne es an dem leichten Aufblähen ihrer Nasenflügel, an der Art, wie sie steht, mit ihren Schenkeln verfickt nah beieinander, als ob sie sie zusammenpresst. Ich wette, wenn ihr BH nicht gepolstert wäre, würde ich ihre Nippel sehen, hart und nach meinem Mund verlangend.

Jepp. Sie ist eine gottverdammte Lügnerin.

„Warum würde das mit uns nicht funktionieren? Wegen deiner Vergangenheit?“, frage ich mit hochgezogener Braue.

Ihre Augen schließen sich langsam, und sie nickt, bevor sie sie wieder aufschlägt und mich mustert.

Ich greife nach einer kleinen Strähne, die sich aus ihrem Pferdeschwanz gelöst hat, und streiche sie ihr hinters Ohr. „Süße, ich hatte ebenso eine Scheißvergangenheit. Aber das ist noch lange kein Grund, warum unsere Zukunft nicht gut sein kann, nur weil unsere jeweilige Vergangenheit für den Arsch gewesen ist.“

Mit einem Seufzer schmiegt sie sich in meine Handfläche, als ich ihre Wange streichle. Fuck, sie ist so süß. Ich will sie behalten, ich kann nicht von ihr weggehen, weder jetzt noch in Zukunft. Das ist das Mädchen, das für mich bestimmt ist. Ich muss sie nur von mir überzeugen.

„Ich mag dich wirklich, Wyatt. Wenn es einen Mann gäbe, den ich mir wünschen könnte, mit dem ich mich zusammen sehen könnte, dann wärst du es.“

Ich knurre und trete wieder einen Schritt näher an sie heran. Dabei lege ich meinen Arm um ihre Taille, ziehe sie an meine Brust, immer noch ihre Wange haltend. Ich senke meinen Kopf und streiche mit meinem Mund über ihren. Eine sanfte Berührung mit so viel Schlagkraft. „Süße, du kannst mich haben, zur Hölle, ich rutsche praktisch auf meinen Knien und bettle darum, dich wieder kosten zu dürfen", raune ich an ihrem Mund.

Sie erschauert in meinen Armen und ihr Atem entweicht in einem sanften Keuchen. Wie sehr ich mir wünsche, sie an Ort und Stelle nackt auszuziehen und ihr zu zeigen, wie stark ich mich nach ihr verzehre. Sie schlingt ihre Arme um meinen Nacken und presst ihre Lippen gegen meine. Ich stöhne, als ihre Zunge über meinen Mund streicht. Mit meiner Hand wandere ich von ihrer Wange weiter zu ihrem Hinterkopf und steige in den Kuss ein. Exeter wimmert und ich verschlucke ihren sinnlichen Ton mit meinem Kuss. Ich liebe die Geräusche, die sie macht, und sehne mich danach, in ihr zu sein, anstatt in dieser verfickten Parkgarage zu stehen.

Langsam beende ich den Kuss und knabbere an ihrer Unterlippe. Ich muss bald zur Arbeit und sie hat immer noch nicht zugestimmt, mich wiederzusehen. „Abendessen am Freitag?", frage ich.

Sie kaut auf ihrer Unterlippe, die von meinem Kuss geschwollen ist und bei deren Anblick ich nicht vermeiden kann, mir vorzustellen, wie ihr Mund um meinen Schwanz geschlossen aussehen würde. Ich will das, ich will sie, ich will alles.

„Ich arbeite Freitag Nacht", murmelt sie.

Ob sie lügt oder mir die Wahrheit sagt, kann ich nicht beurteilen. Ich lasse sie nicht los, beschließe, dass ich es mag, wie sich ihre Arme um meinen Nacken anfühlen, wie sich ihr Körper an meinem anfühlt. Genau dort will ich sie haben, für immer.

Sie atmet durch die Nase ein und dann durch diese geschwollenen Lippen aus. „Samstag?“, fragt sie.

Ein kleines Lächeln breitet sich auf meinen Lippen aus, ich kann mich nicht beherrschen. Ich habe gewonnen, zumindest für den Moment. Ich drücke meinen Mund auf ihren und koste sie ein letztes Mal, bevor ich einen Schritt von ihrer Wärme zurücktrete.

„Samstag. Gib mir dein Telefon und ich speichere dir meine Nummer ein“, sage ich.

Sie greift in ihren Schwesternkittel und reicht mir ihr Gerät. Schnell füge ich meine Daten hinzu und rufe dann mein Telefon an, sodass ich auch ihre Nummer habe.

„Wann arbeitest du wieder?“, frage ich.

„Heute Nacht war vorerst meine letzte Nachtschicht. Eigentlich wäre ich Samstag Nacht wieder dran, aber ich habe mit jemandem gegen den Freitag getauscht. Mein Plan ist diese Woche komplett durcheinander“, erklärt sie mit großen Augen.

„Arbeitest du immer mit diesem Arzt?“, frage ich, denn ich habe den Mann nicht vergessen, der bei ihrer Ankunft am Auto um sie herumgestreunt ist.

„Nein“, erwidert sie kopfschüttelnd. „Er arbeitet in der Kardiologie.“

Ich schnaube und nicke mit dem Kopf. Mit Sicherheit kennt er ihren Schichtplan auswendig und achtet darauf, dass er arbeitet, wenn sie es tut. Er scheint so ein verfickter Typ zu sein.

„Ich schreibe dir später am Abend, vielleicht können wir uns noch vor Samstag treffen“, murmle ich.

Sie stimmt zu, blickt zur Seite und dann zurück zu mir. „Was willst du, Wyatt? Nur Sex?“, will sie wissen.

Ich schüttle den Kopf und schaue ihr direkt in die Augen. „Süße, wenn ich nur jemanden zum Flachlegen wollte, würde ich dich nicht bei der Arbeit aufspüren und dich um ein verdammtes Date bitten. Sex ist der einfache Scheiß. Ich will mehr."

Ich wende mich ab und gehe hinüber zu meinem Truck. Beim Einsteigen beobachte ich, wie sie in ihr eigenes Auto schlüpft. Ich rühre mich nicht vom Fleck, bis sie ihren Wagen gestartet hat und aus ihrer Parklücke fährt. Erst dann verlasse ich die Parkgarage und fahre zurück Richtung Gallup, um Rylan zu einem langen Arbeitstag abzuholen.

***

Exeter

Ich versuche, nicht an Wyatt zu denken, als ich nach Hause fahre, was mir nicht gelingt. Er folgt mir in seinem Pick-up praktisch den gesamten Weg. Auch so würde ich diese große Maschine samt seinem dunkelhaarigen, bärtigen Fahrer überall erkennen. Mein Herz hört nicht auf zu rasen und das Adrenalin schießt seit unserer Begegnung durch meinen gesamten Körper.

Ich will ihn. Er will mehr, und ich kann nicht bestreiten, dass ich es auch will. Ich will mehr von ihm. Mir ist bewusst, dass er früh genug herausfinden wird, dass ich seine Zeit nicht wert bin, und bis dahin nehme ich mir jede Sekunde, die ich von ihm bekomme, auch wenn es egoistisch ist. Es wird mir bestimmt wehtun, wenn ich den Ausdruck in seinen Augen sehen werde, sobald er realisiert, dass ich nicht so toll bin. Dass ich niemand bin, den er für sich will.

Aber vielleicht kann ich es überleben, ohne völlig zusammenzubrechen?

Ich bezweifle es.

Ich fahre in meine kleine Einfahrt und seufze angesichts dessen, was mich auf meiner Veranda erwartet. Hektisch stelle ich den Motor ab, öffne die Fahrertür und schließe sie leise. Ich laufe ein paar Schritte auf meinen Gast zu. Sie steht dort mit einem kleinen Koffer an ihrer Seite. Seit sie nackt auf dem Boden gelegen hat, Wyatt auf ihr, der ihr das Messer aus ihren Händen gerissen hat, habe ich sie nicht mehr gesehen.

„Ex", krächzt sie, als ich näher komme.

„Emily", murmle ich.

„Ich muss mich selbst in eine Einrichtung einweisen oder die Polizei wird es für mich tun. Sie haben mich achtundvierzig Stunden festgehalten und werden nur dann keine Anzeige erstatten, wenn ich mich freiwillig in eine Klinik begebe", erklärt sie.

Ich atme tief durch. Sie braucht Hilfe. Gott weiß, dass sie diese wirklich, *wirklich* braucht. Um ehrlich zu sein, ich vermutlich auch – mehr als nur ein paarmal im Monat Gesprächstherapie. Vielleicht würde ich dann nicht darauf warten, dass das, was zwischen Wyatt und mir ist, scheitert. Obwohl er sicher schon bald merken wird, was für ein Fehler ich bin. Das kann er gar nicht übersehen.

„Soll ich dich fahren?", frage ich.

Sie schüttelt den Kopf. „Sheriff Robby wird in ein paar Minuten hier sein und mich hinbringen. Ich muss den ganzen Weg bis nach Austin fahren", erklärt sie.

Ich nicke, trete einen Schritt näher und umarme sie.

Sie erwidert die Umarmung und bricht dann in Tränen aus. „Es tut mir so leid. Ich bin ein Wrack, und du hast versucht, mir zu helfen, und ich bin einfach nicht zur Vernunft gekommen“, krächzt sie.

„Ich liebe dich, Emily. Hol dir Hilfe und dann komm nach Hause. Du wirst immer ein Zuhause bei mir haben“, sage ich, und meine Augen füllen sich ebenfalls mit Tränen.

Sie kämpft mit einem Schluckauf, als sie den Kopf hebt und meinen Blick sucht. „Ich komme nicht nach Gallup zurück. Ich denke, ich werde in Austin bleiben“, sagt sie.

„Warum?“ Ich hasse es, wie panisch sich meine Stimme anhört.

Sie lächelt, nimmt meine Hand und hält sie zwischen ihren eigenen. „Ich muss von diesem Ort weg. Ich muss frei sein von meinem Vater und den Erinnerungen an ihn. Du auch, Exeter. Wenn ich fertig bin, wenn ich raus bin, komm nach Austin. Wir können neu anfangen.“

Ihre Worte lösen etwas in mir aus. Ich sollte die Chance ergreifen. Es ist eine gute Möglichkeit rauszukommen und nicht allein zu sein. Sie würde an meiner Seite sein, so wie sie es immer gewesen ist. Wir würden uns gegenseitig umsorgen, so wie wir es immer getan haben. Dieser Gedanke lässt mich innehalten.

„Ich glaube nicht“, wispere ich. Sie runzelt die Stirn und wartet, bis ich fortfahre. „Wir müssen heilen, aber wir sollten uns nicht gegenseitig bemuttern. Wenn ich dir folge, dann wird exakt das passieren. Weil wir das schon immer getan haben.“

„Wir unterstützen uns gegenseitig“, argumentiert sie und lässt meine Hand los.

Ich schüttle den Kopf und balle die Fäuste, um nicht nach ihr zu greifen. „Das tun wir nicht, Emily. Wir bemuttern einander. Das ist es, was wir immer getan haben. Wir müssen heilen, wir müssen unsere eigenen Wege finden. Und deiner ist in Austin, meiner ist hier."

„Es geht um dieses bärtige Arschloch, oder nicht?", zischt sie.

Ich schließe meine Augen, unfähig, ihre Anschuldigungen zu leugnen. Es *geht* um Wyatt, gewissermaßen. Aus Egoismus will ich mehr von ihm. Mehr von seiner Berührung, mehr von seinem Mund, einfach mehr. Bis er mit mir fertig ist. Bis er herausfindet, dass ich nicht mal ein kleines bisschen seiner Aufmerksamkeit wert bin.

„Es geht nur teilweise um Wyatt, Emily. Ich glaube wirklich, dass wir zu blind füreinander sind. Ich habe deine ungezügelte Seite gebilligt, deine Beziehung mit Jacob." Allein beim Gedanken an dieses perverse Arschloch zieht sich mein Magen zusammen.

Ich höre, wie ein Auto die Kiesauffahrt meines Grundstücks rauffährt. Emily sieht über meine Schulter, dann blickt sie zu mir zurück.

„Dieser Mann ist abgefuckt, seine ganze Familie ist es. Weißt du, dass Rylan gerade erst aus dem Knast entlassen wurde? Jacob hat mir alles erzählt. Der bärtige Wichser hat mich mit einer Waffe bedroht und James *angeschossen*. Er ist kein edler Ritter, und sobald er checkt, was du bist, ist er weg", spottet sie.

„Emily", ruft Sheriff Robby.

Ich mache eine Geste mit der Hand, um den Sheriff noch um einen Moment zu bitten, ehe ich den bösen Blick meiner Cousine erwidere. „Du denkst, ich weiß nicht, dass er in jeder Hinsicht besser ist als ich? Ich weiß, dass er es ist, Emily. Die Sache ist die, er will mich, und solange er das tut, werde ich mich verdammt noch mal zusammenreißen", zische ich.

Sie zuckt zusammen. „Er ist nicht besser als du, Exeter. *Du* bist besser als er, besser als seine gesamte beschissene Familie."

„Ach ja?", schnaube ich.

„Ja." Sie nickt. „Er wird erkennen, dass du besser bist als er, dass er dich nicht verdient hat. Und dann wird er dir den Laufpass geben. Er wird dich nicht vor irgendeiner verdammten Sache retten, Exeter."

„Das ergibt überhaupt keinen Sinn", murmle ich.

Sie greift nach meiner Hand und nimmt sie wieder in ihre. Sie sieht klar genug im Kopf aus, trotzdem bin ich nicht überzeugt von ihren Worten. „Jacob dachte, er wäre besser als ich. Jeder Mann, mit dem ich zusammen war, dachte, er wäre besser als ich. In der Sekunde, in der mein Selbstvertrauen nur einen Zentimeter gewachsen ist, haben sie mich sitzen gelassen. Wart's nur ab, er wird das auch tun, sie tun es alle. Sie wollen deine ganze Welt sein. Sie wollen das Beste sein, was dir jemals passiert ist. Wenn du nur versuchst, dich zu entwickeln, und sie dich nicht davon abhalten können, werden sie dich verlassen."

„Das ist wirklich eine beschissene Einstellung, Beziehungen zu sehen", flüstere ich. Wobei ich nicht abstreiten kann, dass sie vermutlich recht hat. Während ich mich aufgrund meiner Vergangenheit von Beziehungen ferngehalten habe, hat Emily für ihr junges Alter schon mehr als genug davon gehabt.

„Emily", grollt Robby.

Sie lässt meine Hand los, tritt einen Schritt zur Seite, ihr Blick noch immer auf mich gerichtet. „Verlasse Gallup. Es ist mir egal, wohin du gehst, aber verschwinde einfach. Solange unsere Väter hier sind, werden unsere Dämonen weiterhin unseren Verstand und unsere Körper beherrschen. MawMaw wird es verstehen.“

Emily sagt sonst nichts mehr und geht mit ihrem kleinen Koffer in der Hand an mir vorbei auf Sheriff Robby zu. Seine Hand gleitet an ihren unteren Rücken und er führt sie zum Vordersitz seines Polizeiautos.

Ich sehe zu, wie meine Cousine mich verlässt. Das erste Mal in meinem Leben werde ich sie nicht anrufen können, wenn ich sie brauche, oder umgekehrt. Ich werde nicht für sie sorgen können oder sie für mich. Bei dem Gedanken, dass sie die Stadt verlässt und nie mehr zurückkommen wird, fühle ich so etwas wie Leere in meiner Brust. Ich weiß, dass ich sie bald wiedersehen kann und sie besuchen werde, aber das ist das Ende von etwas, und dieser Gedanke macht mich traurig. Ich fühle mich schmerzlich allein.

Kapitel 8

Wyatt

Heiraten.

Channing und Rylan werden in nur wenigen Tagen heiraten. Ich gebe zu, dass ich ein bisschen erleichtert bin, dass ihre Hochzeit am Freitag anstatt am Samstag stattfinden wird. Wie egoistisch von mir, dass ich meine erste offizielle Verabredung mit Exeter für ihre Hochzeit nicht absagen wollen würde.

Ich bin ein verdammtes Arschloch.

Bist du noch wach?, schreibe ich ihr.

Fuck, das hört sich an wie ein Booty Call, als ob ich sie nur für Sex treffen möchte. Ich lache über den Gedanken. Wie absurd.

Exeter: *Ich schaue gerade Netflix.*

Ich schnaube, während ich *Willst du chillen?* tippe, um es dann doch zu löschen. Ich bin so ein Idiot.

Isst du zu Abend?

Exeter: *Zählt ein Liter Blue-Bell-Eiscreme?*

Ich feixe. Nein, ein Liter Eiscreme zählt nicht als Abendessen. Ich sollte meinen Arsch zu Hause lassen, aber ich schnappe meinen Schlüssel auf dem Weg zur Haustür.

Schick mir deine Adresse, fordere ich.

Zu meiner Überraschung tut sie es, ohne zu zögern.

Ich schaue stirnrunzelnd auf die Adresse in meinem Handy. Sie lebt in meiner Stadt, in *meiner*, und ich habe sie nie zuvor gesehen. Ich würde mich an sie erinnern, aber das erste Mal, dass ich sie gesehen habe, ist in der Bar gewesen. Unglaube überkommt mich, weil ich bis vor einigen Wochen nichts von ihrer Existenz gewusst habe.

Schnell fahre ich zum *Dairy Queen*, dem einzigen Fast-Food-Lokal der Stadt. Ich bestelle uns ein paar Burger und Fritten. Weil ich mich daran erinnere, was sie gesagt hat, ordere ich ebenfalls auf gut Glück einen *Butterfinger Blizzard*, Vanilleeis mit Keksstückchen.

Ich brauche nur ungefähr fünf Minuten, um zu ihrem Zuhause zu gelangen. Sie wohnt in einem kleinen, mobilen Haus am Rande der Stadt. Tatsächlich ist es ein Trailerpark, in dem ich oft als Kind gewesen bin, da Rylans Eltern im selben Park gewohnt haben.

Als ich in ihre schmale Einfahrt einbiege, bin ich nicht überrascht, dass ihr Haus das sauberste des Parks ist. Ihr Vorgarten ist ordentlich, sie hat sogar Blumen unter ihrem Küchenfenster und entlang der anderen Seite zur Straße hin stehen.

Der blaue Schein des Fernsehers dringt aus dem Wohnzimmerfenster, und mein Blick folgt ihm und da sehe ich sie auf dem Sofa sitzen. Ihre Beine untergeschlagen, kaut sie an ihrem Fingernagel, und ich schätze, sie ist weniger auf die Fernsehshow fokussiert, als dass sie gedanklich ihre Verteidigung mir gegenüber ausbaldowert.

Grinsend öffne ich die Tür des Pick-ups und springe raus, mit den Essenstüten und dem *Blizzard* in der Hand. Ich steige die Treppen hinauf und hebe meine Hand, um an die Tür zu klopfen, da fliegt diese schon auf. Sie steht da, in kurzen Shorts und einem übergroßen Kapuzenpullover. Sie trägt kein Make-up und ihr dunkles Haar ist zu einem wirren Dutt hochgesteckt. Ich lecke mir über meine Lippen bei ihrem

Anblick. Gottverdammt, sie ist jedes Mal hübscher, wenn ich sie sehe.

„Komm rein", sagt sie mit einem Nicken und tritt zur Seite. „Tut mir leid", flüstert sie.

„Was genau?", frage ich.

„Dass ich in einem solchen Heim lebe. Vielleicht sollten wir einfach zu dir nach Hause gehen", plappert sie.

Ich bin kurz etwas schockiert. Dann stelle ich das Essen auf den Beistelltisch neben dem Sofa, verringere die Distanz zwischen uns, nehme ihre Wangen in meine Hände und senke mein Gesicht zu ihrem. „Du solltest dich niemals dafür entschuldigen, wo du lebst. Es ist ein schöner Ort", raune ich. Meine Lippen streifen ihre, ich muss sie kosten, bevor ich weiterspreche. „Es sollte dir aber leidtun, dass du mich nicht geküsst hast, als ich durch die Tür kam."

Ihre Lippen verziehen sich zu einem Lächeln und sie stößt einen Seufzer aus. „Ich habe einfach kein schönes Haus, das hatte ich nie. Zumindest ist es kein echtes Haus. Du wohnst in einem großartigen Haus und ich schäme mich eben", murmelt sie und wendet den Blick ab.

„Sieh mich an, Süße", fordere ich. Ihr Blick schweift zurück zu mir und ich schaue in ihre wunderschönen blauen Augen. „Du könntest in einem Pappkarton leben und es wäre fein für mich. Diese Scheiße spielt für mich keine Rolle, Exeter. Außerdem ist Rylan nur ein paar Reihen weiter aufgewachsen. Ich habe als Kind hier einige Zeit verbracht." Ich zucke mit den Schultern und lasse ihr Gesicht los. „Und jetzt lass uns essen."

Sie blinzelt, ihre Augen werden groß, als sie zusieht, wie ich mich auf ihr Sofa setze. „Möchtest du hier essen oder am Tisch?“, frage ich.

Exeter schüttelt einmal ihren Kopf, als wollte sie sich davon lösen, mitten im Raum zu stehen und mich anzustarren. „Wie lautet Rylans Nachname? Ich glaube, ich habe nie gefragt“, sagt sie und setzt sich neben mich.

Ich überreiche ihr eine Tüte mit Essen, dann den *Blizzard*. „Lindsay“, erwidere ich und schnappe mir eine Handvoll Fritten, um sie in meinen Mund zu schieben.

„Du hast mir einen *Blizzard* gekauft, obwohl ich dir gesagt habe, dass ich einen ganzen Liter *Blue Bell* gegessen habe?“, fragt sie und klingt dabei eher erstaunt als schockiert.

„Jepp“, sage ich mit einem Mund voll Pommes.

Sie öffnet die Tüte, und aus dem Augenwinkel beobachte ich, wie sie den Burger herausnimmt.

„Was ist los?“, frage ich, als sie ihn nur in der Hand hält und keine Anstalten macht, ihn zu essen.

„Denkst du nicht, dass ich noch dicker werde? Du weißt schon, wenn ich all das esse?“

Ich drehe mich, um direkt in ihre Augen zu sehen, und ein kleines Lächeln breitet sich auf meinen Lippen aus. „Süße, ich werde das meiste davon in nur wenigen Minuten runtergeschlungen haben. Den Rest musst du essen, denn fuck, ich liebe es, wie du aussiehst, und ich möchte nicht, dass du jemals auch nur ein gottverdammtes Gramm verlierst.“

Sie befeuchtet ihre Lippen, ihr Mund ist leicht geöffnet, und wenn ich jemals hungrig ins Bett gehen wollen würde, dann definitiv genau jetzt, in diesem Moment. „Wyatt“, haucht sie.

„Iss“, knurre ich.

Dann tut sie, worum ich sie gebeten habe. Sie richtet ihre Konzentration wieder auf ihr Essen, und ich beobachte genussvoll, wie sie jeden einzelnen verdammten Bissen isst. Die Eiscreme teilen wir uns, und in dem Moment, als wir am Boden des Bechers angelangt sind, bin ich bereit, ihr die verdammten Klamotten vom Leib zu reißen.

***

Exeter

Mein gesamter Körper kribbelt, als ich von der Couch aufstehe. Es ist weit nach zehn Uhr abends, und obwohl ich nach meiner Nachtschicht ein Nickerchen gemacht habe, bin ich immer noch erschöpft. Am ersten Tag nach meinen Nachtschichten bin ich immer extrem müde.

Wyatt sieht zu mir auf und seine Augen verdunkeln sich. Ich schalte den Fernseher aus und werfe die Fernbedienung zurück aufs Sofa.

Wyatt steht wortlos auf.

Ich erwarte, dass er sich verabschiedet, aber das tut er nicht. Stattdessen umschließt er meine Hand und beginnt, mich zur Rückseite des Trailers zu schieben, wo sich die Schlafzimmer befinden. Er öffnet die erste Tür und sieht mich dann mit hochgezogener Braue fragend an.

„Emilys Zimmer“, flüstere ich.

Er nickt einmal, schließt die Tür und geht dann auf die einzige andere Tür neben dem Badezimmer zu. Mein Schlafzimmer. Er stößt die Tür auf, und ich folge ihm hinein, habe keine große Wahl, denn seine warme Hand umschließt meine. Ich bin mir jedoch nicht sicher, ob ich überhaupt eine Wahl würde haben wollen. Er ist … alles, was ich immer wollte, und nichts, von dem ich gedacht hätte, dass ich es jemals haben könnte.

„Süße", krächzt er und dreht sich zu mir, um mich anzusehen.

Der Raum ist dunkel, das Licht vom Gang ist der einzige Schein um uns herum. Allein dieses eine Wort sendet mir Schauer durch meinen gesamten Körper. Ich hätte nicht gedacht, dass ein Wort so unterschiedlich auf mich wirken könnte, aber das tut es. Das gibt es doch gar nicht, verdammt noch mal.

Ich sage nichts. Stattdessen ziehe ich mich langsam aus und nehme dann das Band aus meinem Haar. Erstaunt bemerke ich, wie sich Wyatts Nasenflügel aufblähen und sich seine Augen weiten, als ich komplett nackt vor ihm stehe. Ich sollte mich schämen, meine Dellen und Rollen und meinen unvollkommenen Körper vor ihm verstecken. Aber das tue ich nicht, denn so, wie er mich ansieht, fühle ich mich schön.

„Fuck", zischt er.

Er greift nach hinten, zieht sich sein Shirt über den Kopf und enthüllt seinen Oberkörper. Meine eigenen Nasenflügel beben bei diesem Anblick. Ein Hauch brauner Haare bedecken seinen knackigen Oberkörper. Tiefen, Linien und Muskeln, die ich am liebsten ablecken würde. Mein Blick wandert von seiner Brust zu seiner schlanken Taille und dann zum Bund seiner Jeans. Die Haarlinie auf seinem Bauch verschwindet unter dem Stoff, und ich frage mich, warum ich nicht jedes kleine Detail von ihm wahrgenommen habe, als wir das erste Mal zusammen gewesen sind. Heute speichere ich es in meiner Erinnerung.

„Komm her, Exeter“, raunt er. Er steht mit dem Rücken zu meinem Bett, und ich trete einen Schritt nach vorne, als er einen zurückmacht. Sobald seine Kniekehlen die Bettkante berühren, lässt er sich fallen, öffnet seine Schenkel und streckt seine Arme nach mir aus. Als ich nah genug bin, umschließen seine Hände meine Hüften und seine Finger greifen fest zu.

„Heute Abend ändert sich alles“, kündigt er an.

Ich zucke zusammen, aber seine Hände halten mich ruhig, verhindern, dass ich mich nur einen Zentimeter von ihm entfernen kann. „Tut es das?“, frage ich und schlucke.

Seine hellbraunen Augen schauen nach oben in meine und ich bin wie erstarrt aufgrund der Intensität.

„Ja, heute Nacht gehörst du mir, und so wird es auch bleiben. Kein Wegrennen vor mir, kein Verstecken mehr. Du hast meiner Familie geholfen, du bist verdammt besonders und ich werde dich nicht gehen lassen.“

„Wyatt“, protestiere ich.

Er drückt einmal sanft zu, schüttelt dann den Kopf und sein Blick vertieft sich. „Wir diskutieren nicht darüber! Ich meine, was ich sage. Du bist etwas ganz Besonderes, Süße“, erwidert er rau. „Nun komm auf dieses Bett und spreize deine Beine! Ich träume schon seit Tagen von deiner Pussy, gottverdammt.“

Ich kann nicht verhindern, dass sich meine Nippel zusammenziehen und meine Pussy bei seinen Worten schmerzt.

Ein Lächeln breitet sich auf seinem Gesicht aus, als sein Blick zu meinen Brüsten gleitet. Er lässt mich nicht sofort los, damit ich mich bewegen kann.

Stattdessen lehnt er sich nach vorne und sein Mund schließt sich um eine meiner Brustwarzen. Seine Zunge kreist darum, er stöhnt, seine Finger krallen sich stärker in meine Hüften, und ich fahre mit meinen Händen durch sein weiches Haar, halte ihn fest.

„Wyatt", stöhne ich, lasse meinen Kopf zurückfallen, biege meinen Rücken durch und schmiege mich an ihn. Ich will mehr, so viel mehr, und ich will seinen Mund *überall* auf mir spüren.

Er knurrt, knabbert zärtlich an meinem Nippel, und dieses Gefühl schießt direkt in meine Mitte, bringt mich zum Keuchen. Zu meinem Bedauern gibt er meine Brust frei.

„Aufs Bett", befiehlt er mit einem sanften und zugleich unnachgiebigen Ton.

Im Moment würde ich fast alles tun, um das Verlangen zwischen meinen Schenkeln zu mildern. Seine Hände lösen sich von meinen Hüften, und ich trete einen Schritt zwischen seinen Beinen zurück, um aufs Bett zu klettern. Ich lege mich hin, spreize aber nicht meine Schenkel, das erscheint mir zu viel, zu früh, zu entblößt und zu verletzbar.

Ein Rascheln ertönt von der Seite des Bettes her, und ich sehe, wie Wyatt seine Jeans auf den Boden fallen lässt. Ich lecke mir über meine Lippen, als mein Blick auf seiner harten Länge landet. Er schließt die Hände um seinen dicken Schwanz und streichelt sich selbst ein paarmal. Ich presse meine Schenkel noch fester zusammen und wünsche mir, dass er mich von meinem schmerzhaften Leid erlöst, aber er scheint darauf aus zu sein, mich zu quälen.

„Spreiz deine Beine, Süße", befiehlt er erneut.

„Wyatt", krächze ich und spreche seinen Namen beinahe wie einen Fluch aus.

Er zieht eine Braue hoch, seine Hand immer noch um seinen Schwanz gelegt und seine Augen fokussiert auf mein Gesicht. „Du bist wunderschön, Exeter, lass mich alles von dir sehen“, raunt er sanft.

Ich lächle, schüttle den Kopf, glaube ihm kein Wort. Trotzdem fallen meine Beine irgendwie auseinander, als ob er es ihnen einfach so befehlen könnte und ich keinerlei Kontrolle über meinen eigenen Körper hätte.

Wyatt lässt seinen Schwanz los und klettert aufs Bett, sein riesiger Körper ist zwischen meinen Knien. Sein Blick gleitet von meinem Gesicht zu meiner Mitte, und ich versuche, meine Beine zu schließen, aber seine Hände pressen sich sogleich gegen die Innenseiten meiner Knie. Ich erstarre und warte auf das, was er als Nächstes tun wird. Mein Mund ist trocken, und ich bin unfähig zu sprechen, sodass ich ihn nicht danach fragen kann. Ich möchte seine Berührung, möchte seinen Mund, aber mein Gesicht erhitzt sich vor Verlegenheit, weil ich so geöffnet vor ihm liege.

Wyatts Hände umschließen meine Kniekehlen und er zieht mich näher an sich heran, dann sinkt sein Kopf zu meiner Pussy. Ich spüre seinen warmen Atem an mir und dann fährt seine Zunge zärtlich durch meine Spalte. Seine Zunge wirbelt um meinen Kitzler und meine Lider schließen sich, während ich wohlig seufze.

Er stöhnt, seine Hände finden die Innenseiten meiner Schenkel und er dirigiert meine Beine weiter auseinander, drückt sie nach unten, während er sich noch näher an mich schmiegt.

„Fuck“, zischt er.

Ich öffne meine Augen und sehe zu ihm hinunter, unsicher, ob das ein gutes *Fuck* oder ein schlechtes ist.

„Köstlich", knurrt er. „Die Beste, die ich jemals hatte." Er sagt nichts weiter, sein Mund kehrt mit voller Wucht zurück auf meine Mitte.

Ich drücke meinen Rücken durch und dränge mich näher an ihn heran. So wie er sich anfühlt, ist es schwer, nur einen Funken Scham zu empfinden. Meine Verlegenheit von vorhin verschwindet, sobald er stöhnt und seine ganze Aufmerksamkeit auf meine Mitte richtet. Noch nie hat mich ein Mann derart vernascht, wie er es tut. Als ob er nicht genug bekommen würde, als ob er es wirklich genießen würde. Für Wyatt Johnson ist dies keine lästige Pflicht, es ist sein Vergnügen – und meins.

Es dauert nicht lange, bis sich meine Hüften gegen seinen Mund drücken. Mein Orgasmus steht kurz bevor, ist so verdammt nah, dass ich spüre, wie er immer näher kommt. Ich befinde mich am Rand der verdammten Klippe.

Eine meiner Hände fliegt in Wyatts Haar, umklammert es fest und zieht ihn ungehemmt gegen meine Pussy, um mehr zu bekommen, *mehr von allem*. Er stöhnt, seine Zunge umspielt meinen Kitzler immer wieder und meine Hüften wippen im Takt zu den Bewegungen seiner Zunge.

Mein gesamter Körper verkrampft sich und meine Pussy zieht sich zusammen, als ich komme. Er stoppt nicht, wird nicht langsamer, und als sich meine Muskeln schließlich entspannen, wechselt er von meinem Kitzler zu meiner Mitte. Seine Zunge gleitet in mich, sein Blick ist auf mein Gesicht gerichtet und er leckt mich einmal der Länge nach.

„Verdammt lecker", sagt er und grinst, sein Bart bedeckt von meiner Nässe.

Mein Gesicht fühlt sich heiß an, wenn ich nur sehe, wie er mich angrinst. Er klettert zwischen meinen Beinen hervor, und ich wimmere, als ich seinen Schwanz spüre, der durch meine Nässe gleitet. Er dringt nicht in mich ein, seine Hüften kreisen, und er gleitet durch meine Falten, trifft meine Klit mit jedem Streichen. Seine Hände sind auf beiden Seiten meines Kopfes abgestützt, seine Arme gestreckt, seine Muskeln angespannt und sein Kopf ist geneigt, während er sich selbst dabei beobachtet, wie er sich an mir bewegt.

Ich seufze, weil ich mich frage, wie lange ich diesen schönen Mann haben werde. Ich wünsche mir, dass ich ihn für immer behalten könnte.

Kapitel 9

Wyatt

Ich möchte nichts sehnlicher, als in sie hineinzugleiten und ihren Körper zu fühlen, wie er mich ungeschützt aufnimmt, mich umschließt. Ich fluche innerlich, lasse meinen Schwanz durch ihre Feuchte streichen und stelle mir vor, wie verfickt warm sie sein wird, wenn ich mich in ihr versenke. Fuck, ich muss mit ihr über Verhütung reden, über Tests und all diesen ganzen Scheiß, weil ich mich nach dieser Nacht nicht wieder in ein Kondom zwängen werde.

Sie gehört zu mir.

Widerstrebend rutsche ich von ihr weg und greife nach meiner Jeans auf dem Boden. Sie sagt nichts, beobachtet mich nur. Ich kann ihren Blick auf mir spüren. Diese blauen Diamanten sehen zu, wie ich in meine Jeanstasche greife. Ich finde eines der Kondome, die ich vor einigen Tagen in meine Geldbörse geschoben habe, nur für alle Fälle. Keine Ahnung, warum ich überhaupt welche hier drinnen habe, aber zweimal hat es sich bei Exeter schon als äußerst praktisch erwiesen. Ich reiße die Folie mit meinen Zähnen auf, rolle das Gummi über meinen Schwanz und begebe mich zurück ins Bett.

Exeters Wangen zeigen ein flammendes Rot, als ich wieder bei ihr bin.

„Was ist?“, will ich wissen.

Sie ist absolut atemberaubend. Ihre Beine sind geöffnet, ihre Pussy glänzt vor Nässe. Sie ist die schönste Frau, die ich je gehabt habe, so weich und rund an den richtigen Stellen. Genügend Titten und

Arsch, alles, wovon ich immer geträumt habe bei einer Frau.

Exeter schüttelt den Kopf, sagt aber nichts, ihre Wangen sind noch immer rosa vor Verlegenheit, wie ich annehme. Ich greife zwischen ihre Beine und benutze meinen Finger, um ihn durch ihre glitschige Spalte gleiten zu lassen, bevor ich ihre Klit umkreise. Ihre Lider werden schwer und ihr Mund öffnet sich leicht bei dieser Berührung.

„Wunderschön", flüstere ich.

Ich senke meinen Kopf, öffne meine Lippen und schließe sie um ihren Nippel. Ich lecke, sauge und knabbere an ihm, während meine freie Hand nach ihrer anderen Brust greift. Gleichzeitig kneife ich ihren Nippel und ziehe mit meinen Zähnen an dem anderen. Mein Blick bleibt an ihr haften, während sie sich langsam entspannt, die Röte von ihren Wangen verschwindet und durch eine süße, verlangende Glut ersetzt wird. Ihre Hüften heben sich, suchen nach mehr, nach meinem Schwanz. Ich gebe ihr nicht, wonach sie verlangt, zumindest jetzt noch nicht. Sie wird darauf warten müssen, bis sie kurz vorm Explodieren ist.

Ich wechsle meine Spielwiese. Meine Hand bewegt sich zu ihrer nun feuchten Brustwarze und mein Mund küsst sich hinüber zu der anderen, die ich zuvor geneckt habe. Sie stöhnt, hebt ihre Hüften, kreist sie und stößt einen Seufzer der Frustration aus, weil ich ihr verwehre, was sie will.

Exeter öffnet ihre Beine etwas mehr, instinktiv gräbt sie ihre Füße in die Matratze, während sie weiter ihre Hüften bewegt und mich mit jeder Bewegung provoziert. Ich lasse ihre Titten los, küsse mich ihre

Brust hinauf, meine Lippen finden ihren Hals und saugen dort an ihrer empfindlichen Haut.

„Wyatt“, stöhnt sie und legt wieder ihre Hand in mein Haar. Ihre Finger spielen mit den Strähnen und zerren daran, sodass ich ebenfalls stöhnen muss. Mein Mund findet seinen Weg zur Stelle knapp unter ihrem Ohr und mein Schwanz den zu ihrer Nässe. Ich verfluche das Kondom, als ich meine Hüften verlagere und durch ihre Falten gleite.

„Ja“, zischt sie seufzend.

Ich bewege meine Hüften und entschließe mich, uns beide von unserem Leid zu erlösen. Die Eichel meines Schwanzes drückt sich gegen ihre Spalte, meine Hände stützen sich auf jeder Seite ihres Kopfes ab. Ich stemme mich hoch, sodass meine Arme ausgestreckt sind und ich hinunter in ihre blauen Augen blicken kann. Langsam tauche ich in sie ein. Sie öffnet ihre Lippen mit jedem Zentimeter weiter, den ich in ihre enge Hitze eindringe und bis ich vollkommen von ihrer warmen Pussy umhüllt werde. Ich bleibe dort, vergraben in ihr, mein Blick auf sie gerichtet und ihrer auf mich. Ich kann mich nicht bewegen, ich kann verfickt noch mal nicht atmen.

Sie gehört zu mir.

Ihre Hände streichen meine Arme hinauf, bis sie meinen Nacken finden, dann drückt sie zärtlich meine Brust nach unten. „Ich möchte dein Gewicht auf mir spüren“, wispert sie so leise, dass ich sie fast nicht höre.

Das erste Mal seit fünfzehn Jahren mache ich Liebe mit einer Frau. Ich habe nicht einfach nur Sex mit ihr und ich ficke sie nicht aus Frust. Ich mache verdammte *Liebe*. Langsam ziehe ich mich aus ihr heraus und sinke wieder in sie hinein. Ich lasse mir Zeit, baue die Hitze zwischen uns auf und genieße die Art, wie sie sich bei jedem Stoß meinen Hüften entgegenstemmt. Ich sauge an ihrem Ohr, reibe mein Becken gegen ihre Klit, hoffe, sie zu einem zweiten Höhepunkt zu bringen, und will nichts mehr, als zu spüren, wie ihre Mitte um mich herum zuckt. Ich schiebe eine meiner Hände unter ihre Kniekehle und ziehe sie höher um meine Taille, stöhne, als ich noch ein bisschen tiefer in sie tauche.

Ihr Atem entweicht in Stößen, passend zu meinen Bewegungen und meiner eigenen Atmung. Der Raum füllt sich mit den Geräuschen unserer Körper, es ist verdammt sexy. Ich kreise meine Hüften, stelle sicher, dass ich ihre Klit treffe, wieder und wieder, ohne den Rhythmus zu stoppen. Ich genieße es, wie sich ihr Atem beschleunigt und schwerfällig ausströmt, und ich weiß, dass sie mit jedem Stoß höher und höher klettert.

Exeters Finger klammern sich noch fester in mein Haar, und dann schreit sie auf, während sich ihr Rücken durchbiegt und ihre Pussy zusammenzieht. Mein Rücken prickelt und meine Eier arbeiten, mein eigener Orgasmus ist so verfickt nahe. Sie schließt ihre Arme um mich und zieht mein Gewicht noch mehr gegen sich.

Meine Hüften hören nicht auf, ich ramme in sie, ficke sie so hart, wie ich es in dieser Position kann, und komme zu einem gigantischen Höhepunkt. Mein Samen spritzt in das Kondom, und ich bleibe tief in ihr drinnen, unwillig, mich zu lösen, während ich weiterhin langsam in ihre weiche Mitte rein- und rausgleite.

„Wyatt“, flüstert sie mit stockendem Atem.

Ich brumme, meinen schweißgetränkten Körper fest an ihren gepresst. Ihre Beine heben sich, umschließen meine Hüften höher und fester. Ich stöhne, spüre, wie sie meinen Schwanz ausquetscht, als sie mich an ihren Körper drückt.

„Kann ich dich behalten?“, fragt sie.

Ich hebe meinen Kopf und blicke hinunter in ihr Gesicht. Auf ihren Lippen zeigt sich ein süßes, träges Lächeln. Ihre Augen sind verschleiert, und das Blau ist so leuchtend, dass es mir den Atem raubt.

„Verdammt, ja, Süße. Du gehörst zu mir“, sage ich frei heraus. Sie tut genau das, und ich werde verdammt sein, wenn sie denkt, dass sie irgendwo anders hingeht als in mein Bett.

Bedauernd ziehe ich mich aus ihrer Hitze zurück und rolle mich vom Bett. Ich gehe zum Badezimmer und kümmere mich um das Kondom, dann schlendere ich zu ihr zurück. Sie hat die Bettdecke bis über ihre Brust gezogen, hat ihren schönen Körper bedeckt, und ich merke, dass mir das gar nicht gefällt. Ich greife nach der Decke, ziehe sie von ihr und werfe sie weg.

„Ich sehe dich gerne an“, sage ich grinsend und klettere zurück ins Bett.

Sie wendet sich mir zu, ihr Blick sucht meinen. Ich weiß nicht, wonach sie immer in meinen Augen sucht, aber was immer es ist, sie hat es noch nicht gefunden, sie forscht weiter. Ich lasse sie. Sie soll haben, was sie auch immer braucht, um die Gewissheit zu erlangen, dass sie exakt da ist, wo ich sie haben will. Und auch ich da bin, wo ich sein will.

Exeter berührt meine Wange und fährt mit ihren Fingern durch meinen Bart, kratzt sanft die Haut darunter. Ich brumme, weil ich genieße, wie es sich anfühlt. „Ich muss mit dir reden“, murmle ich.

Ihre Bewegungen erstarren und sie hält ihren Atem an.

Ich zögere das Gespräch nicht weiter hinaus, es ist eins, das ich sowieso nicht wirklich führen will. „Über Verhütung und Tests. Ich kann diese Woche an irgendeinem Tag nach der Arbeit die Klinik aufsuchen und mich testen lassen und so. Ich hoffe, du kannst das auch?"

„Testen lassen?", fragt sie beim Ausatmen.

Ich fahre mit meinen Fingern an ihrem Haaransatz entlang, beginne bei ihren Schläfen und stoppe hinter ihrem Ohr. „Ich möchte in dir sein, Exeter. Unverhüllt. Ich möchte alles von dir spüren, Süße", murmle ich.

„Oh", haucht sie. „Ich verhüte."

Ich grinse, neige meinen Hals ein wenig, und meine Lippen berühren ihre Nasenspitze, bevor ich weiterrede. „Ich bin keine Jungfrau, Süße. Ich möchte dich schützen. Das bedeutet, dass ich getestet werden muss. Und du auch."

Sie bleibt still, sieht zur Seite, und ich bemerke an ihren geröteten Wangen, dass ihr das Gespräch unangenehm ist.

Verdammt, ich hab's verbockt. Ich habe es wirklich verbockt, und mein Magen krampft sich zusammen bei dem Gedanken daran, dass ich ihre Gefühle verletzt habe.

„Sieh mich an, Exeter", fordere ich.

Langsam schweift ihr Blick zu meinem Gesicht zurück. „Ich verstehe, Wyatt", flüstert sie.

„Nein, tust du nicht", grolle ich.

„Du weiß nicht, ob ich sauber bin. Ich bin mit dir nach fünf Minuten von einer Bar zu dir nach Hause gegangen. Ich bin eine Schlampe", murmelt sie.

Ich lege meine Hand um ihren Nacken, vergrabe meine Finger in ihrem Haar und ziehe sanft ihren Kopf zurück. „Wir fangen gerade erst an. Als ein Mann muss ich dich schützen, und Exeter, ich war kein Heiliger. Ich könnte dir eine Liste geben, aber fuck, ich würde nie so respektlos dir gegenüber sein. Ich kenne deine Vergangenheit nicht. Ich weiß, dass sie nicht schön war, und ich möchte sicherstellen, dass es dir gut geht. Das ist alles. So sorge ich für dich, und ich möchte Details von dir wissen, aber andererseits will ich sie dann doch nicht wissen. Also, bis wir uns gegenseitig mehr vertrauen und wir fähig sind, uns zu öffnen, ist es die Art, wie ich dich schützen kann", erkläre ich so ruhig und zärtlich wie möglich.

Sie nickt, ihre Augen haben jedoch etwas von ihrem Leuchten verloren. „Okay, Wyatt, ich werde mich diese Woche testen lassen", wispert sie.

„Wann wurdest du zuletzt getestet, Süße?", frage ich.

Sie gibt ein Geräusch von sich, das sich wie eine Mischung aus einem Wimmern und einem Aufschrei anhört. „Es ist ungefähr fünf Jahre her", gibt sie zu.

„Ich werde nicht nach Details fragen, aber ich nehme an, dass du nicht enthaltsam warst in diesen letzten fünf Jahren?" Sie nickt, presst ihre Lippen aufeinander. „Dann lass dich testen, Süße."

„Okay, Wyatt", flüstert sie und ein Teil dieser Traurigkeit ist verschwunden.

Ich bin mir nicht sicher, was ich mir von diesem Gespräch versprochen habe, aber ich bin nicht davon ausgegangen, dass es den Rausch nach meinem Orgasmus ruinieren würde.

Fuck.

Ich schließe sie in meine Arme und halte sie fest an meinem Körper. Meine Lippen liegen auf ihrem Scheitel, und ich wispere ihr zu, dass sie schlafen soll. Aber das tut sie nicht. Sie liegt da, die ganze Nacht, ihre Augen geschlossen, aber sie ist wach. Ich weiß es, weil ich sie beobachte, sie halte, Stunde um Stunde, und sie sich nicht einmal für einen einzigen Moment entspannt.

Fuck.

***

Exeter

Ich schlafe nicht. Alles, woran ich die ganze Nacht denken kann, ist die Tatsache, dass Wyatt mich und sich selbst schützen will. Ich nehme es ihm nicht übel, dass er mit mir über das Testen gesprochen hat. Auch wenn es mir peinlich ist, hat er absolut recht. Ich muss mich testen lassen.

Ich hätte getestet *sein* sollen.

Ich fühle mich schmutzig, weil ich zugeben musste, dass es fünf Jahre her ist. Nicht, dass ich mit einer wahnsinnigen Menge an Männern geschlafen hätte in dieser Zeit, aber es waren einige.

Wyatts Handywecker ertönt, und ich halte meine Augen geschlossen, als er sich umdreht, nach seinem Telefon fischt und den lauten Alarm abstellt. Ich höre, wie er sich durchs Zimmer bewegt und seine Kleider rascheln, als er sich anzieht. Ob ich ihn wirklich wiedersehen werde? Ich gehe zum Arzt, egal wie es zwischen uns weitergeht. Es ist wichtig und ich habe die letzte Untersuchung viel zu lange hinausgeschoben.

Das Bett senkt sich neben mir und ich fühle seine Finger mein Gesicht streifen, etwas, das er oft tut – und das ich zufällig liebe.

„Ich weiß, dass du wach bist", raunt er.

Ich öffne meine Augen und sehe zu ihm auf. Er lächelt, aber es sieht echt traurig aus, und mein Herz zieht sich zusammen. Seine Finger fahren durch mein Haar und halten in meinem Nacken an. Sie sind warm und nur durch diese einfache Berührung fließt Hitze durch meinen gesamten Körper.

„Ich muss nach Hause und mich für die Arbeit fertigmachen, aber ich muss wissen, ob es dir gut geht, Süße", sagt er rau.

Gott, er ist so ein netter Kerl, viel zu nett für mich. Ich lächle ihn an und seine Mundwinkel verziehen sich ebenso zu einem Grinsen. Er senkt den Kopf und seine Lippen streichen über meine.

„Treffen wir uns bei mir, so gegen sieben? Ich werde grillen", brummt er an meinem Mund.

Mein ganzer Körper erstarrt kurz bei seiner sanft gestellten Frage. Ich ziehe mich von seinen Lippen zurück und sehe schockiert zu ihm auf.

„Abendessen? Heute?", hauche ich.

„Ich kann dich nicht ausführen, weil ich morgen arbeiten muss, aber eine Wiederholung von letzter Nacht wäre fantastisch, Süße. Außer, dass ich dir heute Abend ein richtiges Essen vorsetzen werde anstatt diesem Fast-Food-Mist."

Mein Herz setzt einen verdammten Schlag lang aus. Er will mich zu sich einladen, zum Abendessen, wie bei einer Verabredung. Selbst nach unserer Unterhaltung gestern Nacht will er mehr. Meine Zähne bohren sich in meine Unterlippe. Ich grinse und nicke.

„Aber ich koche das Essen, du bist den ganzen Tag arbeiten und ich nicht“, murmle ich.

„Ich übernehme das Fleisch und das Brot. Wenn du die Beilagen beisteuern willst, mach das gerne“, erwidert er lächelnd.

Ich nicke erneut und lächle sanft zurück. Seine Lippen streichen wieder über meine, und er gibt meinen Nacken frei, während er sich aufrichtet und aufsteht.

„Sieben“, bestimmt er. „Ich schicke dir meine Adresse, pack eine Tasche.“

Er dreht sich um und geht aus dem Zimmer, bevor ich zustimmen oder ablehnen kann. Er ist weg, sein Pick-up röhrt vor meinem Haus auf.

Ich liege da, die Bettdecke über meinen noch immer nackten Körper gezogen, starre an die Zimmerdecke und mein Lächeln wird breiter und breiter.

Er mag mich.

Er mag mich wirklich.

All mein Stress und meine Sorgen sind völlig umsonst gewesen. Er will mich sehen, und das heute Abend. Er wird mir Abendessen machen und möchte, dass ich eine verdammte Tasche packe. Ich weiß, dieses Gefühl wird nicht für immer andauern, aber ich werde darin schwelgen, solange ich kann.

Wyatt Johnson will mich – *mich*.

Kapitel 10

Wyatt

Meine Mutter ruft an, und ich stöhne auf, als ich ihre Nummer auf dem Display sehe. Ich muss ihr sagen, dass Rylan in ein paar Tagen heiraten wird, und ich muss mit ihr über den Umzug reden, den ich machen werde. Ich bin mir nicht sicher, ob ich ihre Meinung dazu hören will, doch die wird sie mir sagen, so oder so. Sie meint es gut, aber sie hält sich mit ihren Gedanken und Überlegungen einfach nicht zurück.

Außerdem muss ich ihr erzählen, dass Sammi die Stadt verlassen hat, und ihr von meiner neuen Beziehung zu Exeter berichten. Ich grinse, als ich an Exeter denke. Fuck, sie ist schlichtweg hinreißend gewesen heute Morgen. Ihr Haar zerzaust von meinen Händen, ihr Körper weich, süß und köstlich nackt. Es spielt keine Rolle, dass wir beide nicht geschlafen haben, sie sich Sorgen gemacht und das Schlimmste von mir gedacht hat, weil ich sie gebeten habe, sich testen zu lassen. All das ist vollkommen egal, weil sie perfekt für mich ist.

„Hallo“, grüße ich, als ich den Anruf entgegen nehme.

„Wyatt Johnson“, schimpft sie.

„Ich weiß.“ Ich nicke, während ich auf den Supermarkt zufahre. Ich muss einige Lebensmittel für heute Abend besorgen, denn ich habe versprochen, ich würde für Exeter grillen. Und das ist genau das, was ich tun werde, und dann werde ich sie wieder stundenlang ficken.

„Du hast mich weder besucht noch angerufen.“

„Tut mir leid, Mama. Ich war ziemlich beschäftigt“, entgegne ich. „Rylan heiratet am Freitag. Ich dachte, du und Dad würdet gerne kommen“, sage ich als Friedensangebot.

„Er heiratet?“, fragt sie überrascht. „Er kennt dieses Mädchen doch noch nicht sehr lange.“

Ich nicke wieder, obwohl sie mich nicht sehen kann. „Nein, tut er nicht, aber du wirst sie mögen. Sie ist gut für ihn. Zur Hölle, sie sind gut füreinander!“

„Pass auf deine Wortwahl auf“, rügt sie.

Ich gluckse, weil *Zur Hölle* nicht mal die Spitze des Eisbergs an Schimpfwörtern ist, die ich nutze, und das weiß sie auch. „Sie findet im Rathaus statt, gleich nach der Arbeit. Ich denke, er würde sich freuen, wenn ihr kommt“, fahre ich fort und ignoriere ihren Tadel.

„Natürlich kommen wir gerne“, erklärt sie und antwortet damit auch gleich für meinen Vater. „Und wie geht es dir?“

Ich brumme, weil ich mich nicht zu meinem persönlichen Scheiß äußern will, zumindest in diesem Moment noch nicht. Wenn ich meiner Mutter etwas erzähle, wird sie damit hausieren gehen. Exeter und ich sind einfach noch nicht so weit. Sie ist viel zu ängstlich, und meine Mutter würde ihr vermutlich eine Heidenangst einjagen, obwohl … vielleicht auch nicht. Mom ist ihrer MawMaw sehr ähnlich.

„Ich muss schnell in den Supermarkt, wir sehen uns am Freitag“, rufe ich ihr zu.

Meine Mutter versucht, das Gespräch weiterzuführen, aber ich beende den Anruf, bevor ich auf den Parkplatz einbiege. Ich jogge ins Geschäft, steuere direkt die Bäckerei an und hoffe, dass sie noch etwas vom frischen Knoblauchbrot haben. Manchmal, wenn man später am Abend kommt, ist es komplett ausverkauft, dasselbe gilt für frische Tortillas.

Ich brauche nicht lange, um das zu besorgen, was ich für heute Abend benötige. Ich gehe zu meinem Pick-up, werfe die Tüte auf den Beifahrersitz, setze mich hinter das Steuer und stelle den Hebel auf Rückwärts. Dann wähle ich die Nummer meiner Immobilienmaklerin.

„Hier ist Cindy“, sagt sie freundlich und munter.

„Hey, hier ist Wyatt Johnson. Es ist schon eine Weile her“, antworte ich. Ungefähr vor einem Jahr habe ich sie beauftragt, für mich ein Haus mit Grundstück zu suchen. Sie hat leider nicht das gefunden, was ich gewollt habe, somit habe ich die Suche abgeblasen. Aber dieses Mal ist es anders.

„Wyatt, wie kann ich dir helfen?“, schnurrt sie geradezu.

Ich ziehe eine Grimasse und erinnere mich an unseren Fick. Es ist nur einmal passiert, aber offensichtlich hat sie ihn auch nicht vergessen. Es ist ein Fehler gewesen. Sammi und ich hatten uns gestritten, und Cindy ist zufällig die erste Frau gewesen, die meinen Weg gekreuzt hat. Sie hat mir an dem Abend ein Haus mit ungefähr fünf Hektar Land gezeigt. Ich habe sie gegen die Eingangstür gefickt, hart und schnell, und danach nie wieder angerufen. Bis heute.

Ich räuspere mich, nehme einen tiefen Atemzug, bevor ich weiterspreche. „Ich werde mein Haus an meinen Cousin und seine Frau vermieten. Ich brauche auf jeden Fall etwas Neues, am besten mit einem Stück Land. Vielleicht eine umgebaute Scheune?“

„Umgebaute Scheunen sind der Hit momentan. Ich habe einige gelistet, von denen ich denke, dass sie dir gefallen könnten. Zum Beispiel etwas Einstöckiges im Ranchstil."

„Hast du irgendetwas in der Nähe von Ford Matthews?", frage ich. Nicht, dass ich direkt neben meinem Freund wohnen möchte, aber es wäre schön, jemanden in der Nähe zu haben, den ich kenne, insbesondere, wenn ich monatelang zu Sturmaufräumarbeiten unterwegs sein werde. Es würde mich beruhigen, wenn es jemanden gibt, den ich kenne und der nach meinem Haus sehen kann.

„Ich habe zwei, die nur ungefähr einen Kilometer die Straße runter liegen. Eins auf der gleichen Straßenseite wie seins, das andere ein Stück weiter weg auf der gegenüberliegenden. Bei dem einen handelt es sich um eine umgebaute Scheune, das zweite Objekt ist das bereits erwähnte Ranchhaus. Wenn sich deine Preisspanne nicht geändert hat, wären beide passend", schwärmt sie aufgeregt.

„Wann kann ich sie besichtigen? Und wie groß ist das Land?"

Sie gibt mir die Details der Häuser – das eine steht auf zehn Hektar Grundstück, das andere auf zwölf. Beide sind neuer und umgeben von Laubbäumen und Sträuchern. Außerdem gibt es viele Weißschwanzhirsche dort, wie überall in unserer Gegend.

„Ich kann dich jetzt treffen", bietet sie an.

Ich schaue auf die Uhr. Es ist halb sieben. Ich schaffe es niemals zu den Häusern zu fahren, diese zu besichtigen und rechtzeitig zurück zu sein. Deswegen vereinbare ich einen Termin für morgen nach der Arbeit. Sie ist nur zu gerne bereit, mich dort zu treffen. Nachdem ich aufgelegt habe, werfe ich mein Telefon auf den Beifahrersitz und stöhne auf. Ich möchte mich morgen nicht mit Cindy auseinandersetzen. Nicht wenn sie denkt, dass zwischen uns mehr ist, als es ist.

Fuck.

Ein Gedanke schießt mir durch den Kopf. Ich schüttle ihn zunächst ab und lasse ihn dann doch zu. Ich frage mich, ob Exeter die Häuser mit mir besichtigen wollen würde. Wenn mit uns weiterhin alles gut läuft, dann wird sie irgendwann mal in dem Haus wohnen, und ich möchte ihre Meinung hören.

Ich biege in meine Einfahrt und bin überrascht, dass ich Exeters Auto bereits am Gehsteig parken sehe. Schnell klettere ich aus dem Pick-up, gehe hinüber zur Beifahrerseite und greife nach der Einkaufstüte und meinem Telefon. Ich gehe hinüber zu ihrem Auto und öffne die Tür der Fahrerseite. Sie hält den Kopf gesenkt, ist vergraben in das Buch in ihren Händen.

„Süße“, flüstere ich und versuche, sie nicht zu erschrecken. Sie ist verdammt konzentriert und bewegt sich nicht. Deswegen lege ich sanft meine Hand auf ihre Schulter und schüttle sie leicht.

Ihr Kopf schießt nach oben und ihre blauen Augen weiten sich vor Schreck. „Du hast mich erschreckt“, sagt sie dann auch und pustet laut die Luft aus.

Lächelnd betrachte ich sie. Sie ist so verdammt süß. „Exeter, ich habe die Autotür geöffnet und dich begrüßt! Gutes Buch?“, frage ich.

***

Exeter

Mein Gesicht wird sofort heiß bei seiner Frage. *Gutes Buch?* Jepp, es ist wirklich ein gutes Buch. Zumindest das, was ich bisher gelesen habe, ist *ausgezeichnet*. Die Heldin ist gerade vom Helden entführt worden, und er hat sie von hinten in den Arsch gefickt, während er sie an den Haaren zurückgezogen hat, um ihr von oben in die Augen zu sehen. Es ist heiß. *Wirklich* heiß.

Zu meinem Entsetzen bin ich zu sehr in meinen Tagträumen versunken, um zu realisieren, was um mich herum passiert, bevor es zu spät ist. Wyatt greift nach meinem Buch, und ich beobachte völlig atemlos, wie seine Augen die Seiten überfliegen, die ich gelesen habe.

„Exeter", dröhnt seine Stimme.

Mein Gesicht fühlt sich ungefähr dreihundert Grad heiß an, nur wegen der Art, wie er meinen Namen sagt. Offensichtlich ist er gerade bei der Stelle, die beschreibt, wie der Held mit seinem Schwanz in ihren engen Hintereingang eindringt. Wie eng sie ist und dass sie ihn wie ein Schraubstock bis fast an den Punkt des Schmerzes zusammenpresst.

„Würdest du das tun wollen?", fragt er, und ich vernehme einen Hauch von Hoffnung in seiner Stimme.

„Es ist nur ein Buch, Wyatt", erkläre ich, schwinge meine Füße auf den Boden und stehe langsam auf. Ich strecke den Arm aus, damit ich mir mein Buch von ihm zurückholen kann, aber er hält es extra weit weg. Ich sehe weder das Buch in seiner einen Hand noch die Einkaufstüte in seiner anderen, weil ich so darauf fixiert bin, in seine Augen zu starren und mich zu fragen, warum sie plötzlich so funkeln, als er mir entgegenblickt.

„Aber du liest gerne darüber. Möchtest du das mal ausprobieren oder *hast* du es schon mal getan?"

„Hör auf, mich in Verlegenheit zu bringen", zische ich, mein Gesicht so heiß, dass ich sicherlich für jeden sichtbar leuchte wie eine Glühbirne.

Er schüttelt den Kopf, sein Blick auf nichts anderes als auf mich fokussiert. Ich hasse es, dass wir am frühen Abend, während die Sonne noch scheint, mitten in seiner Einfahrt stehen, und über so etwas reden. Jeder kann es hören. Ich sterbe.

„Süße", sagt er, und es hört sich an wie ein gequältes Stöhnen. „Ich will dich nicht in Verlegenheit bringen. Ich bin neugierig, ob das etwas ist, was du magst, ob es etwas ist, was du ausprobieren möchtest, oder ob du es jemals getan hast. Ich möchte dir alles geben, was du dir wünschst. Und wenn das etwas ist, was du dir wünschst, bin ich verdammt noch mal bereit, es dir zu geben", sagt er und seinen Lippen verziehen sich zu einem frechen Grinsen.

„Ich wette, das bist du", murmle ich.

Er grinst breiter und die Kühnheit in seinen Augen und in seiner Miene ist nicht zu übersehen. Dass er mich neckt, ist absolut bezaubernd. Gleichzeitig denke ich, dass er mir wirklich Vergnügen bereiten will, denn ich bin mir sicher, dass jeder Kerl auf der Welt *mehr* als bereit sein würde, seine Freundin anal zu befriedigen und sie so glücklich zu machen.

Er klappt das Buch zu, legt es auf das Dach meines Autos und schlingt seine Arme um meinen Rücken, um mich dann an seine Brust zu ziehen. Seine Lippen streichen über meinen Mund, und ich halte meine Lippen so lange geschlossen, bis seine Zunge herauslugt, um von mir zu naschen. Seine Zunge füllt meinen Mund aus, kostet eindringlich von mir, und dann knabbern seine Zähne an meiner Unterlippe, bevor er den Kuss löst. Er gibt mich nicht frei, behält seinen festen Griff bei und hebt seinen Kopf, um mir in die Augen zu sehen.

„Ich meine es ernst, Süße. Was immer du willst, ich bin hier, um es dir zu geben“, grollt er.

Ein Schauer durchströmt meinen gesamten Körper aufgrund seiner Worte – er ist hier, um es mir zu geben! Ich befeuchte meine gerade geküssten Lippen und beiße dann in die Innenseite meiner Wange.

„Ich habe es noch nie getan“, gebe ich zu. Es ist die Wahrheit, ich habe niemals jemanden nah genug an mich herangelassen, dass er in meine *heilige Zone* eindringen durfte. „Ich habe darüber gelesen, sehr viel“, gestehe ich.

Wyatts Lächeln vertieft sich. „Turnt es dich an?“, fragt er rau.

Meine Zähne bohren sich in meine Unterlippe. Er beobachtet mich, wartet darauf, dass ich weiterrede, dass ich ihm sage, was ich will. Sein abwartender Blick ist eines der heißesten Dinge, die ich je in meinem Leben gesehen habe.

„Es ist heiß, darüber zu lesen“, erwidere ich.

Er brummt, senkt den Kopf und streicht mit seinen Lippen über meine. Dann drückt er mir mit seinem Mund kleine Küsse auf den Kiefer und die Wangen, bis rüber zu meinem Ohr. „Wir werden spielen, wir werden uns dort hinarbeiten“, krächzt er.

Bei seinem teuflischen Versprechen breitet sich eine Gänsehaut über meinen ganzen Körper aus. Ich presse meine Schenkel zusammen und überlege, ob wir wirklich erst essen müssen. Ich will ihn in mir haben, ich will spüren, wie er meine pochende Mitte ausfüllt. Ich will, dass sein Versprechen sich bewahrheitet, alles davon, *alles*.

„Zeit zum Essen, Süße“, murmelt er.

Ich seufze und er lässt mich los, tritt einen Schritt zurück. „Müssen wir jetzt essen?“, frage ich beiläufig.

Wyatts Lippen verziehen sich erneut zu einem Lächeln. „O ja! Zu warten, wenn wir uns beide nacheinander sehnen, ist die beste Art von Vorspiel.“

Ich räuspere mich, schnappe mir mein Buch vom Dach meines Autos und schlendere hinüber zur Beifahrerseite. Ich öffne die Tür und greife nach den Einkaufstüten mit den Zutaten für die Beilagen und den Nachtisch. Die Tatsache, dass Wyatt gestern Abend das Eis mitgebracht hat, lässt mich vermuten, dass er eine Naschkatze ist, und nachdem ich definitiv eine bin, wollte ich das Dessert nicht auslassen. Obwohl … diesen Extragang bereue ich gerade irgendwie. Alles, woran ich denken kann, ist Wyatt, nackt und sich in mir bewegend.

Kapitel 11

Exeter

Wyatt macht sich draußen am Grill zu schaffen, und ich versuche, mich auf meine eigene Aufgabe zu konzentrieren, Kartoffelsalat und Kopfsalat zuzubereiten. Ich bin mir nicht sicher gewesen, was ich kochen soll, aber Wyatt scheint ein Fleisch- und Kartoffeltyp zu sein, also bereite ich meinen Favoriten zu: Kartoffelsalat mit Ranchdressing. Der ist zwar nicht supergesund, aber er schmeckt so sündhaft gut, dass er jede einzelne Kalorie wert ist. Als alles fertig ist und der Kopfsalat zusammen mit dem warmen Kartoffelsalat auf dem kleinen Esstisch steht, tritt Wyatt beladen mit einem Teller voller Fleisch und Knoblauchbrot durch die gläserne Terrassentür ein.

„Ich hätte das Fleisch auch noch geräuchert, aber das ist ein Wochenendding", sagt er, als ob er nicht genug getan hätte.

„Kann ich dir ein Bier holen oder irgendetwas anderes?", frage ich. „Ich habe welches im Kühlschrank gesehen."

Er verzieht den Mund zu einem kleinen Lächeln und schüttelt den Kopf, während er den voll beladenen Teller mit Fleisch und Brot in die Mitte des Tisches stellt. „Setz dich, lass mich dir einen Drink bringen. Du hast schon viel zu viel getan."

„Ich habe Kartoffeln und Kopfsalat gemacht, das ist kaum Gourmetessen", stelle ich fest.

Er schnaubt. „Und du hast richtige Teller auf den Tisch gestellt, mit Silberbesteck und Servietten.

Ehrlich, ich wusste nicht mal, dass ich Servietten habe", murmelt er und kommt auf mich zu.

Ich erstarre, meine Beine zittern leicht, als er einen Arm um mich schlingt und mich an seine Brust zieht. Wyatt küsst mich rasch. „Willst du Wein? Bier?", raunt er an meinem Mund.

Stirnrunzelnd lehne ich mich zurück. „Du hast Wein?", frage ich, neugierig, für wen er diesen gekauft hat. Er scheint nicht die Art Mann zu sein, der zufällig eine Flasche Wein für sich selbst rumliegen hat.

„Habe ich. Einen Weißen im Kühlschrank. Setz dich, ich bringe ihn dir."

Wyatt lässt mich los und geht in die Küche. Meine gute Stimmung ist plötzlich gedrückt, ich gehe hinüber zum Tisch und setze mich. Wein, Servietten, von denen er nicht weiß, dass er sie hat, passende Teller und Silberbesteck. Es trifft mich wie ein Hammerschlag: Dieses Haus weist überall Spuren der Anwesenheit einer Frau auf.

Wyatt stellt das Weinglas vor mich hin und mir dreht sich der Magen um. Warum hat er verdammte Weingläser? In genau diesem Moment wird mir bewusst, dass ich absolut nichts über diesen Mann weiß. Trotzdem habe ich mit ihm geschlafen, zweimal. Er hat mir doppelt so viele Orgasmen beschert, und dennoch, ich kenne nur seinen Vor- und Nachnamen.

Er setzt sich mir gegenüber hin und hält seine Bierflasche hoch. „Auf einen Neuanfang", sagt er und grinst.

Ich hebe mein Glas und wir stoßen auf seinen Trinkspruch an. Ich trinke einen beherzten Schluck von meinem Wein und erschauere wegen der trockenen Bitterkeit. Es ist kein süßer Weißwein, wie ich ihn typischerweise mag. Er schmeckt wie das Innere eines Eichenfasses. Ich halte ein Husten zurück und beginne meinen Teller mit Essen zu füllen, auf das ich mich gar nicht mehr freuen kann.

„Was ist los?", fragt Wyatt.

Ich schüttle den Kopf. Ich möchte es ihm nicht sagen. Allein daran zu denken, bewirkt, dass ich mich unsicher und wirklich dumm fühle. Er muss in seinen Dreißigern sein und natürlich hat er auch mit anderen Frauen etwas gehabt. Zur Hölle, eine andere Frau kann sogar hier gewohnt haben und es würde mich ehrlicherweise nichts angehen, denn ich habe kein Recht, eifersüchtig zu sein. Mein Verstand weiß das, aber mein Herz kapiert nicht, warum er überhaupt jemals in seinem Leben eine andere Frau auch nur angesehen hat. Es ist ein selbstsüchtiges Biest.

„Nichts", lüge ich.

Er lehnt sich in seinem Stuhl zurück, während mich sein Blick fixiert. Nur mich. Er wartet.

Ich presse meine Lippen aufeinander, schaue überall hin, nur nicht in sein Gesicht, denn wenn ich es tue, werde ich es ihm sagen. Wenn ich preisgebe, was ich denke, wird er wissen, dass ich verrückt bin oder zumindest zu sehr klammere. Ich habe noch nie so gefühlt in meinem ganzen Leben.

„Exeter", grollt er.

Seufzend hebe ich meinen Blick. „Du hast Servietten, von denen du nichts wusstest. Du hast Wein und du bist definitiv kein Weintrinker. Du hast passende Teller *und* Silberbesteck. Du hast sogar eine Überdecke auf deiner Couch", plappere ich.

Seine Brauen schießen hoch und verschwinden fast unter seinem Haaransatz. „Gefällt sie dir nicht? Wirf sie raus", sagt er mit einem Achselzucken.

„Es ist nicht, dass sie mir nicht gefällt, es ist die Tatsache, dass du sie hast. Und dann ist da der simple Fakt, dass es mich stört, obwohl es das nicht sollte."

„Was bedeutet es für dich, dass ich diese Dinge besitze, Süße?", fragt er, und ich vernehme einen kleinen Hauch von Humor in seiner Stimme, fast so, als ob er versucht, ein Lachen zurückzuhalten.

Ich kneife meine Augen zusammen und hebe mein Kinn, weil ich mich nun noch lächerlicher fühle und es nicht zeigen möchte. „Es bedeutet, dass eine Frau dein Haus ausgestattet hat. Und ich weiß, dass es dumm ist, aber ich bin eifersüchtig, okay?", schnauze ich ihn an.

Ich drehe meinen Kopf zur Seite und schaue durch die Glasschiebetür hinaus in seinen kleinen Garten, um so lange ich kann, nicht in sein Gesicht – sein wunderschönes, bärtiges Gesicht – sehen zu müssen. Plötzlich spüre ich seine Finger warm und fest an meinem Oberarm, bevor seine Lippen über meinen Hals gleiten. Sein Mund wandert bis knapp unter mein Ohr, wo er immer zu landen scheint, und ich genieße es viel zu sehr.

„Sei nicht eifersüchtig, Süße. Du bist jetzt die einzige Frau hier", murmelt er.

Sein warmer Atem verursacht eine Gänsehaut auf meiner Haut, aber ich schaue weiterhin zur Seite, hauptsächlich, weil er mich immer noch küsst und sich das so verdammt gut anfühlt. Seine Zunge kostet meine Haut und ich stöhne auf.

„Ich will es nicht sein, aber ich bin es", gestehe ich flüsternd.

Er brummt, seine Hand gleitet meinen Arm hinunter, wandert um meine Taille herum und umschließt meine Brust. Seine Finger kneifen durch mein Shirt in meinen Nippel. Mein Rücken drückt sich ihm automatisch entgegen, bettelt still nach mehr, so viel mehr.

„Ich bin verdammt eifersüchtig auf jeden Mann, der dich jemals vor mir berührt oder überhaupt nur mit dir geredet hat", raunt er.

Seine Worte sollten wie kaltes Eis sein, das durch meine Venen strömt, wenn man bedenkt, dass der erste Mann, der mich berührt hat, mein eigener Vater gewesen ist. Aber sie sind es nicht. Sein Mund ist auf mir, seine Finger kneifen und zupfen gekonnt meine Brustwarzen. Und alles, woran ich denken kann, ist er – dass ich ihn brauche, ihn will. *Mich nach ihm verzehre.*

***

Wyatt

Exeter wölbt sich mir entgegen, und ich möchte nichts lieber, als ihr die Kleider vom Leib zu reißen und sie hier auf dem Esstisch zu ficken. Ich sollte sie von ihrem eifersüchtigen Elend erlösen und ihr die Wahrheit sagen. Der Wein ist von Sammi, aber die Teller, die Servietten und die Decke, das ist alles von meiner Mutter. Sammi ist bisher die einzige Frau gewesen, die dieses Haus betreten hat, außer meiner Mom und jetzt Exeter.

Mit meinen Lippen wandere ich weiter von ihrem Hals zu den Ohrläppchen, an denen ich sanft knabbere, dann lasse ich sie langsam los und gebe ihre

Titte widerwillig frei.

„Iss etwas und dann vernasche ich dich“, sage ich und grinse, während ich mich erhebe.

Ich genieße den Moment, als sich ihre Wangen wegen meiner Worte verfärben, gehe zu meinem Platz zurück und setze mich. Dann warte ich, bis sie ihre Gabel nimmt und zu essen beginnt. Als sie es tut, seufze ich erleichtert auf und genehmige mir dann selbst einen großen Bissen des Kartoffelsalates. Mein Herz bleibt fast in meiner Brust stehen.

„Ist der mit Ranchdressing?“, frage ich mit vollem Mund und schaue von meinem Teller zu ihr auf.

Ihre Wangen werden einen Tick dunkler und sie nickt. „Selbst gemachtes Ranchdressing mit Frischkäse“, stellt sie klar.

„Heilige Scheiße“, krächze ich. „Es schmeckt himmlisch.“

Die Sorge, die sich noch vor wenigen Augenblicken in ihrem Blick gezeigt hat, verschwindet und wird durch ein strahlendes, stolzes Lächeln ersetzt. Meine eigenen Lippen verziehen sich ebenfalls zu einem Lächeln, bevor ich mich wieder meinem Essen widme.

„Wohnst du schon lange hier?“, fragt sie in dem Versuch, ein Gespräch einzuleiten.

Ich nicke und schlinge eine weitere großzügig beladene Gabel Kartoffeln in mich hinein. Ich könnte die ganze verdammte Schüssel allein leer essen, so verdammt gut schmeckt es. „Ja, schon eine Weile, aber da du es gerade erwähnst: Ich habe vor, mir morgen ein neues Haus anzuschauen. Ich hätte gern ein kleines Stück Land und wollte fragen, ob du mit mir kommst?“

„Um ein Haus zu besichtigen?“, entgegnet sie atemlos.

Ich grinse. „Ja, Süße. Wenn es zwischen uns gut läuft, wirst du sowieso bald dort leben, also sollte es dir auch gefallen.“

Sie starrt mich mit leicht geöffnetem Mund an und verharrt mit der Gabel in der Luft schwebend, auf der ein Stück Salat aufgespießt ist. Ich kann mich nicht davon abhalten, mir vorzustellen, wie mein Schwanz zwischen diesen hübschen Lippen vor- und zurückgleitet. Ich verkneife mir ein Stöhnen, schneide ein Stück Fleisch ab und schiebe es mir in den Mund, bevor ich etwas Dummes tue, wie sie zu bitten, mir hier und jetzt einen zu blasen.

„Wyatt“, haucht sie. „Ich weiß einfach nicht, was ich sagen soll.“

Ich zucke mit den Schultern. „Sag, dass du mit mir kommst, wenn ich dich morgen nach der Arbeit zur Besichtigung abhole.“

Hochkonzentriert beobachte ich sie. Ich habe das Gefühl, dass ich sie immer beobachte, immer darauf warte, wie sie reagieren wird, und es wird mir klar, dass ich das Beobachten und Warten genieße. Sie ist auf so viele verschiedene Arten schön, einzigartig und spektakulär. Ich möchte alles von ihr wissen, jedes verdammte Detail, und ich wünsche mir, sie würde mir gegenüber ein bisschen offener sein, sodass sie sich überwindet, mir ihre Geheimnisse anzuvertrauen.

„Ich komme mit“, flüstert sie.

Ich höre sie fast nicht, sie sagt die Worte so unsicher, so verdammt leise. Ein siegreiches Lächeln zuckt über meine Lippen. Ich freue mich, dass sie mit mir kommt, obwohl ich denke, dass es nicht so einfach sein wird, ihr ihre Gedanken zu den beiden

Häusern zu entlocken. Trotzdem bin ich mir sicher, dass ich sie hören und dass sie phänomenal sein werden.

Wir essen zu Ende, unser Small Talk besteht nur aus Vorlieben und Abneigungen in Bezug auf Filme, Musik und Essen. Es überrascht mich nicht, dass sie eine Mischung aus verschiedenen Musikrichtungen mag, so wie es sie sicher nicht überrascht, dass ich nur auf Rock und Country stehe.

„Wie viele Freundinnen hattest du schon? Ich denke, wir sollten diesen Teil einfach hinter uns bringen", sagt sie, führt ihr Glas an die Lippen und nimmt einen weiteren großzügigen Schluck. Sie hat bereits die Hälfte der Flasche ausgetrunken, und es scheint so, dass der Alkohol sie mutig werden lässt. Lockerer.

Ich beschließe, nicht ins Detail über Sammi oder unsere Vergangenheit zu gehen, zumindest noch nicht. Das ist ein Gespräch, das für heute Abend zu ernst ist, und wir haben für heute schon genug ernsthafte Gespräche geführt.

Ich hebe meine Bierflasche an die Lippen und nehme einen kräftigen Schluck. „Ich hatte nur eine feste Freundin. Ihr Name ist Sammi. Seit wir sechzehn sind, haben wir eine fortwährende On-Off-Beziehung geführt", erkläre ich.

Exeter befeuchtet ihre Unterlippe. „Was ist passiert?", hakt sie nach und ihre Stimme klingt sanft und gleichzeitig ein wenig besorgt.

Ich zucke mit den Schultern. „Teenager-Dummheit."

Die Wahrheit tut weh. Denn diese *Dummheit* hat zu einem der schmerzhaftesten Ereignisse in meinem Leben geführt. Einem, das ich immer noch nicht überwunden habe und nie überwinden werde, nicht, solange ich lebe. Ich werde immer Trauer wegen des Babys empfinden, das Sammi abgetrieben hat.

Vielleicht hat sie damals die richtige Entscheidung getroffen, ich weiß es nicht. So wütend ich auch bin, ich verstehe ihre Beweggründe, und vielleicht macht es mich zum schlimmsten Heuchler überhaupt, dass ich es ihr trotzdem immer übel genommen habe. Aber wenn ich mit Sammi verheiratet wäre, würde ich jetzt Exeter nicht gegenübersitzen.

„Was ist mit dir?“, wechsle ich das Thema, damit ich nicht in die *Was-wäre-wenn*-Grübelei verfalle.

Exeter presst ihre Lippen aufeinander, ihr Blick geht zur Decke und dann wieder zu mir. „Ich bin mit ein paar Männern ausgegangen, aber mit keinem war es so richtig ernst.“ Sie zuckt mit den Schultern.

„Wieso nicht?“, will ich wissen.

Der Blick aus ihren blauen Augen findet meinen, sie fokussiert mich, und ich schwöre bei Gott, mein Herz hört auf zu schlagen angesichts der Traurigkeit, die sie ausstrahlt. Ich will es in Ordnung bringen, *sie* in Ordnung bringen, aber ich weiß, dass ich das nicht kann. Es gibt keine Möglichkeit, einen anderen Menschen zu reparieren, das ist mir bewusst.

Und deshalb haben Sammi und ich auch nicht wieder zusammenfinden können. Ich kann nicht einfach einen Teil von mir reparieren, der tot und verschwunden ist. Alles, was ich tun kann, ist zu versuchen, mein eigenes Stückchen Glück zu finden.

Exeter antwortet mir nicht, und das ist auch gut so. Dieses Gespräch ist an der Grenze zum Abgrund. Ich stehe auf und halte ihr meine Hand hin.

„Lass das Geschirr stehen“, murmle ich.

Sie sagt nichts, lässt ihre Hand in meine gleiten und steht langsam auf. Ich senke den Kopf und drücke meine Lippen auf ihre, koste von ihnen, lasse meine Zunge in ihren wartenden Mund wandern und die Welt um uns herum entschwinden.

Kapitel 12

Exeter

Etwas Warmes und Feuchtes gleitet durch meine Mitte. Ich stöhne und öffne meine Beine weiter. Ich liege auf dem Bauch, nackt, in Wyatts Bett, die Beine weit gespreizt, und ich weiß, wenn ich hinter mich sehen könnte, würde ich einen spektakulären Blick auf seinen dunklen Haarschopf zwischen meinen Schenkeln erhaschen.

Ich schwöre bei Gott, dass er sich mit seinem Gesicht zwischen meinen Beinen einnisten dürfte, würde es denn gehen. Von mir würde keine Beschwerde kommen – der Mann ist unfassbar begnadet.

Ich gehe auf die Knie und schiebe mich zurück, um ihm mehr Platz und mir mehr Bewegungsfreiheit zu geben. Wyatts Hände umschlingen meine Oberschenkel und ziehen mich an sein Gesicht. Seine Zunge streicht immer wieder über meine Klitoris, meine Schenkel zucken bei jeder Bewegung.

„Ja, Baby", wimmere ich.

Ich wiege mich gegen ihn, ich brauche mehr, ich brauche alles, was er mir geben kann. Ich bin so nah dran, meine Orgasmen kommen jedes Mal schneller, wenn er zwischen meinen Beinen ist, egal wie, mit seinem Mund, seinen Händen oder seinem Schwanz. So etwas habe ich noch nie erlebt, einen Mann wie diesen.

Seine Finger umklammern meine Schenkel fester, seine Zunge bearbeitet mich noch schneller, und ich presse mich noch einmal gegen ihn, bevor ich explodiere. Ich schreie in die Matratze, meine Finger in den

Laken zu Fäusten geballt. Er leckt weiter, in langen, trägen Bewegungen, bevor seine Zähne in die Innenseite meines Oberschenkels beißen und er sich hinter mir aufrichtet.

Ich höre das verräterische Knistern der Kondompackung, die aufgerissen wird, und vermute, dass er sie irgendwohin auf den Boden wirft. Dann spüre ich ihn an meiner empfindlichen Mitte. Er stößt nicht wie erwartet in mich hinein, sondern schiebt sich ganz langsam vorwärts. Ich spüre die Haare seiner Schenkel an meinen, als er ganz in mir ist, und schließe die Augen mit einem Seufzer, weil er mich so ausfüllt.

„Du bist so verdammt hübsch, Süße", murmelt er, während seine Hände meine Hüften umfassen.

Er hält mich fest, zieht sich fast vollständig aus mir heraus und fährt dann wieder hinein. Ich weiß nie, wie Wyatt mich ficken wird. Es kann zärtlich und süß sein, langsam und hart oder schnell und wahnsinnig köstlich. Ich liebe jede Art des Ficks, ich habe keinen Favoriten, wenn es um Sex mit ihm geht.

Im Moment döse ich bereits vor mich hin, und dieses langsame, aber harte Eindringen ist das schönste Gefühl im ganzen Universum. Ich will dieses Bett nie mehr verlassen, und das ist gefährlich, denn ich weiß, dass ich es eines Tages tun muss. Wir werden nicht glücklich bis ans Ende unserer Tage leben, ich bin nicht für ihn bestimmt, er hat so viel Besseres verdient als mich – so viel mehr, als ich ihm jemals bieten kann.

Er legt eine Hand auf meinen unteren Rücken und plötzlich gleitet sein Daumen durch meine Pofalte. Ich stoße ein Wimmern aus, drücke mich aber gegen ihn. Er grollt, ehe er mit seinem Daumen weiter zwischen meinen Arschbacken hinunterstreicht, bis er meine Rosette findet.

Meine Augen weiten sich, als er beginnt, Kreise auf meinem Hintern zu ziehen. „Wyatt“, hauche ich.

„Ich spiele nur, Süße“, krächzt er tief.

Ich stoße einen Seufzer aus, zwinge meinen Körper, sich zu entspannen, und schließe meine Augen. Wyatt fickt mich weiter, während er mit seinem Daumen meinen Arsch bearbeitet. Es ist zu viel, das Gefühl ist wie nichts, was ich vorher gefühlt habe. Ich will mehr. Ich will so viel mehr, es fühlt sich genauso fantastisch an, wie es in all den Büchern, die ich gelesen habe, beschrieben wurde.

Ich stütze mich auf meinen Händen ab, biege meinen Rücken und drücke meinen Hintern noch weiter gegen ihn. Er stöhnt auf und sein Griff um meine Hüfte wird fester.

„Fuck, Exeter“, haucht er, als seine Hand meine Hüfte verlässt und zwischen uns gleitet. Ich spüre, wie seine Finger meine Klitoris berühren, und meine Augen verdrehen sich sofort.

„Ja“, zische ich.

„Scheiße, ja“, stimmt er zu.

Mehr sagen wir nicht. Seine langsamen und harten Stöße ändern sich. Alles an seinen Bewegungen ändert sich. Es ist, als würde sich etwas zwischen uns komplett ändern. Er zieht sich zurück und stößt mit einem Knurren tief zu, dann gleitet sein Daumen in mein Poloch, bevor seine Stöße in kurzen, harten und heißen Bewegungen kommen. Er *fickt* mich. Er fickt mich hart und ich begrüße jeden einzelnen Stoß seiner Hüften gegen meinen Arsch.

Meine Vagina zuckt, mein Orgasmus bricht ohne Vorwarnung über mich herein. Wyatt vergräbt sich mit einem langen Stöhnen tief in mir, und dann spüre ich, wie sein Schwanz zuckt.

Wir verharren lange genug in der Position, um zu Atem zu kommen, bevor er sich vorsichtig aus mir herauszieht. Sein Daumen gleitet aus meinem Arsch und ich keuche auf.

Ich lasse mich auf den Bauch fallen, schließe die Augen, atme tief ein und aus und versuche, mein immer noch rasendes Herz zu beruhigen. Wyatt verlässt das Bett, aber ich kann nichts anderes tun, als zu bleiben, wo ich bin.

Die Badezimmertür öffnet und schließt sich, dann öffnet sie sich wieder und im nächsten Moment senkt sich das Bett. Wyatt küsst eine Spur von meinem unteren Rücken, meine Wirbelsäule hinauf, bis ich seine warme Brust an meinem Rücken und seine Lippen direkt unter meinem Ohr spüre.

„Ich muss mich für die Arbeit fertigmachen, ich muss Rylan abholen. Bleib, so lange du willst. Zum Teufel bleib den ganzen Tag und ich kann dich später einfach hier abholen“, murmelt er.

Ich rolle mich auf den Rücken, seine Brust schwebt über mir, seine hellbraunen Augen blicken in meine, sein braunes Haar ist zerzaust und wunderschön. Ich seufze angesichts des simplen und doch denkwürdigen Moments, in dem wir uns gerade befinden.

Er senkt den Kopf, vielleicht fühlt er dasselbe wie ich. Seine Lippen streifen über meine, einmal, zweimal, dreimal, bevor seine Zunge dasselbe tut und dann sanft in meinen Mund eindringt. Ich seufze, schlinge meine Beine um seine Taille und ziehe ihn zu mir herunter, weil ich sein schweres Gewicht auf mir spüren will.

Wyatt stöhnt, er löst sich langsam aus dem Kuss und knabbert wieder an meinem Ohr. Er seufzt, sein Atem ist warm auf meiner bereits erhitzten Haut.

„Bleib für immer hier, wenn du willst, Süße", raunt er.

Ich lache leise, weil ich weiß, dass er es nicht wirklich ernst meint, aber ich liebe sein Angebot trotzdem. „Ich muss heute MawMaw besuchen, sie zum Supermarkt begleiten und so. Wenn ich fertig bin, komme ich wieder her. Wann bist du zu Hause?", frage ich und meine Lippen finden seinen Hals und küssen ihn sanft.

„Gegen sechs", brummt er, seine Stimme ist rau und tief. „Du musst aufhören, Süße, oder ich muss dich noch mal ficken, und dann komme ich zu spät."

Ich halte widerwillig inne. Er senkt das Kinn, seine Lippen finden meine und wir küssen uns. Sein Bart kitzelt mein Gesicht und ich kichere. Er verlässt das Bett zum zweiten Mal, nur, dass er vor heute Abend nicht mehr zurückkommen wird, und ich kann meine Enttäuschung darüber nicht verbergen.

„Hast du dich testen lassen?", fragt er zögernd.

Ich kann es ihm nicht verübeln, schließlich bin ich irgendwie ausgeflippt, als er das Thema angesprochen hat. Ich setze mich auf und ziehe das Laken über meine nackten Brüste.

„Das habe ich. In einer Woche bekomme ich die Ergebnisse", sage ich.

Ich höre, wie er im Badezimmer herumhantiert, dann wird das Wasser in der Dusche angestellt. Mit einem breiten Grinsen lugt er noch einmal hinter der Tür hervor. Er sieht in diesem Moment sehr jung aus, und mir dämmert, dass ich gar nicht weiß, wie alt er genau ist.

„Wie alt bist du?“, platze ich heraus.

Er blinzelt, runzelt dann leicht die Stirn, bevor er wieder lächelt. „Einunddreißig, und du?“

„Vierundzwanzig“, antworte ich sofort.

„Gut. Oh, und ich habe mich auch testen lassen“, erwähnt er. Er dreht sich im Türrahmen um und zeigt mir seinen perfekt geformten Hintern, bevor er mir noch einen Blick über seine breite Schulter zuwirft. „Nächste Woche ficke ich dich ohne Gummi, Süße. Verdammt, das wird wie Weihnachten sein.“

Ich öffne den Mund, um zu antworten, aber er schließt die Tür hinter sich und steigt in die Dusche, bevor er anfängt, ein Countrylied zu singen. Ich lächle bei seinen Worten. *Wie Weihnachten.* Er ist verrückt. Völlig verrückt. Er gehört zu mir, auch wenn ich mir unsicher bin, ob ich so darüber denken sollte, denn mir ist klar, dass es nur vorübergehend ist. Aber scheiß drauf, ich tue es. Er gehört zu mir und ich gehöre *definitiv* zu ihm.

***

Wyatt

Exeter in meinem Haus zu lassen, nackt in meinem Bett, war das Schwierigste, was ich je in meinem Leben habe tun müssen. Aber ich habe es getan, und ich muss nur noch den heutigen Arbeitstag hinter mich bringen, dann kann ich wieder bei ihr sein.

Das alles ist neu für mich, was es besonders aufregend macht, aber ich weiß auch, dass sie echt ist. Ich glaube nicht, dass sie etwas vorspielt oder sich verstellt. Sie hat mir nicht viel erzählt, aber was ich gesehen habe, ist aufrichtig gewesen, und ich habe alles an ihr genossen, sogar ihren Eifersuchtsanfall, der verdammt heiß gewesen ist.

Ich überprüfe meine Gummihandschuhe, schaue zum Mast hinauf und stoße einen Seufzer aus, da ich wieder den ganzen Tag oben verbringen werde. Heute Abend wird mir deswegen der ganze Körper wehtun. Ich grinse und frage mich, ob Exeter mich massieren wird, dann erschaudere ich, weil ich mir vorstelle, wie ihre kleinen, weichen Hände meinen ganzen Körper streicheln.

„Sind deine Gummihandschuhe in Ordnung?“, fragt mein Vorarbeiter und kommt auf mich zu.

Ich beende meine Prüfung und hebe dann mein Kinn. Diese Gummihandschuhe samt Ärmel sind meine Lebensretter. Wenn eine Leitung doch noch unter Strom steht und sich in ihnen ein Loch befindet, selbst wenn dieses nur die Größe eines Nadelöhrs hat, dann könnte ich einen Stromschlag bekommen und sterben oder ein Körperglied verlieren.

Sicherlich will mich Exeter an einem Stück behalten, und obwohl ich meine Gummihandschuhe immer kontrolliere, überprüfe ich sie heute doppelt.

„Sie sind in Ordnung“, entgegne ich und grunze.

„Bring den Scheiß zum Laufen. Hast du die Nachrichten gesehen?“, fragt er, als wir uns vom Rest der Mannschaft entfernen und zu meiner hydraulischen Hebebühne gehen.

Ich runzle die Stirn. Ehrlich gesagt, habe ich mir die Wetterberichte überhaupt nicht angesehen, was nicht zu mir passt. Ich bin Leitungsmonteur und beobachte Mutter Natur. Sie ist ein launisches Miststück, aber in meiner Branche kann das Wetter über das Schicksal eines Mannes entscheiden.

In manchen Jahren ist es ein stetiges Auf und Ab mit den Aufträgen, aber in den letzten Jahren hat es immer wieder Wirbelstürme gegeben, sodass die Arbeit immer mehr wurde. Wir sind gerade von den Reparaturen nach einem Hurrikan zurückgekommen, und jetzt frage ich mich, was uns noch bevorsteht. Dem Gesichtsausdruck meines Vorarbeiters nach zu urteilen, ist es nichts Gutes.

„Der nächste Hurrikan kommt, er steuert direkt auf Florida zu, und sie sagen, dass er sich den ganzen Weg die Ostküste hinauf bis nach New York bahnen wird. Er ist schon jetzt verdammt groß und soll in einer Woche eintreffen", erklärt er.

„Fuck", ächze ich.

Er nickt. „Es könnte zwei Wochen dauern, bis sie uns überhaupt gehen lassen. Du weißt ja, dass sie uns nicht gerne zu schnell nach Abflauen der Wirbelstürme losschicken, um die Schäden zu beheben, falls die Stürme doch wieder stärker werden."

Ich lege meine Hand auf meinen Schutzhelm und seufze. „Ja."

Scheiße.

„Aber weißt du, was noch schlimmer ist?"

Ich halte den Atem an und warte. „Gleich hinter dem ersten formiert sich ein weiterer Hurrikan. Es könnten also zwei werden, auf demselben verdammten Weg."

„Verdammt", fluche ich.

„Das kannst du aber laut sagen", erwidert er und grunzt.

Ich nicke ihm dankend zu für das Update und gehe dann zum Wagen. Den Rest des Tages bin ich mit meinen Gedanken ganz bei Exeter, zusätzlich zu den Nachrichten über die Hurrikans. Ich möchte sie nicht für ein paar Monate verlassen, nicht wenn wir uns gerade erst kennenlernen.

In Gedanken beschließe ich, unsere Beziehung noch schneller voranzutreiben. Es ist mir scheißegal, was das über mich aussagt. Ich weiß, dass ich sie will und dass sie mich will, und das ist alles, was zählt. Irgendwann wird sie sowieso mit mir zusammenleben, ich werde nur die Zeitspanne bis dahin etwas verkürzen. Sie wird damit schon klarkommen.

Für den Rest des Tages spreche ich mit kaum jemandem mehr. Als wir auf dem Werksgelände ankommen, winke ich dem Rest der Mannschaft zu und gehe mit Rylan zu meinem Pick-up. Wir klettern hinein, verschwitzt und schmutzig von einem langen Arbeitstag.

„Alles in Ordnung?", fragt er.

Achselzuckend starte ich meinen Wagen. „Ist es wegen Exeter?", hakt er nach.

Fast erzähle ich ihm alles, dass ich sie gevögelt habe und verlangen werde, dass sie bei mir einzieht. Aber irgendetwas hält mich davon ab, es ihm zu sagen. Ich weiß nicht, was es ist, aber es fühlt sich fast so an, als würde ich meine Beziehung zu ihr verhexen, wenn ich über sie rede.

„Sie wird schon wieder zur Besinnung kommen", murmelt er.

Während ich ihn nach Hause fahre, denke ich darüber nach, dass er morgen heiraten wird. Ich weiß nicht, wie er zu dem Mann geworden ist, der jetzt neben mir sitzt. In der Schule ist er immer der Kiffer gewesen, mein trotteliger Cousin, der eigentlich viel zu clever war, um mit Drogen zu dealen und sich wie ein verdammter Idiot zu benehmen. Und trotzdem hat er es getan.

Bis sich sein Leben in einem kurzen Augenblick komplett verändert hat. Dieser Autounfall ist der Auslöser gewesen, und fünf Jahre später sitzt er neben mir und will eine Frau heiraten, die mit dem Kind eines anderen Mannes schwanger ist. Er nimmt diese Frau und das Baby an, wie sie sind, und er tut es mit Stolz. Sie werden seinen Nachnamen tragen, und das Beste ist, dass er endlich clean und nüchtern ist.

„Rylan?“, rufe ich ihm hinterher, als er nach unserer stillen Fahrt aus dem Auto springt und zu seinem Haus läuft.

Er bleibt stehen, dreht seinen Kopf und sieht zu mir herüber.

„Ich bin verdammt stolz auf dich, Cousin“, sage ich.

Ein Lächeln breitet sich auf seinem Gesicht aus und er schüttelt den Kopf. „Dieses Mädchen macht dich zu einem Weichei“, erwidert er feixend und wirft mir einen Blick zu, den ich nicht sofort deuten kann. „Trotzdem danke, Wy. Ohne dich könnte ich nicht dieser Mann sein.“

Er gibt mir nicht die Chance zu antworten, und ich bin verdammt froh darüber. Er joggt zu der kleinen Doppelhaushälfte, wo seine Frau auf ihn wartet. Ich fahre auf die Straße und grinse, während ich auf mein eigenes Haus zusteuere, wo meine eigene Frau auf mich wartet.

Kapitel 13

Wyatt

Als ich ankomme, parkt Exeters Auto am Gehsteig vor meinem Haus, und ich seufze erleichtert auf. Ich habe ihr heute nicht wirklich schreiben können, und ich bin mir nicht sicher gewesen, ob sie da sein würde, so wie ich sie gebeten habe. Sie scheint diesbezüglich ein wenig unsicher zu sein, und ich kann sie noch nicht richtig einschätzen.

Ich steige aus dem Wagen und schicke Cindy eine SMS, in der ich ihr mitteile, dass ich in zwanzig Minuten an der ersten Adresse sein werde. Sie bestätigt das mit einem Kussmund-Emoji. Ich verdrehe die Augen, als ich die Stufen zum Haus hinaufsteige und die Tür öffne.

„Süße, ich bin's", rufe ich und frage mich, warum sie die Haustür nicht abgeschlossen hat.

Stirnrunzelnd gehe ich durch das Haus, aber sie ist nirgends zu entdecken. Das heißt, bis ich sie die Terrassentür aufschieben höre. Ich schlendere aus meinem Schlafzimmer und sehe sie in der Küche stehen, ein Glas Wasser in der Hand, an dem sie nippt.

„Wo warst du?", schimpfe ich. Wut strömt durch meine Adern, eine Art von Wut, die ich noch nie erlebt habe.

Sie zuckt zurück und verschüttet etwas von ihrem Wasser auf den Boden, achtet aber darauf, sich nicht selbst zu bekleckern. Der Blick aus ihren geweiteten Augen findet meinen und sie atmet schwer aus.

„Du hast mich erschreckt", sagt sie.

Ich grunze. Das Gefühl beruht auf Gegenseitigkeit, aber ich sage es nicht. Ich warte auf ihre Antwort.

„Ich war draußen im Garten und habe ein bisschen Sonne getankt, bevor du nach Hause gekommen bist. Dein Garten hat einiges an Arbeit nötig“, erwidert sie und rümpft die Nase.

„Ich schere mich einen Dreck um einen schicken Garten“, antworte ich und meine Wut lässt ein wenig nach, aber nicht viel.

Sie rollt mit den Augen und stellt das Glas in die Spüle, dann schlurft sie mit ihren nackten Füßen auf mich zu. „Das solltest du, es ist ein hübscher kleiner Garten.“

„Ich werde nach dem Wochenende nicht mehr hier wohnen, also ist es verdammt egal“, knurre ich.

Exeter legt den Kopf zurück. „Wirst du nicht?“

Ich schüttle den Kopf, hebe meine schmutzige Hand und streiche ihr über die Wange. „Nein, werde ich nicht.“

„Wo wirst du dann wohnen?“, will sie wissen, bevor sie ihre Lippen mit der Zunge befeuchtet.

Ich kann mein Lächeln nicht unterdrücken, und ich bin sicher, dass es vielleicht sogar ein wenig verrucht aussieht. „Bei dir“, raune ich.

Sie schnappt nach Luft. „Bis wir in das Haus können, für das wir uns entscheiden werden, werde ich bei dir einziehen“, verkünde ich.

Sie lacht. „Du bist verrückt!“

Ich greife nach ihr, lege meine Hände um ihre Taille und ziehe sie an meine Brust. Mein Mund findet ihre lächelnden Lippen. Sie mag denken, dass ich verrückt bin – verdammt, ich bin wahrscheinlich verrückt –, aber das ist mir egal. Ich habe sie gefunden und ich werde sie nie wieder loslassen. Exeter gehört zu mir. Sie hat bereits versucht, wegzulaufen, hat mehr als einmal versucht, mich wegzustoßen, aber das werde ich nicht mehr zulassen.

„Ich bin nicht verrückt“, sage ich. „Ich bin nur ein Mann, der weiß, was er will, wann er es will und wie er es will.“

Mein Blick bleibt mit ihrem verbunden, ich beobachte sie und warte darauf, dass sie etwas sagt. Dass sie leugnet, was zwischen uns ist, behauptet, es sei nicht größer als wir beide zusammen. Es ist aber so. Und es ist nicht aufzuhalten, egal wie sehr sie sich auch anstrengt. Ein Mann wie ich kann nur eine bestimmte Menge ertragen und ich bin kein geduldiger Mann. Nicht, wenn es um sie geht.

„Wyatt“, haucht sie.

Ich mache einen Schritt auf sie zu, lege meine Hand auf ihre Taille und ziehe sie an meine Brust. Ich senke mein Kinn und drücke meine Lippen auf ihre.

„Du gehörst zu mir, Süße. Du gehörst jeden verdammten Morgen in mein Bett, nackt und zufrieden. Ich weiß, was ich will, und das bist du.“

„Wir kennen uns kaum“, haucht sie.

Ich schüttle den Kopf. „Ist doch egal. Ich wusste von der ersten Sekunde an, dass du anders bist, als ich dich im *Pardner's* gesehen habe.“ Ihre Gesichtsfarbe wird blasser bei meinen Worten, aber ich ignoriere es, trete einen Schritt zurück und versuche, die Situation etwas aufzulockern, indem ich sie breit angrinse. „Bist du so weit? Wir sind schon spät dran.“

„Okay“, sagt sie zögernd.

Ich umschließe ihre Finger mit meinen und ziehe sie hinter mir her. Sie folgt mir, obwohl ich merke, dass sie ein wenig zaudert. Sie wird schon darüber hinwegkommen. Wir gehen nach draußen, und ich helfe ihr, in den Pick-up zu klettern, bevor ich zur Fahrerseite hinüberlaufe und hineinspringe.

Die Fahrt zum ersten Grundstück verläuft schweigend. Ab und zu schaue ich aus den Augenwinkeln zu Exeter hinüber. Sie sieht aus, als wäre sie in Gedanken versunken, und ich würde zu gerne wissen, was in ihrem Kopf vor sich geht, um sie besser verstehen zu können.

„Hast du von deiner Cousine gehört?“, frage ich vorsichtig, als ich in den alten Feldweg einbiege, der uns zum ersten Haus führt.

Sie wendet sich mir zu, ihre Miene spiegelt Traurigkeit wider. „Sie bekommt endlich die Hilfe, die sie so dringend braucht.“

„Vielleicht kommt sie ja bald wieder raus.“ Ich zucke mit den Schultern.

Sie schüttelt den Kopf. „Das wird sie nicht und das sollte sie auch nicht.“

Ich sage nichts weiter. Die Familie kann echt eine Bürde sein, und ich habe das Gefühl, dass Exeter und ihre Cousine in ihrem Leben schon viel Scheiße deswegen erlebt haben. „Wie geht’s deiner MawMaw?“, will ich wissen.

Jetzt zuckt Exeter mit den Schultern. „Sie ist wie immer froh und munter.“

Ich fahre in die Kiesauffahrt und parke hinter Cindys schwarzem BMW. Er ist mit einer dicken Schmutzschicht bedeckt. Warum sie ein so teures Auto fährt, um hier draußen Immobilien zu zeigen, kapiere ich nicht. Tatsächlich halte ich es für eine Verschwendung.

„Das ist deine Maklerin?“, fragt Exeter mit deutlicher Überraschung in der Stimme.

Cindy steht auf der Veranda, trägt einen Minirock, zehn Zentimeter hohe Absätze und ein so tief ausgeschnittenes Oberteil, dass ich praktisch ihre Brustwarzen sehen kann. *Scheiße.*

Ich räuspere mich, öffne die Tür und beschließe, ihre Frage zu ignorieren, da mir jetzt schon klar ist, dass es verdammt unangenehm für mich werden wird. Keine Ahnung, warum ich überhaupt gedacht habe, dass es anders kommen würde. Es ist dumm von mir, Exeter als meinen Schutzschild zu benutzen.

Ich gehe zur Beifahrerseite des Wagens, öffne die Tür und reiche ihr die Hand, um ihr beim Aussteigen zu helfen. Sie sieht mich nicht an und ich seufze still. Sobald sie mit den Füßen am Boden aufkommt, lege ich meinen Arm um ihre Taille und ziehe sie an meine Seite.

Cindy macht einen Schritt nach unten, um uns zu begrüßen, ihre Lippen zittern und ihr Schritt stockt, aber das hält nur eine Sekunde an. Sie setzt ihr perfektes Verkäufer-Lächeln auf und hält uns die Hand hin.

„Ich bin Cindy, ich hatte noch nicht das Vergnügen, Sie kennenzulernen."

„Exeter White", murmelt sie und nimmt Cindys dargebotene Hand.

Cindy lässt Exeters Hand los und blickt zu mir hinüber. „Das ist der erste Ort, Wyatt. Aber ich glaube, der zweite wird dir besser gefallen", sagt sie.

„Es ist egal, was ich mag", erwidere ich. „Es kommt darauf an, was Exeter mag."

Ich stelle klar, wer und was Exeter für mich ist, sodass es keinen Zweifel gibt. Sicher, ich habe Cindy gefickt, aber das ist eben nur rein sexuell gewesen.

Ich habe viele Frauen in dieser Stadt gefickt, keine von ihnen ist Exeter und keine von ihnen bedeutet mir etwas. Nicht so wie sie.

„Na dann, sehen wir uns das erste Haus mal an", meint Cindy, dreht sich schwungvoll um und tippelt die Treppenstufe wieder hinauf.

Ich mache einen Schritt nach vorne, aber Exeter bewegt sich nicht. Ich halte inne und schaue sie an.

„Es ist nur wichtig, was mir gefällt?", fragt sie.

Ich ziehe die Brauen zusammen und neige den Kopf. „Ja, Süße. Ich brauche nur ein Dach über dem Kopf. Wie es aussieht, ist mir scheißegal. Du wirst auch hier wohnen, deswegen will ich sichergehen, dass es das ist, was du willst."

„Wyatt, ich habe dem nie zugestimmt und ich kann mir nicht einfach ein Haus aussuchen. Das ist zu bedeutend und es ist nicht mein Geld. Das geht nicht", protestiert sie.

Meine Lippen verziehen sich zu einem Grinsen. „Süße!"

„Komm mir nicht so", schimpft sie und verengt ihre Augen.

Ich schließe den kurzen Abstand zwischen uns, streiche mit meinem Mund über ihren und knabbere an ihrer prallen Unterlippe.

„Exeter", murmle ich gegen ihren Mund. „Du gehörst zu mir. Und ich kaufe dir jedes Haus, das dir gefällt, und dann wirst du dort einziehen, weil ich ebenfalls dort sein werde, Süße."

Sie seufzt, öffnet ihren Mund, und ich nutze den Moment, um meine Zunge hineinzuschieben und sie zu schmecken. Ich bin mir sicher, dass Cindy genervt an der Haustür wartet, aber das ist mir scheißegal. Die Welt endet und beginnt mit der Frau in meinen

Armen, alles andere kann verdammt noch mal warten.

Langsam beende ich den Kuss und schaue in die blauen Augen von Exeter. Sie sehen verletzlich und ein wenig traurig aus, aber mit einem Seufzer beißt sie die Zähne in ihre Unterlippe. „Weißt du, dass du verrückt bist?"

Ich zucke mit den Schultern. „Ich weiß, was ich will."

„Und du denkst, das bin ich", sagt sie.

Ich drücke meine Lippen ein letztes Mal auf ihre und trete zurück, wobei mein Blick immer noch auf sie gerichtet ist. „Ich weiß, was ich will, Exeter. Ich weiß, dass du es bist, bemühe dich erst gar nicht, mich vom Gegenteil überzeugen zu wollen."

Ich nehme ihre Hand und ziehe sie die Verandastufen hinauf ins Haus, wo eine verärgert dreinblickende Cindy auf uns wartet.

***

Exeter

Das erste Haus ist schön. Es ist nicht komplett neu, aber sehr sauber. Cindy geht herum und zeigt auf verschiedene Merkmale, aber ich weiß ohne Zweifel, dass dies nicht Wyatts Zuhause ist. Ich blicke zu ihm auf und beobachte, wie er sich umschaut, sein Gesicht ist teilnahmslos. Es ist eine umgebaute Scheune. Sie ist klein, eng, und er wirkt tatsächlich wie ein Riese, der in einem winzigen Raum herumläuft.

„Das Grundstück ist zwölf Hektar groß und umfasst einen kleinen Teich und einen kleinen saisonalen Bach", plaudert Cindy.

„Gefällt dir das Innere?“, will Wyatt mit fragendem Blick von mir wissen.

Ich rümpfe die Nase und versuche, nichts Gemeines über die Scheune zu sagen, aber um ehrlich zu sein, ist es kein Ort, an dem eine Familie leben würde. Es ist ein Ort für eine einzelne Person oder ein Paar, und ich weiß bereits, dass Wyatt mehr will. Auch wenn er es vielleicht irgendwann mal nicht mit mir haben will, so möchte er lieber früher als später eine Familie gründen. Wyatt ist ein Mann, der in die Zukunft blickt, nicht in der Gegenwart verharrt. Und ein Haus ist eine große Anschaffung.

„Es wäre kein guter Ort für eine Familie“, antworte ich ihm ehrlich.

Cindy macht ein Geräusch, aber ich schaue nicht zu ihr hinüber, ich kann nicht. Wyatts Miene wird weicher und etwas huscht über seine Züge, etwas Unlesbares, aber Warmes. Mein ganzer Körper füllt sich mit dieser Wärme, und ich beiße mir auf die Innenseite meiner Wange, weil ich schätze, dass er durch meine einfachen Worte einen falschen Eindruck bekommen hat.

„Stimmt, Süße“, raunt er. „Lass uns das Nächste besichtigen“, ruft er Cindy zu. „Meiner Frau gefällt das hier nicht.“

Mein Herz schlägt schneller, und ich schwöre, mein ganzer Körper schmilzt dahin bei seinen Worten.

Cindy eilt an uns vorbei, ihre Absätze klackern auf dem Boden. Wyatt nimmt meine Hand und führt mich zur Haustür. Wir sagen nichts, als wir an Cindy vorbeigehen, aber ich spüre ihren durchdringenden Blick in meinem Rücken, der bei jedem Schritt ein Loch in meinen Körper brennt.

Als ich in Wyatts Truck eingestiegen bin, sehe ich mich nach ihr um. Ihr Blick flattert von Wyatts Hintern zu mir. Ein eindeutiges Lächeln breitet sich auf ihrem Gesicht aus, während sie sich die Unterlippe befeuchtet.

Cindy ist wunderschön, kein Wunder, dass da etwas zwischen ihnen läuft oder gelaufen ist. Sie würde optisch sehr gut zu Wyatt passen, viel besser als ich. Cindy ist schlank und groß, hat lange Beine, schöne blonde Haare und trägt ein perfektes Make-up. Sie sieht aus, als wäre sie in der Highschool Cheerleaderin gewesen.

„Was ist da zwischen euch beiden vorgefallen?“, frage ich ihn, sobald er im Wagen sitzt und den Hebel auf Fahren stellt.

Langsam steigt Cindy in ihr schickes Auto, während Wyatt sich räuspert. „Spielt das eine Rolle?“

Besorgt schaue ich von ihrem Auto zu ihm hinüber. Ich antworte ihm nicht sofort, obwohl ich ihm sagen möchte, dass es das nicht tut. Vergangenheit ist und bleibt Vergangenheit. Ich habe ihm nichts von den Männern erzählt, mit denen ich zusammen gewesen bin. Wenn er davon auch nur einen Hauch Ahnung haben würde, würde er mich sicher nie wieder sehen wollen. Aber da ist etwas an dieser Frau plus die Tatsache, dass er sie angeheuert hat, nachdem sie offensichtlich miteinander geschlafen haben …

„Sie ist eine gute Immobilienmaklerin, Exeter“, murmelt er.

„Sie ist wunderschön“, erwidere ich.

Er schnaubt und streckt die Hand aus, während er den Feldweg hinunterfährt. Seine Finger legen sich auf meinen Oberschenkel und drücken ihn beschwichtigend. „Sie ist nicht mein Typ.“

„Schön, dünn und große Titten sind nicht dein Typ?“, frage ich. „Das kann ich kaum glauben. Diese Frau ist der Typ eines jeden Mannes.“

Er schüttelt einmal den Kopf. „Nicht meiner.“

„Aber du hast deinen Schwanz in sie gesteckt“, beharre ich.

Ich bin scharf auf einen Kampf, vielleicht, weil ich will, dass es aufhört. Es fühlt sich zu verdammt gut an und ich genieße ihn zu sehr. Mein Herz empfindet bereits etwas für ihn, und je länger das zwischen uns andauert, desto härter werde ich fallen und desto mehr wird es wehtun, wenn es zwischen uns vorbei ist.

Im Truck herrscht plötzlich eine unangenehme Stille, die anhält, bis wir am nächsten Besichtigungsobjekt ankommen.

Ich schaue auf und mir stockt der Atem. Ein Ranchhaus, nicht riesig, aber offensichtlich etwas größer als die umgebaute Scheune. Zwar auch einstöckig, aber viel besser gepflegt.

„Mein Schwanz war schon in ihr. Er war auch schon in unzähligen anderen Frauen. Du warst keine verdammte Jungfrau, als ich dich das erste Mal gefickt habe, Exeter. Sollen wir eine Liste machen?“, schnauzt er mich an und seine Wut erfüllt den Raum um uns herum.

Ich erschrecke wegen seiner Worte und seiner Wut und schlucke schwer. „Wyatt“, flüstere ich.

„Du wirst mir nicht das Gefühl geben, ein Arschloch zu sein, weil ich eine Vergangenheit habe. Und ich werde dir nicht das Gefühl geben, eine Schlampe zu sein, weil du deine eigene hast. Ich möchte nicht, dass unsere Beziehung so läuft.“

Ich zucke beim Wort Schlampe zurück. Es ist eine zutreffende Beschreibung, oder zumindest fühlt es sich treffend an. „Ich habe es nicht böse gemeint, es … die Vergangenheit, die du mit ihr hast, macht das Ganze für mich unangenehm. Ich merke, dass sie dich will, und sie ist so anders, als ich es bin …"

Wyatt streicht mir sacht über die Wange. Sein Daumen gleitet sanft über meine Unterlippe und sein Blick folgt der Bewegung. „Frauen wie sie gibt es wie Sand am Meer. Keine von ihnen kann dir das Wasser reichen, Süße", entgegnet er rau.

Bevor ich protestieren kann, prallen seine Lippen in einem rauen, fordernden Kuss auf meine. Mein Mund öffnet sich keuchend und seine Zunge füllt mich aus, nimmt mich mit einem einzigen Zungenschlag. Zur Hölle, dieser Kerl besitzt mich bereits, seit sich unsere Blicke damals in der Bar getroffen haben.

Wyatt hat mich schlicht und einfach um den Finger gewickelt.

Ich bin ihm ausgeliefert, weiß, dass das, was wir haben, nicht von Dauer sein wird, und versuche, dagegen anzukämpfen, mich komplett mitreißen zu lassen. Ich kneife meine Augen zusammen, halte die Tränen zurück und beschließe, dass ich gehen werde, sobald er sich ein Haus ausgesucht hat und eingezogen ist.

Ein Monat mit ihm wird mich nicht umbringen, er wird mich nicht noch tiefer in die Sache verstricken, als ich es ohnehin schon bin. Ich werde nicht bei ihm einziehen, ich werde mich weigern, und er wird keine andere Wahl haben, als mich zu verlassen. Es wird das Beste sein. Er würde mich bedauern, wenn er die Wahrheit erfährt, wenn er alles über mich erfährt, über meine Vergangenheit. Ich glaube nicht, dass ich das ertragen könnte, ebenso wenig wie sein Bedauern darüber, mit mir zusammen zu sein.

Kapitel 14

Wyatt

Cindy lächelt, als ich ihr sage, was ich für das Grundstück bieten möchte. Dieses Haus liegt ein paar Kilometer näher an Fords Haus, und es ist genau so, wie ich es mir vorgestellt habe. Es hat drei Schlafzimmer, zweieinhalb Bäder, ein großes offenes Wohnzimmer und eine Küche. Es ist perfekt für das Leben, das ich mir für meine Familie vorstelle, die ich haben möchte. Ein Leben, das mir heute verdammt viel greifbarer erscheint als noch vor ein paar Wochen.

„Ich werde das Angebot später aufsetzen und dir per E-Mail zusenden. Du kannst es per eSign, also elektronisch, unterschreiben und mir sofort zurücksenden“, erklärt Cindy.

„Können wir hier ein paar Minuten für uns haben?“, frage ich sie.

Sie schaut über meine Schulter, vermutlich direkt zu Exeter. Seit unserem kleinen Streit im Truck ist sie abweisend, und auch wenn ich ihr das nicht verübeln kann, kotzt es mich dennoch an.

Cindys Blick kehrt zu mir zurück und ihre Lippen zucken. „Mach einfach die Tür hinter dir zu. Schick mir eine SMS, wenn du weg bist, dann schließe ich ab“, antwortet sie.

Ihre Absätze klackern wieder laut auf dem Boden, die Eingangstür öffnet und schließt sich und wir sind allein. Ich wende mich Exeter zu und schaue sie an. Sie blickt auf ihre Füße, ihr kurvenreicher Körper bettelt förmlich darum, dass ich sie nehme. Oder vielleicht ist es mein Schwanz, der darum bettelt. So oder so, ich werde sie haben, bevor wir dieses Haus verlassen.

„Gefällt dir das Haus?“, möchte ich von ihr wissen.

Sie zuckt zusammen, atmet laut aus und hebt ihren Kopf. „Es ist egal, was ich denke“, sagt sie.

Ich grunze. „Das ist es verdammt noch mal nicht, Süße.“

Sie schüttelt den Kopf. „Wyatt. Bitte nicht.“

Ich mache einen Schritt auf sie zu, dann noch einen und bleibe erst stehen, als meine Brust ihren weichen Busen berührt. Dann lege ich meine Arme um ihre Taille und schaue ihr in ihre blauen Augen. Diese weiten sich, ihr Atem stockt und mein Schwanz wird hart, als sie sich die Lippen leckt.

„Exeter“, stöhne ich. „Was soll dieses Hin und Her?“, flüstere ich.

Sie schüttelt den Kopf. „Ich habe keine Ahnung. Ich weiß einfach nicht … Ich bin nicht …“ Ihre Worte verstummen, und sie schließt die Augen, als ob sie körperliche Schmerzen leidet. „Du denkst, ich bin gut. Bin ich aber nicht“, wispert sie.

Mit einem Schnauben senke ich meine Lippen auf ihre, küsse sie aber nicht, sondern drücke nur meinen Mund auf ihren. „Du bist gut, Süße.“

Sie stöhnt und ihr Atem umspielt mein Gesicht beim Ausatmen. „Wenn ich dir alles erzählen würde, würdest du nicht so denken“, haucht sie.

Ich lege meinen Kopf schief und nehme ihren Mund in Besitz. Meine Zunge gleitet über die Konturen ihrer Lippen. Sie wimmert, ehe sie mir Einlass gewährt.

Ohne den Kuss zu unterbrechen, öffne ich den Knopf ihrer Jeans und ziehe langsam den Reißverschluss herunter. Ich schiebe den Stoff über ihre kurvigen Hüften, über ihren runden Hintern und so weit ihre Beine hinunter, wie meine Arme reichen. Dann ziehe ich die Mitte ihres Höschens zur Seite.

Mein Finger gleitet langsam durch ihre Spalte und sammelt die Feuchtigkeit, die sich dort befindet, bevor ich ihn um ihre Klitoris wirbele. Ihre Hände greifen nach meinen Schultern und ihre kurzen Nägel graben sich durch mein T-Shirt in meine Haut. Sie ist glitschig, heiß und bereit. So verdammt bereit, dass sie in meinen Mund wimmert.

Mit zwei Fingern fülle ich ihre Pussy aus und stöhne, als ihre Nässe meine Finger benetzt. Sie ist warm, ihre Muschi so gottverdammt bereit für meinen Schwanz, dass es fast schmerzhaft ist, jetzt nicht in sie zu stoßen. Ihre Hüften bewegen sich, ihr Kopf stößt mit einem dumpfen Laut gegen die Wand, an der wir mittlerweile angekommen sind, während sie meinen Namen in den stillen Raum stöhnt.

Ich drehe sie herum und drücke meine Brust an ihren Rücken. Sie wippt mit den Hüften, ohne dass ich sie darum bitten muss. Ich sollte in meine Tasche greifen und nachsehen, ob ich ein zusätzliches Kondom habe, aber verdammt, ich will sie ganz und gar um mich herum spüren.

Schnell knöpfe ich meine Jeans auf und schiebe sie samt meiner Unterwäsche in einer einzigen Bewegung herunter. Ich packe meinen Schwanz und führe ihn zu ihrer feuchten Pussy. Anstatt in sie reinzustoßen, wie ich es eigentlich vorhabe, entscheide ich mich dazu, sie noch ein bisschen zu reizen.

Sie wiegt ihre Hüften zurück und stöhnt, als die Spitze meines Schwanzes ihre Klitoris berührt. „Wyatt“, haucht sie.

Ich hebe meine Hand und verpasse ihr einen sanften Schlag auf ihren Hintern. Als das Geräusch des Aufschlags auf ihren prallen Arsch durch den leeren Raum schallt, muss ich breit grinsen. Ihre Haut verfärbt sich leicht rosa und ich kann mein Knurren vor Lust bei diesem Anblick nicht unterdrücken.

Exeter neigt ihre Hüften nach hinten, wölbt sich noch mehr und spreizt ihre Beine so weit, wie es ihre Jeans zulässt. Stumm fleht sie mich an, sie zu ficken. Gemächlich komme ich ihrem Wunsch nach und versenke meinen Schwanz tief in ihrer feuchten Mitte. Ich senke meinen Kopf und lege meine Lippen auf die Seite ihres Halses, sauge und lecke an ihrer Haut.

„Ich brauche mehr“, bettelt sie.

Ich brumme. „Ich weiß, dass du das tust, aber Süße, du musst aufhören, ständig mit mir kämpfen zu wollen“, raune ich.

„Das ist nicht fair“, knirscht sie und versucht, sich zu bewegen, um mich zu ficken.

Ich packe ihre Hüfte und halte sie fest, um sie ruhig zu halten. „Das ist fair. Ich dachte, du wärst ein gutes Mädchen?“

Sie räuspert sich. „Du kennst mich nicht.“

Knurrend lecke ich ihren Hals, meine Zunge fährt über die filigrane Form ihrer Ohrmuschel, bevor ich mit einer Hand ihren Kitzler suche. Als ich sie kneife, jammert sie, ihre Schenkel zittern leicht, während sie sich darum bemüht, aufrecht stehen zu bleiben.

„Ich weiß genug“, erkläre ich.

Sie schüttelt den Kopf. „Das tust du nicht“, beharrt sie.

„Ich möchte es aber“, sage ich.

Exeter schaut mich über ihre Schulter an, der Blick aus ihren blauen Augen durchbohrt mich. „Besser nicht“, antwortet sie barsch.

Ich drücke ihren Kitzler ein wenig fester und ziehe mich ganz aus ihr heraus, um dann langsam wieder in sie hineinzusinken. Ihr Körper nimmt mich an und sie begrüßt mich mit einem langen Seufzer.

„Du bist schön, freundlich, liebevoll und fürsorglich. Das ist alles, was ich wissen muss“, raune ich. „Und jetzt halt die Klappe und nimm, was ich dir geben werde!“

Sie quiekt, ihre Hüften bäumen sich auf, um meinen Stößen entgegenzukommen. Mit einer Hand ihre Hüfte festhaltend, mit der anderen ihre süße Klitoris umkreisend, ficke ich sie. Exeters Kopf senkt sich, ihr Keuchen erfüllt den Raum, und ich kann den Blick nicht von meinem nassen Schwanz abwenden, wie er in ihren Körper hinein- und wieder herausgleitet.

„Schneller“, bettelt sie nach ein paar Augenblicken atemlos. Sie ist so nah dran, und verdammt, mein Rücken kribbelt schon bei dem Gedanken an ihren anrollenden Orgasmus. „Bitte“, wimmert sie erneut.

„Fuck“, zische ich.

Meine Finger bewegen sich schneller zwischen ihren Beinen, gleichzeitig werden meine Stöße härter, wilder, unerbittlicher. Ich spüre, wie ihre Pussy um meinen nackten Schwanz herum zuckt, kurz bevor sie sich um mich klammert.

Exeter stößt einen Seufzer aus, während sich ihr ganzer Körper versteift. Ich lasse ihren Kitzler los, greife mit meiner Hand nach ihrer anderen Hüfte, ziehe mich zurück und stoße wieder in ihre Pussy hinein.

Ich ficke sie, benutze ihren süßen Körper, um meinen Schwanz zu wichsen, während sie bei jedem Stoß aufkeucht.

Als ich komme, vergrabe ich mich tief in ihr, fülle sie mit meinem Sperma und bleibe in ihr, bis meine Eier leer sind.

„Wyatt?“, haucht sie und sieht wieder über ihre Schulter zu mir.

Mein Blick trifft auf ihren, und jeglicher Unmut, der mich noch vor wenigen Minuten belästigt hat, verschwindet. Ihre Augen schimmern glasig, Tränen sammeln sich in ihnen. Mein Herz blutet bei diesem Anblick.

„Süße“, sage ich rau, ziehe mich aus ihrem Körper zurück und schnell meine Jeans wieder an.

Sie zieht sich ebenfalls wieder ihre Hosen an und dreht sich dann zu mir um. Ich nehme sie in den Arm, senke meinen Kopf und atme ihren Duft ein.

Exeter schlingt ihre Hände um meinen Nacken. „Ich weiß nicht einmal, warum ich eben so zickig gewesen bin“, sagt sie.

„Weil ich Cindy vor ein paar Jahren gevögelt habe“, murmele ich.

Sie lacht trocken auf. „Ich habe es nicht wirklich vergessen, aber danke.“

Ich grinse. „Du hast auch gesagt, du wärst nicht gut, aber ich habe gerade bewiesen, dass du verdammt gut bist, Süße.“

Sie schnaubt, aber ich erlaube ihr nicht, etwas dazu zu sagen. Ich fülle diesen süßen Mund mit meiner Zunge, schmecke sie, nehme von ihr.

Sie gehört zu mir und sie wird immer zu mir gehören, auch wenn sie aus irgendeinem beschissenen

Grund denkt, dass sie das nicht kann – sie kann und sie wird.

***

Exeter

Mein ganzer Körper zittert, wenn ich an gestern und an Wyatt denke. Er hat das Angebot noch vor Ort unterschrieben, kurz nachdem er mich an die Wand gedrückt gefickt hat. Jetzt arbeite ich und kann nicht aufhören, an ihn zu denken. Oder an die restliche gemeinsame Nacht.

Wir haben noch zweimal miteinander Sex gehabt. Das letzte Mal direkt, bevor er zur Arbeit gegangen ist. Es ist vermutlich nicht klug, es so sehr zu genießen, wie ich es tue, aber die Art und Weise, wie er sich nach mir zu sehnen scheint, ist mit nichts zu vergleichen, was ich je zuvor erlebt habe. Ich liebe es.

„Oh, Sie sind verliebt", flüstert eine Patientin.

Ich schüttle den Kopf, weil ich total vergessen habe, dass ich gerade in ihrem Zimmer stehe. Meine Wangen fühlen sich heiß an, und ich spüre, wie ich rot werde. „Ich … ja, ich schätze, das bin ich. Zumindest so etwas in der Art", gebe ich zu.

„Nun, dann kann ich Ihnen nur raten, vorsichtig zu sein! Sonst landen Sie in ein paar Monaten genau hier", sagt sie und kichert.

Ich nehme mir ihre Krankenakte und notiere, dass ihre Schmerzmittel noch nicht fällig sind, dann sehe ich nach ihr und dem Baby. Die ganze Zeit über muss ich an ihre Warnung denken.

Vor Jahren bin ich kurz davor gewesen, in ihrer Situation zu sein, aber ich habe mich darum gekümmert. Ich weiß nicht, ob ich das noch einmal tun oder ob mein Herz es mir erlauben würde. Jetzt bin ich erwachsen. Ein Baby zu bekommen ist meine Entscheidung. Eine bewusste Entscheidung, die ich treffen würde, nicht eine, die mir aufgezwungen wird, wie es vor Jahren der Fall gewesen ist.

„Kommt Ihre Familie noch?", frage ich sie, bevor ich das Zimmer verlasse.

Sie schüttelt den Kopf. „Nein. Es gibt nur mich", flüstert sie.

Mein Herz schmerzt. Nicht zum ersten Mal, wenn eine alleinerziehende Mutter versucht, eine tapfere Miene bezüglich einer Zukunft aufzusetzen, die steinig und zweifellos brutal sein wird. Würde ich das können? Würde ich so mutig sein? Würde ich mit fünfundzwanzig Jahren wirklich *so* mutig sein können? Ich schüttle den Kopf, bin mir unsicher über die Antwort, und hoffe, dass ich es nie herausfinden muss.

Mein Handy surrt in meiner Kitteltasche, als ich mich auf den Weg zum Pausenraum mache. Ich lasse mich in den Stuhl sinken und gebe ein Zischen von mir, als meine wunde Mitte auf dem harten Plastik des Sitzes landet. Ich angle mein Handy hervor und lächle über die SMS, die ich lese.

Wyatt: *Ich werde bei dir sein, wenn du von der Arbeit kommst. Dieses Wochenende packe ich auch meinen Kram.*

Exeter: *Habe ich gesagt, dass du bei mir einziehen kannst?*

Wyatt: *Ich bezahle meine Miete mit Orgasmen.*

Exeter: *Betrachte dich als meinen neuen Mitbewohner.*

Wyatt: *Dein einziger Mitbewohner. Für immer.*

Exeter: *Rechthaberischer Kerl!*

Wyatt: *DEIN Kerl!*

Mein Herz rast, als ich diese Worte sehe. Zwei einfache Worte, und doch ist ihre Bedeutung so etwas wie ein Phänomen für mich. Mein Kerl. Mein Mann. Er gehört zu mir. Meine Lippen verziehen sich zu einem breiten Lächeln. Wie er sich in mein Leben eingemischt hat, sollte mich eigentlich nicht so glücklich machen. Ich weiß – ich weiß! –, dass das nicht von Dauer sein wird. Ich muss mein Herz beschützen.

Aber ich schaffe es nicht.

Selbst dann nicht, wenn er mich dabei unterstützen würde, was er sowieso nicht tut.

Wyatt ist kein Mann, der es zulässt, dass sich eine Frau zurückzieht. Wenn er etwas will, bekommt er es. Das hat er mehr als deutlich gemacht, und im Moment will er mich – er will mich immer noch. Das wird er nicht immer tun, aber verdammt, wenn sich das im Moment nicht gut anfühlt, dann weiß ich auch nicht.

Mein Handy vibriert in meiner Hand, weil ein Anruf eingeht, und ich spüre meine Wangen noch heißer werden, weil er auf eine weitere SMS verzichtet und mich jetzt anruft.

„Hallo?“, sage ich, nachdem ich das Gespräch angenommen habe.

„Kannst du reden?“, fragt er und sein tiefes Timbre schickt eine Welle des Verlangens durch meinen Körper.

„Ich habe Mittagspause“, flüstere ich.

Er brummt. „Soll ich dir etwas vorbeibringen?“

Ich schüttele den Kopf, obwohl er mich nicht sehen kann. „Nein, ich habe etwas dabei“, lüge ich. Ich bin nicht hungrig, ich bin voller Verlangen, und für Essen ist im Moment kein Platz.

„Ich habe Rylan die Schlüssel zu meinem Haus gegeben, damit sie am Montag einziehen können. Es ist doch in Ordnung, dass ich eine Weile bei dir wohne, oder? Wenn du mich nicht bei dir haben willst, nehme ich mir ein Hotel für einen Monat. Das ist keine große Sache, ich bin sowieso kaum zu Hause", brabbelt er.

„Ist schon gut, Wyatt. Ich bin auch kaum zu Hause, wir werden wahrscheinlich nicht einmal sehr oft zur gleichen Zeit dort sein", murmle ich.

Er schnaubt. „Das sollten wir besser, sonst kriege ich Entzugserscheinungen, denn ich bin schon verdammt süchtig nach dir, Süße."

„Ich werde heute Abend gegen sieben zu Hause sein", hauche ich. Meine Pussy ist wund, aber verflucht, ich werde schon wieder feucht, wenn ich nur an seine Berührungen denke.

Er stöhnt. „Ich komme etwas später nach Hause, aber ich bringe das Abendessen für uns mit. Ich hole ein paar Pizzas", raunt er.

„Ich kann dieses Zeug nicht essen", sage ich.

„Scheiße, doch. Natürlich kannst du das. Ich meinte es ernst, als ich sagte, dass ich dich so mag, wie du bist, Exeter. Ich mag alles an dir, und auf gar keinen Fall hast du deinen Wahnsinnskörper bekommen, indem du nur Salat und so einen Mist gegessen hast. Ich hole uns auf dem Heimweg auch noch Eis."

Die Leitung ist tot und ich stöhne laut auf. Zuhause. Er hat meinen Trailer *Heim* genannt. Und für den nächsten Monat wird er genau das sein, unser gemeinsames Heim. Ich fühle mich schwindlig und lächle definitiv zu breit bei dem Gedanken, mit ihm zusammenzuleben. Das ist nicht gut. Ich kenne ihn erst seit ein paar Wochen. Er kennt meine dunklen Geheimnisse nicht und ich kenne seine nicht.

Irgendetwas sagt mir, dass dieser Mann auch welche hat, einen ganzen Haufen davon. Es ist die Art und Weise, wie er mich für sich beansprucht, wie er mich begehrt. Er hat eine Vergangenheit, und so, wie ich mir sicher bin, dass er mit meiner nicht umgehen kann, bin ich mir unsicher, ob ich mit seiner umgehen kann. Etwas sagt mir, etwas schreit in mir, dass ich es nicht kann.

Kapitel 15

Wyatt

Meine Mutter hebt eine Augenbraue, als ich versuche, vom kleinen Hochzeitsempfang aufzubrechen.

„Du bist nicht mal zum Essen gekommen“, schnauzt sie.

„Tut mir leid, Mama, ich reiße mir gerade bei der Arbeit den Arsch auf“, murmele ich reumütig.

Sie streckt die Hand aus und kneift mich in die Schulter. „Hörst du wohl auf zu fluchen.“

„Tut mir leid“, erwidere ich zerknirscht.

„Wer ist sie?“, fragt sie. „Bitte sag mir nicht, dass es Sammi ist“, fleht sie schon fast.

Kopfschüttelnd schaue ich sie an und kann nicht verhindern, dass sich meine Lippen zu einem Lächeln verziehen. „Es ist nicht Sammi. Sie ist eine Hebamme drüben im Krankenhaus. Sie ist noch nicht so weit, euch alle kennenzulernen, aber wenn sie so weit ist, bringe ich sie mal mit“, erkläre ich.

„Nicht bereit?“

Ich ächze. „Sie ist scheu, unheimlich scheu.“

Mom neigt den Kopf zur Seite, ihr Blick sucht mein Gesicht ab, warum, weiß ich nicht. Ich warte ab, denn so, wie ich meine Mama kenne, lässt sie sich bei ihrer Einschätzung von nichts und niemandem hetzen.

„Ein schüchternes, braves Mädchen wäre eine nette Abwechslung zu den leichtlebigen Frauen, die dir immer gefallen haben“, murmelt sie.

Ich bin mir nicht sicher, wovon sie spricht, denn das einzige Mädchen, das ich jemals mit nach Hause gebracht habe, ist Sammi gewesen. Fragend kneife ich die Augen zusammen, während sie ihre verdreht.

„Diese Stadt redet, und da du nicht in die Kirche gehst, bekomme ich dort jeden Sonntag etwas zu hören – von jedem!"

Ich spüre, wie mein Gesicht heiß wird, und bin mir sicher, dass es von zehn verschiedenen Rottönen überzogen wird. Meine Mutter hat gehört, dass ich herumficke, und ehrlich gesagt, keine Mom sollte das über ihren Sohn erfahren. Ich beiße mir auf die Innenseite meiner Wange, schaue auf meine Füße und frage mich, wie ich aus dieser unangenehmen Situation wieder herauskommen soll. Und zwar schnell.

„Mama …"

Sie unterbricht mich, indem sie die Hand hebt. „Ich will es nicht hören. Ich weiß, du bist ein Mann, aber es ist höchste Zeit, dass du dich mit einer Frau niederlässt. Ich will sie kennenlernen, und wenn du sie nicht in Windeseile herbringst, werde ich sie selbst finden", sagt sie.

Ohne ein weiteres Wort dreht sie sich um und stapft davon. Ein leiser Pfiff ertönt hinter mir und ich sehe über meine Schulter und stelle fest, dass mein Dad mich wie ein verdammter Idiot angrinst. Er ist ungefähr so groß wie ich, und sein einst dunkelbraunes Haar und sein kurz gestutzter Bart sind jedes Mal grauer, wenn ich ihn sehe.

„Du hast sie ganz schön verärgert", feixt er.

„Ist es so schlimm, dass ich mich mit Exeter sicher fühlen möchte, bevor ich sie mit nach Hause bringe?", frage ich.

Dad zuckt mit den Schultern. „Deine Mama wartet schon eine Weile darauf, dass du Sammi und die Vergangenheit loslässt. Sie ist aufgeregt, das kannst du ihr nicht vorwerfen. Sie sieht, dass sich Rylan mit einer Familie niederlässt. Sie wünscht sich das Gleiche für dich", entgegnet er, während sein Blick sich mit meinem verbindet, mich festhält und nicht ausweichen lässt, so wie er es schon immer getan hat.

„Sie ist die Richtige für mich, Dad", gebe ich zu.

Mein Vater blinzelt, seine Augen weiten sich, und dann breitet sich langsam ein Lächeln auf seinem Gesicht aus, aber es hält nicht lange an.

„Es gibt etwas Hässliches in ihrer Vergangenheit, was sie vor mir verbirgt", erkläre ich ihm.

Das Lächeln meines Vaters verrutscht, dann presst er die Lippen aufeinander. Er macht einen Schritt auf mich zu, dann drückt er mir die Schulter. „Glaubst du, dass deine Mama nicht aus einer sehr hässlichen Familie stammt?"

Ich schlucke und nicke mit dem Kopf, als ich an Rylans drogenabhängigen Vater denke, der der Bruder meiner Mutter ist.

„Du wirst sie nicht heilen können, niemals. Versuche es erst gar nicht. Aber weißt du, was du tun kannst? Du kannst sie lieben. Du kannst ihr zeigen, dass ihre Vergangenheit nicht ihre Zukunft bestimmt, dass sie an deiner Seite ein gutes, reines Leben führen kann. Liebe sie einfach, auch wenn es schwer ist, auch wenn die Scheiße wirklich verdammt hässlich wird, denn das wird sie", sagt er, seine Stimme ist wie Stahl, sein Körper fest wie Granit.

Dieser Mann hat Erfahrung. Er weiß, worauf ich mich einlasse, und er rät mir nicht, davor wegzulaufen.

„Ich liebe sie!" Das tue ich verdammt noch mal, ich verliebe mich in sie, jede Sekunde eines jeden Tages ein bisschen mehr. Ich habe es nicht für möglich gehalten, habe nicht gedacht, dass ich jemals jemanden finden würde, aber sie ist irgendwie anders. Irgendwie faszinierend, sexy und wunderbar.

„Liebe sie“, wiederholt er. „Gib nicht auf, auch wenn sie dich wegstößt, und das wird sie. Ruf mich an, ich bin für dich da, wenn du jemals einen Rat brauchst, mein Sohn.“

Mein Vater lässt meine Schulter los und geht an mir vorbei auf meine Mutter zu. Ich drehe meinen Kopf und sehe, wie er ihr die Tür seines Pick-ups öffnet, seine Hand um ihre Taille legt und ihr auf den Beifahrersitz hilft. Ich habe ihm schon eine Million Mal dabei zugesehen, aber irgendwie ist es heute anders. Es ist, als würde ich ihn, als würde ich *sie* zum ersten Mal überhaupt sehen.

Ich wende mich meinem eigenen Pick-up zu, gehe zu ihm hinüber, steige ein und lasse den Motor an. Ich muss noch Pizza und Eis für mein Mädchen besorgen. Mein Vater hat recht, ich werde sie nicht heilen können, aber ich kann für sie da sein. Ich werde sie nicht gehen lassen, und egal wie sehr sie versucht, mich wieder wegzustoßen – ich werde diesen Scheiß nicht zulassen. Ich bin dabei. Wie lange der Weg auch sein mag.

***

Exeter

Ich laufe durch mein kleines Wohnzimmer. Es ist schon nach acht und er ist nicht da, aber ich sollte mich nicht ärgern. Das zwischen uns soll eine gute Sache sein, also warum fühle ich mich so verdammt ängstlich deswegen? Ich bin übermüdet, das muss es sein. Ich muss schlafen gehen, ich muss ihn vergessen, alles vergessen.

Als ich meine Hand auf mein zu schnell schlagendes Herz lege, wird mir klar, dass es dafür zu spät ist. Es ist zu spät, ihn zu vergessen, seine Berührungen, seine Küsse – viel zu spät.

Es klopft an der Tür und ich zucke vor Schreck zusammen. Ich gehe hinüber und schaue durch den Türspion. Mein Herz hüpft in meiner Brust, macht einen Satz und rast dann wie wild, als ich den Mann auf der anderen Seite der Tür sehe. Die Henkel einer Papiertüte baumeln von den Fingern seiner Hand und er balanciert zwei Pizzakartons mit einem Sixpack Bier darauf.

Sein Blick hebt sich, und es ist, als könnte er mich durch das kleine Loch in der Tür sehen. Mein Atem stockt, als sich seine Lippen zu einem kleinen Lächeln verziehen.

„Ich weiß, dass du da stehst“, sagt er.

Ich beiße mir auf die Unterlippe, schließe meine Hand um den Türknauf und trete einen Schritt zurück. Langsam öffne ich die Tür, und seine Lippen verziehen sich zu einem breiten Lächeln, während sein Blick meinen Körper abtastet. Ein Schauer durchströmt mich bei seiner Betrachtung. Ich trage Leggings und ein Tanktop, keinen BH, mein Haar ist nach dem Duschen an der Luft getrocknet und ich bin ungeschminkt.

„Zur Hölle noch mal, du hast zwölf Stunden gearbeitet und siehst immer noch aus wie ein gottverdammter feuchter Traum“, krächzt er, als er sich in den Trailer begibt, direkt zur Küche läuft und die Pizzas, das Bier und die Papiertüte auf den Tresen stellt. Dann dreht er sich zu mir um, und erst da bemerke ich, dass er ein schwarzes Button-Down-Hemd trägt. Es ist sauber und frisch und es sieht aus wie etwas, das er bei einem Date tragen würde.

„Wo warst du heute Abend?“, platzt es ungestüm aus mir heraus.

Seine Augen werden weich und er neigt den Kopf zur Seite. „Bei einer Hochzeit.“

Er greift nach der Papiertüte, geht zum Gefrierschrank und stellt sie zu meinem mit Gefrierbrand verdorbenen Fleisch hinein, das höchstwahrscheinlich eher später als früher im Mülleimer landen wird, weil es ohnehin schon ein Jahrzehnt oder länger dort drinnen liegt.

„Rylan und Channing haben im Rathaus geheiratet“, sagt er achselzuckend und dreht sich dann zu mir um.

„Haben sie?“, hauche ich.

Er nickt langsam, während er sich auf mich zubewegt und seine Augen mit jedem Schritt dunkler werden. „Kein BH. Fuck“, knurrt er, als er direkt vor mir steht, nur noch Zentimeter von meinem Körper entfernt.

Sein Kopf ist nach unten geneigt, sein Blick ist ganz auf meine Brust gerichtet. Er leckt sich über die Lippen und schnappt sich dann den Saum meines Tanktops. Wortlos zieht er es über meinen Kopf. Ich hebe meine Arme und stoße ein Zischen aus, als die kühle Luft meine bereits empfindlichen und spitzen Brustwarzen umweht.

Wyatt löst das in mir aus, er bringt meinen ganzen Körper zum Glühen. Er macht mich sensibel, sehnsüchtig und *gierig* wie die Hölle. Ich habe mich noch nie so gefühlt, ich weiß nicht, ob das gesund ist, aber es fühlt sich so richtig an. Und selbst wenn es ungesund ist, ist es mir egal.

„Ich dachte, wir würden essen?“, frage ich atemlos.

„Ich bin gerade dabei, es zu richten, Süße“, entgegnet er mit einem Lächeln, das fest auf seinen Lippen verankert ist.

Unglaublich, aber wahr – meine Brustwarzen verhärten sich bei seinen Worten noch mehr. Ich presse meine Schenkel zusammen und atme zittrig aus, während ich versuche, den Schmerz zu lindern, der in meinem Inneren wächst.

Wyatt greift nach dem Bund meiner Leggings und zieht sie herunter. Er stöhnt, als er bemerkt, dass ich keinen Slip trage. In einer fließenden Bewegung entledige ich mich dem dehnbaren Stoff. Ich stehe völlig nackt vor ihm und zeige ihm all meine Rundungen und Kurven. Und trotzdem fühle ich mich einfach nur schön.

„Ist der Couchtisch stark genug, um eine Person zu tragen?“, fragt er und hebt das Kinn in Richtung des provisorischen Couchtischs, den ich selbst aus Kisten gebaut habe, die aus dem Bastelladen stammen.

„Ja, er wird mich halten“, flüstere ich.

„Setz dich!“, knurrt er. „Spreiz die Beine!“

Er klingt fast animalisch, aber das ist nichts Schlechtes, nein, es lässt mich nur noch mehr vor Verlangen zittern. Ich will ihn, ich will ihn ganz und gar, und ich möchte alles tun, was er mit mir machen will, ich heiße es willkommen. Langsam lasse ich mich auf den Couchtisch sinken und spreize meine Beine, sobald ich auf der Kante sitze.

„Zeig sie mir“, sagt Wyatt rau, seine Augen auf meine Mitte gerichtet.

Tief einatmend, fasse ich zwischen meine Beine und ziehe mit zwei Fingern meine Schamlippen auseinander. Er knurrt und lässt sich vor mir auf die Knie fallen. So fühle ich mich fast mächtig. Er ist vollständig bekleidet und ich bin völlig nackt und gespreizt für ihn, aber die Art, wie er mich ansieht, macht klar, dass ich die Kontrolle habe, zumindest für den Moment.

„Wyatt", flüstere ich.

Er hebt seinen Blick und sieht mich durch seine langen Wimpern an. Dann beugt er sich vor und leckt mit seiner Zunge meine Pussy in einer einzigen langen Bewegung. Als er meinen Kitzler erreicht, erwarte ich, dass er sich zurückzieht, aber stattdessen legen sich seine Lippen um mich und er saugt sanft, wobei er mich weiterhin ansieht.

Ich halte meine Hand zwischen meinen Beinen, während meine andere die Kante des Couchtisches umklammert und er mit seiner Zunge über meine Klitoris streicht. Er leckt mich schnell und legt seine ganze Aufmerksamkeit auf meinen Kitzler, den schmerzenden und bedürftigen Kitzler.

Meine Oberschenkel zittern wild, meine Füße wölben sich, während ich die Fußballen in den Boden drücke, um für seine breiten Schultern offenzubleiben.

Wyatt stöhnt gegen meine Mitte, er leckt, knabbert, saugt an jedem Teil von mir, den er besitzen kann. Meine Augen flattern zu, als ich meinen Kopf in den Nacken lege.

Seine Zunge gleitet immer wieder über meine Finger zwischen meinen Beinen und jagt mir einen Schauer des Verlangens über den Rücken. Alles, was er tut, selbst eine einfache Berührung seiner Zunge an meinem Finger, ist höllisch erotisch.

Er konzentriert sich wieder auf meinen Kitzler, legt seine Hände um meine Kniekehlen und drückt sie noch weiter auseinander. Dann verschlingt er mich wie nie zuvor. Er verschlingt mich, als gäbe es nirgendwo auf der Welt eine andere Quelle für Nahrung oder Wasser als zwischen meinen Beinen.

Mein Atem stockt und mein Kopf hebt sich, als mein ganzer Körper zuckt und ich komme. Wyatt hört nicht auf, sein Mund bearbeitet mich nur noch härter. Erst als ich einen Schrei ausstoße und meine Hand auf dem Couchtisch wegrutscht, hebt er seinen Kopf. Er schlingt seinen Arm um meine Taille mit einem Funkeln in seinen Augen. Meine Nässe bedeckt seinen dunklen Bart.

„Süße“, raunt er.

Ich schüttle den Kopf, mein Gesicht fühlt sich heiß an von seinem einfachen Kosewort, kombiniert mit der Art, wie er mich ansieht. Der Art, wie sein Blick über mein Gesicht streift.

„Wyatt“, keuche ich, mein ganzer Körper ist schlaff und träge.

„Und jetzt lass mich dich füttern“, sagt er und grinst breit.

Meine Augen weiten sich und ich setze mich ein wenig aufrechter hin. Bevor ich reagieren kann, steht er auf und läuft davon.

Kommentarlos betrachte ich seinen Hintern, der seine Jeans unglaublich gut ausfüllt. Wyatts Körper ist breit und stämmig. Nicht dick, aber der Mann verdient seinen Lebensunterhalt mit körperlicher Arbeit, und das sieht man ihm an. Nichts an seinem Körper wurde in einem Fitnessstudio trainiert.

Ich lecke mir hungrig über die Lippen, und das nicht, weil ich Hunger auf Pizza habe.

Er kommt zurück, beladen mit den Pizzakartons, und nickt Richtung Schlafzimmer. „Ab ins Bett“, befiehlt er.

„Ich esse nicht im Bett“, sage ich lahm, immer noch nackt und mit gespreizten Beinen auf diesem verdammten Tisch sitzend.

Wyatts Lippen beben, meine Nässe bedeckt immer noch seinen Bart, wodurch sich mein Gesicht hundertmal heißer anfühlt. Mir ist klar, dass es knallrot ist.

„Heute schon. Los geht's, Süße“, murmelt er.

Er gibt mir nicht einmal einen Moment, um zu protestieren. Wyatt schlendert einfach ins Schlafzimmer. Ich schaue ihm ein paar Augenblicke lang nach, empfinde immer noch Ehrfurcht für seinen spektakulären Hintern und seine starken Schenkel. Dann stehe ich auf und schlurfe hinter ihm her.

Als ich das Zimmer betrete, ist er bereits unter der Bettdecke, hat sie bis zu den Hüften hochgezogen, wohingegen er seine nackte Brust zur Schau stellt. Ein Pizzakarton ist geöffnet, und mir läuft das Wasser im Mund zusammen, aber nicht wegen des Essens, sondern wegen der dunklen Haarpracht auf seiner Brust, die ich an meinen harten Brustwarzen spüren möchte, wenn er in mir ist. Es fühlt sich fantastisch an, verdammt, alles, was er tut, fühlt sich fantastisch an. Ich schüttle mich und zwinge meine Füße, sich zu bewegen, damit ich neben ihm ins Bett klettern kann.

„Iss, dann machen wir da weiter, wo wir begonnen haben.“

Ich greife in den Karton und nehme ein Stück Pizza, die mit Salami belegt ist, heraus. Ich könnte ihm sagen, dass ich Gemüsepizza bevorzuge, um damenhafter zu wirken, aber das stimmt schlichtweg nicht. Leider habe ich den Appetit eines Mannes mit dem Stoffwechsel einer Frau.

Es ist ein täglicher Kampf.

Wir essen schweigend, und nachdem er eine ganze Pizza vertilgt hat und ich zwei weitere Stücke gegessen habe, tut er genau das, was er versprochen hat: Er beendet, was er angefangen hat, nur dass er wieder von vorne anfängt und mich verschlingt, bis ich auf seiner Zunge komme – noch einmal.

Kapitel 16

Exeter

Ich seufze, als ich höre, wie die Haustür ins Schloss fällt und dann abgeschlossen wird. Es ist Montag. Wyatt lebt offiziell bei mir, zumindest für die nächsten dreißig Tage. Sein Angebot für das Haus und das Grundstück wurde am Samstag angenommen und in nur dreißig Tagen wird die finale Übereignung stattfinden.

Über das Wochenende hat er seine Sachen gepackt und einen Lagerraum gemietet. Einen Teil seiner Kleidung hat er jedoch zu mir nach Hause gebracht. Wir sind in aller Ruhe zusammengezogen. Ich habe für ihn ein paar Schubladen ausgeräumt und meine gesamte Winterkleidung in Emilys Kleiderschrank gehängt.

Jetzt lebe ich mit einem Mann zusammen, und bis jetzt habe ich keinen Grund, mich darüber zu beschweren. Er hat keinen Witz gemacht, als er gemeint hat, er würde mich mit Orgasmen bezahlen. Ich bin so ausgeglichen und befriedigt wie nie zuvor in meinem Leben. Seufzend und mit einem Lächeln schließe ich die Augen. Ich muss ja nicht gleich aufstehen, also beschließe ich, mich noch ein paar Augenblicke in meinem After-Sex-Nachglühen zu suhlen.

Es dauert nicht lange, bis ich wieder eingeschlafen bin. Meine Morgenträume handeln von Wyatt, von seiner Zunge und seinem Schwanz. Als mein Wecker klingelt, strecke ich mich lächelnd und setze mich im Bett auf. Ich greife nach meinem Handy, schalte den

Wecker aus und beginne dann, durch meine Textnachrichten zu scrollen.

Wyatt: *Ich komme nach Hause, sobald ich kann. Ich schmecke die Nässe deiner Pussy immer noch in meinem Bart.*

Mir wird schon beim Lesen seiner Worte heiß. Er ist unanständig, so köstlich unanständig.

Meine Pussy ist noch feucht von deinem Mund und deinem Sperma, erwidere ich und beiße mir auf die Lippen.

Wyatt: *Ich hänge zehn Meter in der Luft. Fuck, Süße! Willst du, dass ich falle?*

Mein Herz schlägt mir bis zum Hals bei der Vorstellung, wie Wyatt in den Tod stürzt. Mein Telefon vibriert erneut, was mich erschrocken zusammenfahren lässt.

Wyatt: *Ich bin immer gut gesichert, Exeter.*

Exeter: *Ich hoffe, das bleibt so.*

Wyatt: *Ja, Ma'am. Sehen wir uns heute Abend?*

Exeter: *Ich habe Nachtschicht. Wir sehen uns morgen früh.*

Wyatt: *Besteig mich, wenn du nach Hause kommst. Ich muss dich spüren, bevor ich zur Arbeit gehe.*

Exeter: *Ja, Sir.*

Wyatt: *Fuck, yeah!*

Ich kichere, lege das Telefon weg und schlüpfe aus dem Bett. Es dauert nicht lange, bis ich geduscht bin und mich für die Arbeit angezogen habe. Ich muss erst in ein paar Stunden dort sein, aber ich beschließe, vor meiner Schicht noch bei meiner MawMaw vorbeizuschauen. Wegen der neuen Wohnkonstellation und meiner Beziehung zu Wyatt habe ich in den vergangenen Tagen nicht mehr so viel Zeit mit ihr verbracht.

Ich mache mich auf den Weg zu ihrem Haus, verloren in lustvollen Gedanken an Wyatt, an unsere Zukunft und meine albernen Träume. Darüber, was möglich sein könnte, wenn ich nicht so ein verdammtes Durcheinander wäre, gut genug für ihn wäre.

Nachdem ich vor dem Haus meiner MawMaw geparkt habe, springe ich aus dem Auto und gehe auf die Haustür zu. Da sticht mir etwas Ungewöhnliches ins Auge. Es ist ein hellblauer älterer Chevrolet. Es ist der Pick-up meines Vaters.

Mein gesamter Körper verfällt in eine Schockstarre. Ich habe keine Ahnung, was er hier will. Dann höre ich, wie die Fliegengittertür zuschlägt, und ich zucke erschrocken zusammen. Langsam wende ich den Kopf, und da sehe ich ihn auf der Veranda stehen. Er hat die Hände in die Hosentaschen gesteckt und sieht entspannt aus, aber ich weiß, dass das nicht stimmt. Allein der Ausdruck in seinen Augen sagt mir, dass er alles andere als entspannt ist.

„Was machst du hier? Sie ist nicht deine Angelegenheit", belle ich.

Er grinst und das ist eingebildet und ekelhaft, genau wie er. Er schlendert langsam die Treppe hinunter, als hätte er alle Zeit der Welt – die er sicher auch hat, denn er ist ein fauler Sack.

„Ich schaue nur nach meiner Schwiegermutter, da ist doch nichts dabei, oder, Mädchen?", fragt er.

Er ist zu nah. Er steht direkt vor mir, seine kalten blauen Augen starren auf mich herab und lassen mir den Schweiß den Rücken hinunterrinnen. Mein ganzer Körper fühlt sich um zehn Grad heißer an. Er streckt die Hand aus, und ich halte den Atem an, als sein Zeigefinger über mein Gesicht streicht und in der Mitte meiner Unterlippe verharrt.

„Du hast mir nicht geantwortet", schnurrt er.

Mein Magen dreht sich um.

„Wie schade, dass du mich verlassen hast. Du warst so gut zu mir.“

„Du bist krank“, zische ich, ohne mich zu bewegen.

Er zuckt mit den Schultern und fährt mit seinem Finger über die Mitte meines Kinns, über meinen Hals, bis er am Kragen meines Hebammenkittels mit V-Ausschnitt stoppt. „Vielleicht bin ich das. Aber du bist gekommen und es hat dir gefallen.“ Er grinst selbstgefällig.

Ich schließe die Augen und hasse seine Worte so sehr, wie ich damals die Reaktion meines Körpers auf seine Berührung gehasst habe. Er hat nicht unrecht. Körperlich bin ich wirklich gekommen und ich habe mich jedes einzelne Mal dafür verflucht. Ich war verwirrt, denn ich habe es nicht verstanden. Er hat mir weisgemacht, dass meine Reaktion bedeutet, dass das, was wir tun, richtig ist. Ich wusste es nicht besser. Ich war so jung. Und er hat mich manipuliert.

Ich trete einen Schritt zurück, öffne meine Augen wieder und neige den Kopf zur Seite. „Du kannst mich nicht mehr täuschen. Ich bin eine Krankenschwester. Glaubst du, ich kenne mich nicht mit der körperlichen Reaktion auf Reibungskraft aus?“, frage ich und ziehe eine Braue hoch.

Er gluckst. „Dann weißt du sicher auch, dass ich nicht krank bin. Ich wurde so geboren, ich kann nicht anders.“ Sein selbstgefälliges Grinsen ändert sich in ein anzügliches.

„Du ekelst mich an“, zische ich.

Er dreht sich um und geht auf seinen Truck zu. Als er kurz anhält und zu mir zurückschaut, sieht er aus wie eine Schlange. Wie eine niederträchtige, bösartige Schlange.

„Kleines Mädchen, du wirst wieder mir gehören. Sei dir dessen sicher. Ich werde dafür sorgen, dass du dich erinnerst."

Mein ganzer Körper zittert. Ich wende mich von ihm ab und eile die Treppe zu meiner MawMaw hinauf. Ich rufe ihren Namen und finde sie in der Küche, vor sich ein Glas mit süßem Tee. Sie sitzt an dem kleinen Tisch und sieht mich mit feucht schimmernden Augen an.

„Dein Vater war hier", erklärt sie unnötigerweise.

„Ich weiß."

Sie zieht eine Grimasse. Ich warte darauf, dass sie etwas sagt, irgendetwas, um zu erklären, warum sie so aufgebracht ist, aber sie gibt keinen Ton von sich. Sie sitzt nur da und starrt in ihren süßen Tee, während ihr die Tränen über die Wangen laufen.

„Was ist hier los?", flüstere ich.

Sie schüttelt den Kopf. „I-ich …"

***

Wyatt

Das Lächeln auf Rylans Gesicht ist albern, und ich freue mich so verdammt für ihn, dass ich mich deswegen ebenso verdammt albern finde. Er klettert in den Pick-up und schaut mit einem dämlichen Grinsen zu mir herüber.

„Du siehst nachdenklich aus. Letzte Woche warst du noch glücklich, was ist los?", fragt er.

Ich räuspere mich, starte den Motor meines Trucks, betätige den Hebel und fahre los. „Exeter und ich sind dieses Wochenende zusammengezogen, vorübergehend."

„Wyatt, du hättest in deinem Haus bleiben können, bis dein neues bezugsfertig ist“, sagt er mit nahezu panischem Gesichtsausdruck.

Ich schüttele den Kopf. „Das wollte ich nicht. Ich will, dass sie mit mir in mein neues Zuhause zieht, und ich dachte, so könnte sie sich an den Gedanken gewöhnen“, gebe ich zu und zucke mit den Schultern.

„Ihr kennt euch kaum“, macht er mich auf das Offensichtliche aufmerksam.

Ich schnaube. „So wie du und Channing?“

„Touché.“

Ich räuspere mich erneut und halte mein Lenkrad fest umklammert. „Sie ist die Richtige, aber sie ist so verschlossen, dass wir nicht einmal miteinander reden. Ich weiß nichts über sie.“

„Was macht ihr denn dann, wenn ihr zusammen seid?“, fragt er, aber ich kann das Lachen in seiner Stimme hören.

„Halt die Klappe. Im Bett sind wir hundertprozentig kompatibel. Sie ist süß und freundlich, weich und warm. Aber sie verheimlicht etwas vor mir, und ich komme nicht dahinter, was es ist.“

Rylan gluckst. „Gib ihr etwas Zeit. Channing hat mir auch nicht gleich ihren Scheiß erzählt. Es hat gedauert, und ehrlich gesagt, du wirst ihr auch etwas von deinem Scheiß erzählen müssen, Cousin. Was du von ihr erwartest, wirst du auch selbst erfüllen müssen.“

„Ich hasse es, wie vernünftig du bist, jetzt, wo du nüchtern bist“, knurre ich und fahre bis an den Bordstein meines alten Hauses.

Es ist schon komisch, dass ich offiziell erst seit einem Tag ausgezogen bin und es sich trotzdem schon gar nicht mehr wie meins anfühlt. Technisch gesehen gehört es immer noch mir, aber praktisch gehört es Rylan und Channing, es ist ihr Zuhause. Rylan steigt aus dem Wagen und sein Blick findet meinen.

„Erzähl ihr von deiner Vergangenheit. Erzähl ihr von Sammi. Exeter ist verdammt stark, ich habe es gesehen, als wir sie blöderweise in dieses Höllenloch geschickt haben, um Channing zu retten. Sie kann den ganzen Scheiß aushalten."

„Das ist sie", stimme ich zu und schlucke schwer.

Rylan schließt die Wagentür und stürmt auf die Vorderseite des Hauses zu. Channing öffnet die Tür, bevor er dort ankommt, und schlingt ihre Arme um seinen Hals. Ich verharre kurz und genieße ihren intimen Moment, bevor ich den Hebel betätige und die Straße hinunterfahre.

Ich schlage nicht den Weg nach Hause oder besser gesagt zurück zu Exeter ein, da sie ja nicht da ist. Und das wird sie auch nicht vor morgen sein, aber hoffentlich, bevor ich wieder zur Arbeit aufbrechen muss. Ich nehme mein Handy von der Ablage und suche schnell Fords Nummer heraus.

„Was gibt's, Schwanzlutscher?", begrüßt er mich.

Ich schnaube. „Bist du auf der Ranch?"

„Wo sollte ich sonst sein?"

„Ich weiß nicht, du Hinterwäldler. Vielleicht vögelst du gerade irgendwo deine Cousine", erwidere ich und lache.

Er fällt in das Lachen ein. „Nee, Mann, ich habe vorhin deine Mama gefickt, also bin ich gesättigt."

„Deine Mama-Witze, wirklich? Wie alt bist du? Zehn?"

„Es sind immer noch Klassiker, egal, was die Leute sagen. Kommst du vorbei?"

„Bin in zwanzig Minuten da.“

Ich beende den Anruf und biege in eine unbefestigte Straße ein, die zwar nicht zu Fords Anwesen führt, aber auf dem Weg liegt. Ich kurble die Fenster herunter und drehe die Stereoanlage auf.

Aus meinen Lautsprechern dröhnt Countrymusik aus den Achtzigern, die Sonne brennt und der Wind weht durch das Führerhaus meines Trucks. Das ist es, was ich vermisst habe, diese unbefestigten Straßen, diese ruhige Fahrt nach Hause, dieses Gefühl von Freiheit.

Die Einfahrt zu Fords Ranch kommt in Sicht und ich grinse. Er hat die zwei Holzpfähle, die ich ihm mitgebracht habe, und einen weiteren quer darüber als Tor in den Boden gerammt. Daran ist ein Metallschild mit seinen Initialen befestigt – FBM.

Ford Buchannan Matthews.

Verdammt lächerlich langer Name.

Das Viehgatter ist bereits offen, also biege ich ab und fahre die Auffahrt hinunter. Er sagt immer wieder, dass er sie pflastern wird, aber ich bezweifle, dass er das jemals tun wird. Sein Daddy hat das schon nie gemacht. Die Vertiefungen und Löcher können deinen ganzen verdammten Pick-up aus der Bahn werfen, wenn du nicht aufpasst, aber ich glaube, er belässt es so, damit niemand hier runterfährt und ihn stört. Niemand außer mir, Louis und Beaumont.

Ford steht auf der Veranda seines komplett in Weiß gehaltenen Farmhauses, als ich vorfahre. Ich nehme mir einen Moment Zeit, um das Haus zu bewundern. Es ist von seinem Großvater gebaut worden, sein Vater wuchs hier auf, später zogen Fords Eltern ein und er wurde hier groß. Vor Kurzem sind seine Eltern in den Ruhestand gegangen und haben ihm die ganze Ranch vermacht. Eine Familientradition.

Ich steige aus dem Wagen und gehe auf das Haus zu, während der Staub um meine Füße herumwirbelt, wann immer sie den Boden berühren. Ford hält mir ein Bier entgegen, und ich grinse über die silberne Dose, von der ich weiß, dass sie eiskalt ist.

„Langer Tag?", fragt er und geht zu einem der beiden Schaukelstühle hinüber.

Er setzt sich in den einen, ich in den anderen. „Ja, und deiner?"

Er grunzt. „Ich habe gehört, dass du sehr viel Zeit mit der hübschen kleinen Exeter verbringst", sagt er, ohne auf meine Frage zu antworten.

Ich schüttle den Kopf. Ob es in dieser Stadt jemals eine Zeit geben wird, in der dein privater Scheiß auch privat bleiben wird?! Obwohl ich zugeben muss, dass bei anrüchigen oder schmutzigen Themen seltsamerweise alle schweigen und die Dinge nur hinter vorgehaltener Hand flüstern. Sie prahlen nicht lautstark damit, wie sie es bei gutem Klatsch tun.

„Ich bin bis zur Hausübertragung bei ihr eingezogen", sage ich achselzuckend.

Er pfeift und klingt dabei so sehr nach meinem Vater, dass es unheimlich ist. „Ein bisschen früh, oder?"

Ich lehne mich in meinem Stuhl zurück und schaue auf den kürzlich installierten Deckenventilator. „Wahrscheinlich, aber ich glaube, sie ist es", gebe ich zu.

Es meinem Vater, Rylan und sogar Ford zu sagen, macht mir keine Angst. Ich fühle nichts als Frieden und Aufregung, wenn ich zugebe, dass dieses Mädchen, diese Frau, nicht nur für jetzt, sondern für immer zu mir gehört.

„Ich hoffe, sie ist es. Du verdienst Glück", murmelt er.

„Das tust du auch."

Wir sitzen einen Moment lang schweigend da, dann richtet er sich auf und fragt mich, ob ich seinen neuen Traktor sehen möchte. Ich verbringe den Rest des frühen Abends mit meinem Freund und bewundere seinen neuen Traktor und die Veränderungen, die er auf der Ranch vorgenommen hat. Wir klettern auf seinen *Gator,* ein anderes Fahrzeug, und sehen nach dem Vieh und den Hühnern, dann fahren wir zum Teich.

Exeter, Heiraten, die Zukunft, all das wird nicht mehr erwähnt. Ford befindet sich in der gleichen Lage wie ich. Er steckt an einem Ort fest, der hoffnungslos erscheint.

Meine Zukunft sieht nicht mehr so düster aus, und ich habe das Gefühl, dass Fords Zukunft auch nicht düster bleiben wird. Er wird jemanden finden, das spüre ich verdammt noch mal.

Kapitel 17

Wyatt

Das Haus ist leer, als ich von Ford zurückkomme, nicht, dass ich erwartet habe, dass Exeter zu Hause ist. Ich weiß, sie arbeitet, aber ich bin trotzdem seltsam enttäuscht, allein zu sein. Ich ziehe mein Handy aus der Tasche und schaue aufs Display. Mein Daumen schwebt über dem Textnachrichten-Symbol, bevor ich das Gerät aufs Bett werfe.

Ich mache mich auf den Weg ins Bad und dusche schnell, bevor ich den Kühlschrank nach etwas Essbarem durchstöbere. Ich sehe die übrig gebliebene Pizza von gestern Abend und runzle die Stirn. Hier zu sein, ohne sie, fühlt sich nicht richtig an.

Ich verliebe mich zu sehr in sie, zu verdammt tief. Sie ist etwas Besonderes, aber sie verbirgt etwas. Dann denke ich darüber nach, was Rylan gesagt hat, dass ich ihr von meinen eigenen Dämonen erzählen soll. Ich bin mir nicht sicher, ob ich das tun kann. Ob ich so offen über Sammi, über unsere Vergangenheit sprechen kann.

Ich nehme die Pizza aus dem Kühlschrank und esse sie auf, bevor ich den Karton auf den Tresen werfe und beschließe, ihn morgen früh wegzuwerfen, bevor ich zur Arbeit gehe. Ich schnappe mir eine Dose Bier, gehe ins Schlafzimmer und lege mich ins Bett.

Mit geschlossenen Augen schlucke ich die kalte Flüssigkeit hinunter und überlege, wie zum Teufel ich mich Exeter gegenüber öffnen soll. Ich will mich verdammt noch mal nicht öffnen, es gibt nur einen Tag im Jahr, an dem ich mir erlaube, wirklich darüber nachzudenken, was passiert ist. Und das ist der Tag, an dem sie es mir mitgeteilt hat. Dieser Tag hat sich in mein Gehirn eingebrannt. Jeden verdammten Moment dieses verdammten Tages werde ich nie mehr vergessen.

Ich falle in einen unruhigen Schlaf und träume von Sammi, von der Vergangenheit, der Highschool und ihrem Gesichtsausdruck, als ich ihr den Antrag gemacht habe. Später träume ich dann davon, wie wir gefickt haben, immer und immer wieder, wütend auf uns selbst, verletzt durch den anderen. Der Schmerz geht verdammt noch mal nie weg, egal wie viele Jahre vergehen.

Sammi hat uns beide gerettet, als sie die Stadt verlassen hat, als sie einfach gegangen ist. Denn Gott weiß, dass ich sonst weiterhin wütend auf sie gewesen wäre. Für mindestens fünfzehn Jahre oder länger. Ich wälze mich hin und her und falle schließlich in einen tiefen Schlaf.

***

Wyatt

Etwas Warmes und Feuchtes legt sich um meinen Schwanz. Ich verlagere meine Hüften und hebe sie an, damit mein Schwanz noch ein wenig weiter in diesen warmen, feuchten Himmel gleitet. Blind greife nach vorne, vergrabe meine Finger in weichem Haar und öffne langsam meine Augen.

Es ist Exeter, ihr dunkles Haar zwischen meinen Beinen, ihre Hände um meine nackten Oberschenkel geschlungen. Ich packe sie etwas fester und ziehe ihren Kopf von meinem Schwanz weg. Zögernd blickt sie mich an.

„Guten Morgen", raune ich und grinse.

Sie lächelt sanft, ihr Gesicht färbt sich rosa. „Morgen", haucht sie.

„Ich will dich ansehen, wenn du meinen Schwanz lutschst, Süße."

Ihr ganzer Körper beginnt an meinen Schenkeln zu zittern. Behutsam führe ich ihren Mund zurück zu meinem Schwanz. Sie öffnet ihn und ihre vollen Lippen umschließen mich wieder, während sie durch ihre Wimpern zu mir aufschaut. Sie sieht aus wie ein gottverdammter Traum – mein Traum.

Sie ist keine Expertin, aber ich entscheide, dass mir das gefällt. Exeter bearbeitet mich, ihr Mund bewegt sich auf und ab, ihre Hände gleiten von meinen Schenkeln zu meinen Hüften und halten mich fest, während sie durch ihre Nase atmet. Sie saugt, ihre Wangen fallen jedes Mal ein, wenn sie sich wieder nach oben bewegt.

Exeter hat mir gestern Abend ihr Testergebnis geschickt. Unsere beiden Tests sind ohne Befund, was mich breit grinsen lässt. In nur wenigen Sekunden werde ich erneut komplett unverhüllt in ihr versinken.

Meine Finger verkrampfen sich in ihrem Haar, während sich meine Eier zusammenziehen und drohen, sich in ihrer Kehle zu entleeren. Ich werde dort kommen, aber nicht heute. Ich schubse sie sanft von mir, greife ihr unter die Achseln und ziehe sie an meinem Körper hoch. Ihre Beine spreizen sich, und ohne ein Wort zu sagen, richtet sie meinen Schwanz auf ihre Mitte aus und sinkt hinab, um mich vollständig in sich aufzunehmen.

„O Gott“, stößt sie aus, als sie auf mir sitzt.

„Nicht bewegen“, knurre ich. Wenn sie sich bewegt, werde ich meine Ladung zu schnell abspritzen.

Ich greife zwischen ihre Beine und mein Daumen findet ihre süße kleine Klitoris. Ich beobachte Exeter, betrachte ihre erröteten Wangen, ihre rosigen Brustwarzen, die hart sind und wahrscheinlich nach meinem Mund lechzen. Scheiße! Sie atmet tief ein und aus, und kurz darauf geht das Atmen in ein Keuchen über, während ich ihre Klitoris bearbeite.

„Ich muss mich bewegen“, wimmert sie.

Grinsend kneife ich in ihre Klit. „Nein, musst du nicht“, stoße ich hervor.

Ich kann ihre Pussy spüren, wie sie sich zusammenzieht und nach mehr verlangt. Exeter ist kurz davor, die Kontrolle zu verlieren, und ich kann nicht abstreiten, dass es mir Freude bereiten würde, ihr dabei zuzusehen.

Sie lehnt sich leicht vor, ihre Handflächen liegen flach auf beiden Seiten meines Kopfes auf dem Kissen. Ihr Haar fällt über uns wie ein wunderschöner dunkler Vorhang, ihr Blick ist auf mich gerichtet, und da ist etwas in ihren Augen, was ich noch nie gesehen habe, etwas, was mich innehalten lässt.

Mit meiner freien Hand lege ich meine Finger um ihren Nacken und drücke sanft zu, um sie ein wenig zu beruhigen. Sie sieht regelrecht unruhig aus.

„Bist du kurz davor?“, frage ich, um herauszufinden, ob es das ist, was ich in ihrem Blick erkenne.

Exeter beißt sich auf die Lippen und nickt einmal.

„Dann beweg dich, Süße“, gebe ich das Startzeichen.

Sie setzt sich auf, legt ihren Kopf zurück, und ich schwöre bei Gott, sie verwandelt sich vor meinen

Augen in eine Göttin. Verschwunden sind alle ihre Vorbehalte, sie nimmt von mir, von meinem Schwanz. Sie fickt mich, ganz auf sich konzentriert, um ihr Vergnügen zu finden.

Es ist der schönste Anblick, den ich je gesehen habe. Jeden Tag tut sie etwas, von dem ich denke, dass es nicht schöner werden kann, und am nächsten Tag toppt sie es. Obwohl ich zu bezweifeln wage, dass sie diesen Moment jemals toppen wird. Er ist frei, wild und verdammt überwältigend.

„Wyatt“, schreit sie lauter als je zuvor.

Mit meinem Daumen bearbeite ich ihre Klit weiter und weiter, meine andere Hand bleibt in ihrem Nacken, um sie festzuhalten. Ihr Körper bewegt sich, bäumt sich auf und zuckt über mir, bis sie sich anspannt und ihre Pussy meinen Schwanz zusammendrückt, ihn einschnürt und rasch meinen eigenen Höhepunkt erzwingt. Mein Sperma füllt sie aus, mein Schwanz zuckt, bis meine Eier leer sind.

Exeter bricht just in dem Moment auf mir zusammen, als der Alarm meines Handys ertönt. Ich drücke auf die Stopptaste, bevor ich meine Arme um Exeter schlinge. Ihre Titten pressen sich gegen meine Brust, und ich ärgere mich darüber, dass ich ihnen heute Morgen nicht die übliche Aufmerksamkeit geschenkt habe. Hoffentlich arbeitet sie heute nicht wieder die ganze Nacht.

„Harte Nacht?“, frage ich sie, während meine Finger ihren weichen Rücken auf- und abgleiten.

Sie brummt. „Die Arbeit war okay“, flüstert sie.

„Was ist es dann?“

„Ich habe vor der Arbeit jemanden gesehen, den ich nicht sehen wollte. Das hat mir die ganze Nacht verdorben“, gesteht sie.

Sie sagt mir nicht, um wen es sich dabei gehandelt hat, aber vielleicht ist das der Anfang, sich mir gegenüber zu öffnen. Ich werde alles nehmen, was sie mir gibt, vor allem, wenn ich nichts von mir selbst geben muss. Die Erkenntnis, dass ich mehr von ihr erwarte, als ich zu geben bereit bin, und deswegen ein egoistisches Arschloch bin, geht mir nicht aus dem Kopf.

„Arbeitest du heute Abend?"

Sie brummt nickend, ihre Lippen berühren meine Brust knapp über meinem Herzen. Sie hebt den Kopf, der Blick aus ihren blauen Augen findet meinen und sie lächelt träge. „Ja, das tue ich. Es ist meine letzte Nacht. Dann gehöre ich drei Tage lang ganz dir", haucht sie.

Ich nehme meine Hand von ihrem Rücken und streichle ihre Wange. „Ich will dich nackt in diesem Bett, wenn ich an deinem ersten freien Abend von der Arbeit komme. Ich brauche mehr als nur einen schnellen Fick am Morgen", gebe ich ihr zu verstehen.

Ihre Augen funkeln. „Werden wir wieder im Bett essen?"

„Das werden wir", antworte ich rau.

Ihr Atem geht stoßweise und sie lächelt breit. „Ich kann es kaum erwarten."

„Ich auch nicht."

***

Exeter

Meine Lider zucken, und ich schließe sie wieder, als mich die Sonne trifft. Es ist zu hell, die Nachmittagssonne ist einfach viel zu intensiv, nachdem ich die ganze Nacht im Dunkeln gewesen bin. Heute Morgen, den zweiten Morgen in Folge, habe ich Wyatt mit meinem Mund geweckt, und er hat mich wieder einmal um die eigene Achse gedreht, um mir einen kosmischen Orgasmus zu bescheren.

Ich atme tief durch und gestehe, dass ich froh bin, in den nächsten Tagen nicht arbeiten zu müssen. Die Vorstellung, dass Wyatt von der Arbeit nach Hause kommt und ich nackt im Bett auf ihn warte, gefällt mir sehr. Ein Kribbeln durchfährt mich in der Vorfreude auf das, was in ein paar Stunden kommen wird.

Ich strecke mich und gähne ausgiebig, bevor ich mich aus dem Bett erhebe. Ich bin völlig nackt, und das ist noch etwas, was mir aufgefallen ist, seit Wyatt vor ein paar Tagen eingezogen ist. Es scheint, dass ich ständig nackt bin. Früher habe ich mich immer bedeckt, selbst wenn ich mit einem Mann zusammen gewesen bin. Und sobald wir es getan hatten, habe ich mich schnell wieder angezogen.

Außer bei Wyatt. Ob nackt oder bekleidet, bei ihm fühle ich mich schön, sogar atemberaubend. Aber vor allem, wenn ich nackt bin, ist die Art, wie er mich ansieht, etwas, was ich noch nie zuvor erlebt habe. Er sieht mich so an, wie ich denke, dass ich ihn ansehe. Für mich ist er zu schön, um wahr zu sein, er ist nicht real und bald wird er einfach verschwinden.

Ich begebe mich ins Badezimmer und steige kurz unter die Dusche. Ich habe Pläne für ein ausgedehntes Bad am Nachmittag, also will ich jetzt nur den Schlaf und die Spuren des Sex von meinem Körper abwaschen.

Danach flechte ich mir schnell die nassen Haare und ziehe mir eine Jogginghose und ein T-Shirt an. An meinem ersten freien Tag putze ich für gewöhnlich mein Haus von oben bis unten, und ich werde das Gefühl nicht los, dass es mit einer zusätzlichen Person sowieso etwas schmutziger ist als sonst.

Ich beschließe, in der Küche anzufangen, und erstarre beim Anblick, der sich mir bietet. Auf dem Esstisch liegen Pizzakartons und drum herum, wie auch darauf sind leere Bierdosen abgestellt. In der Spüle steht schmutziges Geschirr und auf dem Tresen liegen überall Krümel.

Wyatt ist ein Chaot.

Es überrascht mich nicht, dass ein alleinstehender Mann unordentlich ist, das ist ja nichts Neues. Aber Wyatt wirkt immer so klar, so respektvoll, und sein Pick-up ist immer sauber und aufgeräumt.

Als ich mich im Wohnzimmer umschaue, stelle ich fest, dass es mit Wyatts Kleidung übersät ist. Hemden, Jeans, unterschiedliche Socken und sogar Unterwäsche liegen einfach überall verstreut herum.

„Was in aller Welt?“, flüstere ich und überlege, was ich tun soll. Entweder ich räume alle seine Sachen auf einen ordentlichen Stapel und bitte ihn, diesen wegzuräumen, oder ich wasche seine Kleidung und sage kein Wort.

Ich finde, dass ein Dreißigjähriger seine Sachen ordentlich zu halten hat. Ich meine, es ist ja nicht so, dass seine Mutter sein ganzes Leben bei ihm gelebt hat und er gerade erst ausgezogen ist.

Mein Telefon piepst und ich greife danach. Es ist eine SMS von Wyatt. Meine Lippen verziehen sich zu einem Lächeln bei den Worten, die er mir geschickt hat, und mein Unmut verschwindet sofort.

Wyatt: *Guten Morgen, meine Schöne. Vergiss nicht, dass ich um achtzehn Uhr Feierabend habe. Dann kann es losgehen. Sei nackt!*

Ich beiße mir auf die Innenseite meiner Wange und beginne dann, meine eigene Nachricht zu tippen.

Ich habe es vor. Du bist ein ganz schöner Chaot, nebenbei bemerkt.

Die drei kleinen Punkte erscheinen, verschwinden und tauchen wieder auf, während er seine Nachricht tippt.

Ich halte den Atem an, während ich warte. Ob ich es jetzt vermasselt habe, weil ich erwähnt habe, wie katastrophal er seinen Scheiß auf die Reihe bekommt?

Wyatt: *Scheiße, Süße. Es tut mir leid. Ich werde es wiedergutmachen.*

Bevor ich antworten kann, schickt er mir eine weitere Nachricht.

Wyatt: *Meine Währung sind Orgasmen. Viele Orgasmen.*

Mit einem Lächeln tippe ich eine Antwort. *Dieses Mal, okay. Nächstes Mal, nicht so sicher. Leg deine Sachen einfach in den Wäschekorb.*

Wyatt: *Wird gemacht, Süße.*

Ich wende mich dem Chaos zu, das er mir hinterlassen hat, doch irgendwie fühle ich mich nicht mehr so verärgert wie noch vor ein paar Augenblicken. Stattdessen fühle ich mich sogar noch aufgeregter wegen heute Abend. Nicht nur wegen der Orgasmen, sondern auch, weil ich zum ersten Mal in meinem Leben eine erwachsene Beziehung führe, in der wir miteinander scherzen. Es ist nicht verletzend, es ist nicht erniedrigend. Es ist süß, und ich weiß, dass er es ernst meint, wenn er sagt, dass es ihm leidtut.

Ich mache mir keine Illusionen darüber, dass seine Kleidung nächste Woche auf magische Weise im Wäschekorb auftauchen wird. Aber das ist mir eigentlich egal. Er ist hier, und das ist alles, was ich im Moment will. Solange er meinen Körper anbetet und meinen Geist und meine Seele so umsorgt, wie er es tut, räume ich gerne sein Chaos auf.

Kapitel 18

Wyatt

Ich reibe mir den Nacken und versuche, die Anspannung des Tages zu lösen. *Scheiße.* Die Crew vor uns hat es versaut. Sie haben alle gottverdammten Pfähle falsch gesetzt und die falschen Materialien verwendet. Das hat die Firma Geld gekostet, was wiederum mich Geld gekostet hat.

Wir haben die ganze verdammte Sache neu machen müssen, was nun unsere Gewinne schmälert. Ich bekomme zwar immer noch meinen Gehaltsscheck, aber mein Bonus für dieses Quartal wird komplett gestrichen.

Wütend schlage ich mit der Handfläche auf das Lenkrad und stoße eine Reihe von Flüchen aus. Ich habe Rylan bereits abgesetzt und bin auf dem Heimweg. Der Gedanke an Exeter, die nackt mit gespreizten Beinen und prallen Titten auf mich wartet, beruhigt mich ein wenig. Allerdings brauche ich zuerst eine Dusche, bevor ich mich in ihr versenke, da ich mit Dreck und Kreosot bedeckt bin.

Ich biege in die Straße ein, die mich zum Trailerpark führt, und muss zweimal hinsehen. Ein alter, hellblauer Pick-up steht in der Parkbucht, die ich für *mich* beansprucht habe. Ohne voreilige Schlüsse zu ziehen, schaue ich mir den Wagen näher an. Nach dem Gewehrhalter im Heckfenster und dem Aufkleber, auf dem steht *Ich bremse nur für Titten und Bier* zu urteilen, kann ich nur annehmen, dass dieser Pick-up einem Mann gehört.

Ich parke hinter Exeters Auto, springe schnell aus meinem eigenen Pick-up, schließe die Tür hinter mir und jogge zur Eingangstür. Ich bin nicht mehr erschöpft, das Adrenalin strömt durch meinen Körper mit jedem Schritt, den ich mache. Aufgeputscht trete ich in das Haus.

Warum auch immer, aber ich rechne mit dem Schlimmsten, und das ist genau das, was ich vorfinde. Ich erstarre beim Anblick von Exeter. Sie ist über das Sofa gebeugt und ein Mann steht hinter ihr. Bei seinem Anblick wird mir schlecht, aber das ist es nicht, was mich erstarren lässt. Es ist der Blick in ihren Augen. Sie sind tot. Ihre Augen sind verdammt tot. Sie sieht mich direkt an, aber sie sieht mich nicht.

„Geh von ihr weg oder du riskierst, dass dieses erbärmliche Ding zwischen deinen Beinen für immer flöten geht!“, knurre ich.

Er lacht dreckig und tritt zurück. Mein Blick wandert von Exeter zu ihm und ich warte.

„Ich habe sowieso bekommen, was ich wollte“, verkündet er.

Er stolpert, zieht sich seine Jeans über die Hüften und versucht, sich einen Weg an mir vorbei zu bahnen. „Du kannst machen, was du willst, sie ist jetzt bereit.“

Mein ganzer Körper bebt. Ich erwache aus meiner Starre und Benommenheit, mache einen Schritt zur Seite, um ihn nicht an mir vorbeizulassen. Dabei blockiere ich die Tür, strecke die Hand aus und kralle mich an seinem Hemdkragen fest.

„Lass mich los“, bellt er.

Seine Zähne sind gelb, er stinkt nach Zigarettenrauch. Er sieht aus wie mein verdammter Onkel, wie Rylans Vater, lang und schlaksig, übermäßig dünn und reizbar. Er sieht aus wie ein gottverdammter

Junkie. Mit Wucht knalle ich ihn mit dem Rücken gegen die geschlossene Haustür.

„Wer zum Teufel bist du?“, dröhne ich.

Er lächelt, und die Tatsache, dass er mit den Zehen kaum den Boden berührt, scheint ihm völlig egal zu sein. „Sie hat dir nicht von mir erzählt?“

„Nein“, wimmert Exeter hinter mir.

„Scheiße!“, zische ich. Ich weiß, wer er ist. Seine blauen Augen blitzen auf, und etwas, das ihre Cousine Emily gesagt hat, kommt mir in den Sinn. „Dein Dad.“

„Bingo.“

„Du bist ein kranker Wichser“, presse ich mühsam hervor.

Mein ganzer Körper zittert vor Wut. Ich weiß nicht, was ich tun soll. Instinktiv möchte ich ihn umbringen, und ich glaube, das werde ich auch. Er hat ihr wehgetan, er *tut* ihr weh.

Das ist der Grund, warum sie nicht mit mir spricht.

Das ist der Grund, warum wir nur ficken. Deshalb sieht sie aus, als würde sie nur darauf warten, dass ich ihr jeden Moment den Rücken zuwende.

Genau wegen dem hier.

Wegen diesem kranken Stück Scheiße.

Ich löse meine Hand von seinem Hemd, hole aus und boxe ihn mit der Faust seitlich auf seinen Kopf. Er kreischt wehleidig, während Exeter gleichzeitig aufschreit. Ich hole erneut aus und schlage ein zweites Mal, dann ein drittes Mal auf ihn ein. Sein Körper wird schlaff, aber ich kann nicht aufhören. Ich halte ihn wieder mit einer Hand hoch und schlage mit der anderen auf ihn ein.

So lange, bis ich Exeter hinter mir spüre. Ihre Arme gleiten um meine Taille, ihr Körper drückt sich gegen meinen Rücken und erst dann halte ich inne. Ich blinzle und blicke auf den Mann vor mir, dessen Kopf zur Seite geneigt ist und dem das Blut von seinem Schädel, seinem Mund und den Wangen rinnt.

„Er geht jetzt nirgendwo mehr hin, Wyatt", flüstert sie.

„Er ist nicht tot", sage ich und halte ihn immer noch fest, während die Wut durch meinen Körper rast.

Sie brummt zustimmend. „Ist er nicht. Aber er wird heute Abend niemanden mehr belästigen", sagt sie.

Ich ziehe seinen schlaffen Körper von der Tür weg, öffne sie und schiebe ihn wie eine verdammte Stoffpuppe hinaus. Dann knalle ich die Tür zu, schließe ab und drehe mich um, um meinen Blick auf Exeter zu richten. Ihr benommener, glasiger Gesichtsausdruck ist zum Glück verschwunden, trotzdem dreht sich mir der Magen um. Sie sieht aus, als hätte sie Angst, Angst vor mir. „Exeter …"

„Er hat nichts getan. Er hat ihn nicht hochbekommen", sagt sie und wendet sich ab.

Ich räuspere mich. „Süße, ich brauche viel mehr als das zur Hölle."

Sie tritt einen Schritt zurück, verschränkt die Hände vor sich und blickt auf den Boden. Ihr Haar hängt ihr übers Gesicht und erinnert mich daran, wie es war, als sie mich vor ein paar Tagen geritten hat. Sie atmet so tief ein, dass ich es von dort, wo ich stehe, hören kann, während ich gequält darauf warte, dass sie spricht.

Als sie langsam ihren Kopf wieder hebt, sind ihre Augen mit Tränen gefüllt. Ihre Lippen zittern wie auch ihr Körper. Sie schlingt ihre Arme um ihre Taille, und es bringt mich um sie nicht an mich zu ziehen und festzuhalten, aber sie muss mir endlich sagen, was zum Teufel los ist.

***

Exeter

Er beobachtet mich und wartet. Er sieht nicht angewidert aus, *noch nicht*. Das wird er, da hege ich keinen Zweifel dran. Ich lecke mir über die Lippen, schmecke das Salz von den Tränen, die mir schon über die Wangen laufen. Ich fordere ihn nicht auf, sich zu setzen, denn das wird kein schonendes Gespräch. Es wird erbarmungslos und ekelerregend sein.

„Das war mein Vater. Ich habe es geschafft, ihm eine Weile aus dem Weg zu gehen, eigentlich mehrere Jahre", beginne ich. „Neulich habe ich ihn bei MawMaw gesehen. Er war wie immer unhöflich, aber nur mit seinen Worten, zumindest bei mir. Ich habe MawMaw gefragt, was er wollte, aber sie hat mir nicht sagen wollen, warum er dort war. Aber sie sah so aufgebracht aus. Ich glaube, er wollte ihr etwas Geld abluchsen. Er setzt sie schon seit Jahren unter Druck."

„Scheiße", zischt Wyatt.

Ich gebe ihm nicht die Chance, noch mehr zu sagen, bevor ich fortfahre. „Er hat mich mein ganzes Leben lang missbraucht, Wyatt. Emilys Dad ist sein Bruder und er hat ihr dasselbe angetan. Es ist, als wären sie so geboren worden", erkläre ich.

Wyatt grunzt. „Nicht geboren, Süße, geformt. Wahrscheinlich wurden sie auch missbraucht, aber das ist keine Entschuldigung, nichts kann das *jemals* entschuldigen."

„Ich weiß“, flüstere ich mit einem Nicken. „Ich bin abgehauen, als ich siebzehn war. Dann bin ich zu MawMaw gezogen, und ich glaube, sie hat ihn dafür bezahlt, dass er wegbleibt. Sie war immer so stark und hat es nie zugegeben. Aber ich erinnere mich, dass er ein paarmal im Monat vor der Tür stand, als ich dort gewohnt habe. Nach dem letzten Besuch würde es Sinn ergeben.“

„Sie wollte dich beschützen“, merkt er an.

Schluckend hebe ich mein Kinn. „Sie hat auch versucht, Emily zu helfen, aber sie sind nicht blutsverwandt. MawMaw ist die Mutter meiner Mom.“

„Wo ist deine Mama?“

Ich schließe die Augen und ein paar weitere Tränen quellen hervor und fließen über meine Wangen. „Sie ist gestorben, als ich zehn war“, flüstere ich.

Die Erinnerungen an meine Mutter sind schmerzhaft, vor allem, weil ich mich nicht sehr gut an sie erinnere. Sie ist dieser unscharfe Schatten in meiner vagen Erinnerung. Diese dunkelhaarige Schönheit, die die meiste Zeit nicht ganz real zu sein scheint.

Wyatts kommt auf mich zu gestapft und nimmt mich in seine Arme. „Ich sollte dich nicht anfassen, ich habe Dreck auf meinen Klamotten, aber verdammt, Süße.“

Ich hebe meinen Kopf und schaue ihm in die Augen, beobachte ihn. Ich warte darauf, dass er mich loslässt und weggeht. „Kann es sein, dass er deiner Mama auch wehgetan hat?“, fragt er.

Ich zucke zusammen. Der Gedanke ist mir noch nie gekommen, nicht ein einziges Mal. „Ich weiß es nicht“, gebe ich keuchend zu.

„Fuck“, faucht er. „Ich werde ihn umbringen“, dröhnt er und mahlt mit den Zähnen.

Ich klammere mich an sein Hemd und ziehe ihn an mich. „Nein“, sage ich. „Ich weiß weder, warum er hier war, noch weiß ich, was ihn dazu gebracht hat. Das ist das erste Mal gewesen, seit ich mein Zuhause verlassen habe, dass er irgendetwas versucht hat. Ich will einfach nur vergessen, dass es passiert ist.“

Wyatt schüttelt den Kopf. „Er wird zurückkommen, Süße. Er wird verdammt noch mal zurückkommen.“

Ich drücke meine Lippen auf seine, schließe die Augen, atme seinen würzigen Duft ein und frage mich, ob dies das letzte Mal sein wird, dass ich ihn hier bei mir haben werde. Seine Hände legen sich um meine Taille und er zieht mich näher an sich heran. Mein Körper prallt gegen seinen, und obwohl ich es nicht sein sollte, bin ich sofort erregt.

„Wyatt, bitte“, flehe ich.

Er stöhnt und lehnt seine Stirn gegen meine. „Exeter“, haucht er. „Du musst mir alles erzählen, Süße. Ich muss wissen, ob ich dir wehtun könnte.“

Mein Herz füllt sich, es füllt sich so sehr, dass ich einen Moment lang denke, es könnte explodieren. Dieser Mann ist wundervoll. Er ist ein Held, *mein* Held.

„Du hast mir nicht wehgetan und du könntest mir auch nicht wehtun, Wyatt. Niemals. Aber du wirst mich nicht mehr wollen. Und das ist es, was mich umbringen wird“, hauche ich.

Er schnaubt, geht in die Knie und hebt mich entgegen der Schwerkraft und aller Wahrscheinlichkeit hoch. Dann trägt er mich, als würde ich nichts wiegen, ins Schlafzimmer. Wyatt hat das schon einmal gemacht, aber dieses Mal fühlt es sich bedeutungsvoller an.

Er setzt mich auf dem Bett ab und ich knie mich hin und schaue zu ihm auf. Ich beobachte bewundernd, wie er beginnt, sich auszuziehen. Seinc Arbeitskleidung ist schmutzig, fleckig und abgenutzt von dem langen Arbeitstag, den er hinter sich hat.

Ich fasse nach oben und helfe ihm, sein Hemd aufzuknöpfen, sodass das enge dunkelgraue Shirt zum Vorschein kommt, welches er darunter trägt. Es passt ihm wie eine zweite Haut, zeigt seine Muskeln darunter und schmiegt sich harmonisch an seinen Körper. Er zieht das Hemd aus, dann fasst er nach hinten in seinen Nacken und zerrt sein Shirt über den Kopf.

Mir läuft das Wasser im Mund zusammen beim Anblick seiner Muskeln, seiner schlanken Taille, die in schlanke Hüften übergeht, und den Haaren auf seiner starken Brust. Ich greife nach seiner Hose und öffne den Knopf seiner Jeans, dann ziehe ich langsam den Reißverschluss herunter. Bevor ich ihm seine Hose herunterziehen kann, schlingt er seine Finger um mein Handgelenk, um mich zu stoppen.

„Exeter“, dröhnt er mit angestrengter Stimme.

Ich hebe meinen Blick und warte, bis er spricht.

„Wir sollten das nicht tun. Wir sollten darüber reden, was hier gerade passiert ist. Über deine Vergangenheit“, presst er zwischen zusammengebissenen Zähnen hervor.

„Ich will nicht über meine Vergangenheit sprechen“, schnauze ich.

Er zieht wegen meines Ausbruchs eine Augenbraue hoch. „Exeter“, mahnt er. „Wir müssen, ich muss wissen, dass du …“ Seine Worte verstummen und ich ziehe eine Grimasse.

„Du musst wissen, dass ich nicht völlig verloren bin, so wie Emily?“, frage ich. Meine Stimme klingt weicher, als mir lieb ist, und sie zeigt mehr, als ich von meinem Schmerz zeigen mag. Mehr von meiner Vergangenheit – einfach zu viel.

Er hebt seine Hand und streichelt meine Wange. „Ich weiß, dass du nicht verloren bist, Süße. Was ich wissen muss, ist, wie sehr du verletzt wurdest. Ich will eine Zukunft mit dir und ich muss darauf vorbereitet sein."

„Warum bist du so nett?", möchte ich wissen.

Ich erwarte, dass er mir ein warmes Lächeln schenkt, aber er tut es nicht. Er spannt seinen Kiefer an, und ich beobachte, wie ein Muskel zuckt und seine Augen sich leicht verdunkeln. Ich sollte Angst vor seinem Gesichtsausdruck haben, aber das habe ich nicht. Er ist … er hat etwas an sich, von dem ich weiß, dass es Sicherheit bedeutet. Bei ihm kann mir nichts passieren.

„Bin ich nicht", murmelt er.

Aber das ist eine Lüge. Er *ist* nett.

Seine Finger wandern von meiner Wange zu meinem Nacken, und er hält mich dort fest, wobei er den Blickkontakt nicht unterbricht. Er sucht in meinen Augen, sucht nach einer Antwort. Ich bin mir allerdings nicht sicher, ob ihm gefallen wird, was er von mir zu hören bekommt, und beschließe deswegen, ihm nur ein bisschen zu erzählen. Denn ich kann ihm nicht alles sagen, zumindest noch nicht.

Tief einatmend presse ich meine Lippen aufeinander, bevor ich sie wieder löse und ihm ein wenig von meiner Kindheit erzähle. Mit jedem Wort, das ich sage, braut sich hinter seinen dunklen Augen ein heftigerer Sturm zusammen. Ich kann praktisch sehen, wie die Wut in ihm aufsteigt und ihn ausfüllt – wegen mir.

„Das ist schon lange her, MawMaw hat mich gerettet“, sage ich.

Er schüttelt den Kopf. „Das gefällt mir nicht. Ich mag es nicht, dass er sie belästigt, und ich mag es auch nicht, dass er dir hinterherschnüffelt.“

„Jetzt bin ich vorgewarnt. Ich werde nicht an die Tür gehen“, sage ich schulterzuckend.

Er schnaubt. „Natürlich nicht. Du wirst nicht einmal hier sein.“

„Was?“, hauche ich.

„Ich besorge uns ein Hotel für einen Monat. Wenn mein Haus fertig ist, bist du dort in Sicherheit.“

„Wyatt, das ist verrückt.“

Kapitel 19

Wyatt

Exeter seufzt schwer neben mir, als ich im Hotel einchecke. Die Fahrt wird für mich jeden Tag ein bisschen länger sein als üblich. Jeden Morgen muss ich zwanzig Minuten zurück nach Gallup fahren, um Rylan abzuholen, aber Exeters Sicherheit ist mir die zusätzliche Fahrtzeit wert.

Obwohl sie im Moment aussieht, als müsste man sie hier anketten. Und das sollte mir verdammt noch mal Sorgen bereiten, aber das tut es nicht. Selbst wenn ich sie festhalten muss, sie wird in diesem Hotel bleiben und sich verflucht noch mal nicht vom Fleck rühren.

Der Angestellte gibt mir die Schlüssel, und ich danke ihm, bevor ich mich umdrehe und meine Hand über ihren Rücken gleiten lasse. Als ich sie zu unserem Zimmer führe, bemerke ich, dass sie, je näher wir dem Zimmer kommen, sich immer weniger davor zu scheuen scheint.

Ich stecke den Schlüssel ins Schloss, drehe den Griff und schiebe Exeter vorsichtig hinein. Ich kümmere mich nicht um unser Gepäck. Jedenfalls nicht im Moment. Ich werde es später holen. Während ich die Tür hinter mir schließe, beobachte ich sie.

Ich beobachte sie seit gestern. Wir haben beinahe gefickt, ich bin ganz kurz davor gewesen, ihr genau das zu geben, was sie wollte, aber irgendetwas hat mich davon abgehalten: mein lästiges gottverdammtes Gewissen.

„Du hast kein Wort mehr mit mir gesprochen, seit ich dir gestern meine Geschichte erzählt habe. Heißt das, du bist fertig mit mir?", fragt sie mich mit mir zugewandtem Rücken.

Ich lache fast, denn ich bin so weit davon entfernt, mit ihr fertig zu sein, dass diese Behauptung lächerlich ist. Aber ich kann ihr das nicht mit Worten sagen, denn ich schätze nicht, dass ich sie damit beruhigen könnte, zumindest noch nicht. Ich warte auf die nächste Hiobsbotschaft, denn da ist noch mehr, ich kann es fühlen. Sie hat mir noch nicht alles erzählt. Und ich? Ich erzähle ihr verdammt noch mal gar nichts.

Wir sind ein verkorkstes Paar.

„Es bedeutet, dass ich nachgedacht habe. Ich habe mir einen Plan zurechtgelegt, wie ich dich und deine MawMaw beschützen kann."

Sie blinzelt, ihr Mund öffnet und schließt sich, dann öffnet er sich wieder. „Was?"

„Ich schätze, MawMaw wäre nicht so begeistert darüber, ihr Haus zu verlassen und hier bei uns zu bleiben?", frage ich und ziehe eine Augenbraue hoch. Sie schüttelt den Kopf. „Also habe ich beschlossen, meiner Mom zu sagen, dass sie sich etwas um sie kümmern soll. Wir veranstalten heute Abend ein Familienessen, um uns alle miteinander bekannt zu machen."

Exeter starrt mich mit halb geöffnetem Mund an, und ich kann nicht verhindern, dass sich ein Grinsen auf meinem Gesicht ausbreitet. Sie ist so gottverdammt süß.

„Ich habe MawMaw besucht, bevor ich dich abgeholt habe. Sie ist froh, dass noch jemand zusätzlich auf sie achtgibt. Sie hat auch zugestimmt, den Sheriff zu rufen, wenn dein Vater wieder auftaucht."

„Wyatt“, flüstert sie schließlich und atmet sichtlich aus.

Ich hebe meine Hand, um sie davon abzuhalten, weiterzusprechen. „Deine Vergangenheit beeinflusst nicht meine Gefühle, Süße. Das habe ich dir am ersten Abend gesagt, und ich meinte es damals und meine es heute. Du gehörst zu mir und ich werde dich beschützen. Also, in etwa zwei Stunden wirst du meine Mama treffen. Sie kann es kaum erwarten, dich kennenzulernen. Sie hat schon jeden, den sie kennt, nach dir gefragt, aber sie hat noch nichts über dich herausgefunden – was sie in den Wahnsinn treibt.“

Ihr Gesicht wird blass, und ich bin sicher, dass sie an ihren Dad denkt und daran, dass meine Eltern es herausfinden werden.

„Wyatt …“

„Sie wissen es nicht und werden es auch nicht erfahren, es sei denn, du willst es. Ich habe ihnen erzählt, dass du Probleme mit deinem Vater hattest, der ein Junkie ist. Sie wissen, wie das ist, sie haben Rylans Eltern jahrelang bei ihrem Kampf gegen die Sucht beobachtet. Sie haben gesehen, was es mit Rylan gemacht hat. Sie verstehen es besser als jeder andere. Sie werden nichts als Mitgefühl für dich empfinden und sie werden dich niemals, *niemals*, wegen deinem Vater verurteilen.“

Langsam beginnt sie auf mich zuzugehen. Mir stockt der Atem, als sie meine bärtigen Wangen mit beiden Händen umfasst. „Du bist mein Held, habe ich dir das schon gesagt?“

„Ich bin kein Held, Süße. Nicht im Geringsten.“

„Für mich bist du einer.“

Ohne ein weiteres Wort stellt sie sich auf ihre Zehenspitzen und ich halte sie nicht auf. Diese vollen

Lippen, die ich verehre, berühren meine eigenen, und statt weiter zu grübeln, neige ich den Kopf zur Seite und nehme ihren Mund. Ich nehme und nehme, *verdammt noch mal*, während meine Zunge in sie gleitet und alles schmeckt, was sie zu bieten hat.

Mit meinen Händen gleite ich an ihrem Körper hinunter, bis ich ihren Hintern finde. Ich drücke sie an mich, hebe sie hoch und gehe zum Bett. Ihre Kniekehlen berühren die Kante und behutsam lege ich sie auf den Rücken und sinke vorsichtig auf ihren weichen Körper.

Ohne den Kuss zu unterbrechen oder es zu wollen, greife ich nach ihrer Leggings und bin froh, dass diese keine Knöpfe oder Reißverschlüsse hat. Ich bin im Moment viel zu ungeduldig für diesen Scheiß.

Ich ziehe sie herunter, entledige mich gleichzeitig meiner Stiefel und öffne meine Hose. Dann schiebe ich diese und meine Shorts weit genug über meine Hüften, damit mein Schwanz frei liegt.

„Fuck, das wird hart und schnell, Süße!“, warne ich sie.

„Ja“, zischt sie und wirft den Kopf zurück.

Ich hebe ihre Beine an, dränge sie zurück und entblöße ihre Mitte für mich. Sie ist rosa, weich, und nach der glitzernden Nässe zu urteilen, verdammt bereit. Ich möchte ihr keinerlei Schmerzen bereiten, also greife ich zwischen uns hindurch und schiebe zwei Finger in ihre weiche Pussy, nur um sicherzugehen, dass sie wirklich so bereit ist, wie ich denke.

Wir stöhnen gemeinsam auf, sobald ich sie ausfülle und meine Finger in ihr kreisen. „Du bist so verdammt feucht“, verkünde ich.

Sie antwortet nicht, aber ich sehe, wie ihr Gesicht durch meinen Kommentar rosa wird. Ich ziehe meine Finger aus ihr heraus und ersetze sie durch die Spitze meines Schwanzes. Mein Schwanz zuckt, die Vorfreude in ihr zu sein, ist übermächtig. Es ist zwar noch nicht so lange her, fühlt sich aber wie verdammte Wochen an.

Exeter schlingt ihre Finger um meinen Bizeps und mit einer schnellen Bewegung stoße ich bis zum Anschlag in sie hinein. Sie schreit auf, als ich mich noch ein wenig mehr gegen ihre Oberschenkel lehne. Ich kann sie so nicht küssen, fuck, aber ihr wenigstens in diese Augen schauen, diese blauen Sterne, die mich zu verschlingen scheinen.

Eine Liebeserklärung liegt mir auf der Zunge, aber ich halte sie zurück. Ich werde ihr nicht sagen, dass ich sie liebe, nicht, bevor sie die Wahrheit über mich weiß, und nicht, bevor ich *alle* ihre Geheimnisse kenne. Das werde ich keinem von uns antun, egal wie sehr ich diese Worte sagen möchte.

Ich bewege mich in ihr, fühle alles, was sie zu bieten hat, und mein Blick bleibt stets auf sie gerichtet. Ihre Pussy zuckt, während ihre keuchenden Atemzüge die Luft um uns herum erfüllen. Ich stöhne, denn das Wissen, dass sie so nah ist, lässt meinen unteren Rücken vor Vorfreude kribbeln.

„Berühre dich selbst“, krächze ich.

Ohne zu zögern, nimmt sie ihre Hand von meinen Bizeps und legt sie zwischen ihre Beine. Ich neige den Kopf und beiße mir auf die Unterlippe, während ich zusehe, wie sie sich selbst zum Orgasmus bringt. Es ist wunderschön, wie sie mit ihrer Klitoris spielt und genau weiß, wie sie sich selbst zum Höhepunkt bringen kann.

Innerhalb von Sekunden klammert sich ihre Pussy um mich, und meine Eier ziehen sich zusammen.

Mein Sperma schießt aus meinem Körper und füllt ihren aus. Ich erschaudere von Kopf bis Fuß bei diesem berauschenden Gefühl.

***

Exeter

Wyatt sieht zu mir herüber, ein Grinsen auf den Lippen, und ich weiß, warum er es getan hat. Er hat mit mir geschlafen, damit ich mich entspanne. Es ist keine schlechte Idee gewesen, denn durch den gescheiterten Versuch meines Vaters, mich zu missbrauchen, war ich immer noch zu aufgewühlt. Und auch davon, dass ich ihm von meiner Vergangenheit erzählt habe. Es hat den Anschein gemacht, als ob er mir nicht wirklich zugehört hätte, da er kaum reagiert hat. Aber vielleicht hat er doch zugehört und einfach nur nicht gewusst, was er mir sagen soll.

„Bereit?“, fragt er, während er den Pick-up parkt.

Ich schaue zu dem Haus hinüber. Es ist ein Ranchhaus, wahrscheinlich in den Siebzigerjahren gebaut, aber gut gepflegt. Um das Haus herum gibt es etwa einen Hektar Land mit gepflegtem, grünem, saftigem Gras und bunten Blumen. Es liegt in der angesehensten Gegend der Stadt, oder zumindest ist sie das früher mal gewesen.

Trotzdem ist es immer noch ein begehrtes Viertel. Ich weiß das, denn als Teenager sind Emily und ich immer mit dem Fahrrad hierhergefahren, nachdem ich sie abgeholt habe. Wir sind umhergecruist und haben so getan, als ob hier unsere Häuser stünden. Wir haben uns Geschichten ausgedacht, wie unser Leben aussehen würde, wenn wir in Familien wie diesen hier geboren worden wären, anstatt in unseren eigenen beschissenen Familien.

Aber um die Frage von Wyatt zu beantworten: *Nein.* Nein, ich bin ganz sicher nicht bereit, seine Mom und seinen Dad kennenzulernen, die am *Bluebonnet Drive* wohnen, wo er höchstwahrscheinlich aufgewachsen ist. Wenn es jemals einen Moment gegeben hat, in dem ich gedacht habe, dass Wyatt und ich völlig gegensätzlich sind, dann ist dieser hier genau jetzt noch die Krönung davon.

„Sieht so aus, als wäre deine MawMaw schon da", murmelt er und zeigt mit dem Kinn in Richtung des Hauses.

Und tatsächlich, am Bordstein parkt das Auto meiner Großmutter. Mist. Ich kann jetzt keinen Rückzieher machen, sie ist schon da. Sie würde mir das Fell über die Ohren ziehen und mir den Popo versohlen, wenn ich mich davonstehlen würde. Sie fährt nicht oft selbst Auto, aber heute hielt sie es offenbar für nötig.

„Okay, dann wollen wir mal."

„Exeter", sagt Wyatt.

Mit der Hand am Türgriff verharre ich und schaue über meine Schulter zu ihm.

„Es wird schon alles gut gehen, Süße. Sie sind verdammt aufgeregt, dich zu treffen, und vergiss nicht, sie kennen keine Details."

Ich nicke, schlucke den Kloß in meinem Hals hinunter und öffne die Wagentür, aber ich rutsche nicht aus dem Pick-up. Tatsächlich überlege ich, wie ich da runterkommen soll, ohne der Welt meinen rosa Slip zu zeigen, denn ich trage nur einen kurzen Rock. Wyatt steht plötzlich mit einem Grinsen im Gesicht vor mir und seine Augen sind auf meinen Schoß gerichtet. Durch seinen dunklen Bart kann ich seine weißen Zähne sehen, und es ist offensichtlich, dass er sich auf meine Kosten amüsiert.

„Probleme, Süße?“, fragt er.

Ich rolle mit den Augen und will schon aufstehen, als seine Hände zu meiner Taille schnellen. Anstatt mir zu erlauben, runter zu klettern, hebt er mich einfach hoch und setzt mich dann auf dem Bürgersteig ab.

„Wyatt“, hauche ich.

Mit gesenktem Kopf richtet er seinen Blick auf mich, und sein Lächeln erlischt, als ich näher zu ihm trete. „Süße. Ich weiß nicht, wie ich dich vor zwei Stunden erst gefickt haben kann und jetzt schon wieder in dir sein will“, stöhnt er.

„Ich wollte dir gerade sagen, dass du ein Gentleman bist, aber ich glaube, du bist gar keiner“, sage ich und atme aus.

„Verdammt richtig, das bin ich nicht.“ Sein Mund berührt sanft meinen, während er seine Finger um meine Taille schlingt. Es ist unverkennbar, dass er sich zurückhält, und ich schätze, dass ihn seine Zurückhaltung ziemlich quält. „Lass uns reingehen, bevor ich dich auf der vorderen Spielwiese meiner Kindheit ficke.“

Ohne ein weiteres Wort nimmt er meine Hand und zieht mich sacht in Richtung des Eingangs. Ich weiß nicht, was mich erwartet, wenn ich dieses Haus betrete. Vor allem, wenn MawMaw anwesend ist. Aber ich werde es herausfinden, denn ehe ich mich versehe, öffnet Wyatt die Tür und schlendert ins Haus, seine Finger immer noch fest um meine Hand geschlungen.

Kapitel 20

Wyatt

Mein Vater sitzt im Wohnzimmer, als wir Hand in Hand hineingehen. Exeters Großmutter verweilt auf dem Sofa, in der Hand ein Glas von Mamas süßem Tee. Beide schauen uns an, als wir den Raum betreten. Der Blick von MawMaw wird weich, als sie Exeter ansieht. Sie steht langsam auf und geht auf sie zu. Dann legt sie ihr die Arme um die Schultern und zieht sie fest an sich.

„Ich hätte nie gedacht, dass er zu dir kommen würde", flüstert sie gerade so laut, dass wir es hören können.

„Das wird nicht mehr passieren", knurre ich.

MawMaw hebt ihr wettergegerbtes Gesicht und ihr Blick findet meinen. Sie presst die Lippen aufeinander, bevor sie mir knapp zunickt. „Nie wieder. Ich habe es vermasselt, jahrelang. Aber jetzt ist es vorbei", stimmt sie mir zu.

Exeter weiß nicht, worüber wir gesprochen haben, als ich der alten Frau einen Besuch abgestattet habe. Aber ein Teil des Gesprächs hat davon gehandelt, dass sie nicht mehr in Angst leben und diesem Wichser nie wieder einen Cent abgeben muss. Seine Freifahrtscheine sind aufgebraucht und er wird niemanden mehr terrorisieren.

Ich habe Sheriff Robby im Büro angerufen und ihm alles erzählt, was ich über die Situation weiß. Er kann im Moment nichts tun, aber seit der Sache mit Rylan und Channing ist er in solchen Dingen etwas proaktiver. Besonders, wenn es sich dabei um mich handelt.

„Was möchtest du denn trinken, Liebes?“, unterbricht uns mein Vater.

Exeters Großmutter tritt einen Schritt zurück und wischt sich die Tränen aus den Augen. Exeter wendet sich meinem Dad zu. Ihr Lächeln ist strahlend und schön und verbirgt den Schmerz, von dem ich weiß, dass sie ihn innerlich fühlt.

„Ich bin Exeter“, stellt sie sich vor.

„Ich bin Harlan, Liebes“, sagt er und streckt seine Hand aus, um ihre zu schütteln.

Ich beobachte, wie ihre Finger in seine Hand gleiten und er sie sanft schüttelt. „Süßer Tee?“, fragt er sie.

„Das wäre perfekt, Sir“, sagt sie leise.

Er schnaubt. „Keine Ma'ams und Sirs in diesem Haus, Exeter. Wir sind eine Familie. Es sei denn, du hast Ärger verzapft, dann kannst du Ma'am und Sir hinzufügen.“ Er zwinkert.

Exeter lächelt erneut, als ich meine Hand um ihre Taille lege und sie sanft an meine Seite ziehe. „Ich habe als Kind oft Ma'am und Sir gesagt“, gebe ich zu.

„Und ob er das hat“, sagt mein Vater und lacht. „Absolut, Wyatt.“

Ich führe Exeter zum Sofa hinüber, damit sie neben ihrer Großmutter sitzen kann, die bereits wieder Platz genommen hat. „Ich hole mir ein Bier und sage Mama Hallo.“

„Mach das“, stimmt er mir zu und schlendert ebenfalls in die Küche.

Als ich dort ankomme, schenkt mein Dad bereits den berühmten süßen Tee meiner Mom in ein Glas. Alle Südstaatenfrauen denken, dass ihr eigener süßer Tee berühmt ist. Ich korrigiere meine Mom nie und sage ihr das auch nicht. Ich lasse sie einfach in dem Glauben, dass ihr Tee der beste ist, den ich je hatte, genau wie ihr Pekannusskuchen und alles andere, was aus ihrer Küche stammt.

„Endlich“, sagt sie und dreht sich zu mir um, einen Holzlöffel in der Hand. „Es musste erst eine Beinahe-Tragödie passieren, damit du deine neue Freundin hierherbringst. Deshalb kann ich auch nicht sagen, dass ich vollkommen traurig über diesen Vorfall bin.“

Ich schüttle lächelnd den Kopf. Wenn sie die wahren Umstände kennen würde, würde sie den Besuch nicht so freudig aufnehmen. Ich versuche aber, Mama im Dunkeln zu lassen, das ist besser so. Sie hat ihre eigene Hölle erlebt, die muss sie nicht noch einmal mit meiner Frau durchleben.

„Komm und lern sie kennen“, sage ich und deute mit meinem Kinn in Richtung Wohnzimmer.

„Das werde ich“, erwidert sie und nickt.

Ich hole mir eine Dose Bier aus dem Kühlschrank. Zum Glück trinken mein Vater und ich die gleiche Marke. Ich nehme auch eins für ihn mit, und gemeinsam kehren wir ins Wohnzimmer zurück, wo meine Frau auf uns wartet. Und zwar verdammt nervös, da bin ich mir sicher.

Mein Telefon klingelt, als ich sie gerade richtig vorstellen will. Ich angle es aus meiner Jeans und sehe, dass es Beaumont ist. Beinahe ignoriere ich den Anruf, aber eine leise Stimme in meinem Kopf sagt mir, dass ich rangehen muss. Er ruft mich nie an.

„Ich muss da rangehen“, sage ich und jogge zum hinteren Teil des Hauses.

„Beau, was gibt’s?“, frage ich zur Begrüßung.

Ich höre Musik im Hintergrund, es ist laut, als wäre er in einem Club oder auf einer Party. „Ich komme für ein paar Wochen in die Stadt zurück. Ich muss hier weg“, lallt er.

„Was immer du brauchst, Mann“, sage ich und runzle die Stirn.

Warum hat er das Bedürfnis, mir zu sagen, dass er in die Stadt kommt? Er hat mich darüber noch nie informiert. Normalerweise ruft er mich einfach an, wenn er ein paar Tage hier ist, und wir treffen uns dann auf einen Drink.

„Bruder, bist du okay?“, möchte ich von ihm wissen.

Er stößt einen langen Seufzer aus. „Ich weiß nicht …“ Seine Stimme verstummt. „Drinks nach meiner Landung?“, fragt er.

„Sag mir, wann. Ich möchte, dass du jemanden kennenlernst, jedenfalls offiziell.“

„O Scheiße“, ruft er. „Die kurvige Brünette?“, hakt er nach und klingt dabei viel aufgeregter und ausgelassener als noch vor ein paar Sekunden.

„Ja, Exeter“, bestätige ich grinsend.

„Kann es kaum erwarten“, entgegnet er, bevor er das Gespräch beendet.

Ich starre auf mein Telefon und überlege, ob ich Ford oder Louis anrufen soll, um sie zu fragen, ob sie ebenfalls irgendwelche seltsamen Anrufe von Beau erhalten haben. Stattdessen stecke ich mein Handy zurück in die Hosentasche und gehe ins Wohnzimmer. Ich werde ihnen später eine SMS schreiben, jetzt muss ich an der Seite meines Mädchens sein, während sie meine Familie kennenlernt.

Fuck.

Das ist es. Sie ist die Richtige, ich spüre es bis in meine verdammten Knochen. Das ist meine Frau, die ihre neue Familie zum ersten Mal trifft. Der Gedanke zaubert ein breites Lächeln auf mein Gesicht. *Scheiße. Ich bin so albern wie der verdammte Rylan*, denke ich mir und gluckse. Und das finde ich überhaupt nicht schlimm.

***

Exeter

Schreckerfüllt reiße ich meine Augen auf. Mein Herz klopft hart in meiner Brust, während ich mich aufrecht im Bett hinsetze. Ich höre Wyatt leise grummeln, dann öffnet er ein Auge und sieht zu mir hinüber. Ich erkenne den Moment, in dem er merkt, dass ich mich mit zerzausten Haaren und wildem Blick aufgesetzt habe. Ich habe einen Albtraum gehabt.

Mein Vater ist darin vorgekommen, aber er hat mir nicht wehgetan. Er hat eine Waffe auf Wyatts Gesicht gerichtet und abgedrückt. Ich bin sofort aufgewacht, als ich den Schuss gehört habe. Es ist unerträglich, Wyatt sterben zu sehen, selbst in einem Albtraum.

„Süße, was ist los?", fragt er, während er seinen Arm um meine Hüfte legt und sich mir ein wenig nähert. Sein Bart streift meine Taille, während seine Lippen mich dort berühren.

Ich schaue runter und erschaudere, als ich feststelle, dass ich völlig nackt bin. Ich habe das Gefühl, dass ich mich nach diesem Traum bedecken muss, alles bedecken muss, mich zusammenrollen und weinen muss. Es hat sich so real angefühlt. Meine Emotionen, die Szene vor mir – es hat den Anschein gehabt, als würde es in Echtzeit passieren. Ich beiße mir auf die Innenseite meiner Wange und frage mich, ob es eine Art Vorahnung dessen ist, was noch kommen wird.

„Ich hatte einen Traum", murmle ich, als seine Finger meine Hüfte drücken.

Er knabbert mit seinen Zähnen an meiner Haut, seine Hand liegt auf meiner Taille und er zieht mich sanft zu sich heran. Langsam rutsche ich nach unten, bis ich wieder auf dem Rücken liege. Wyatt streckt sich neben mir aus, sein ganzer Körper presst sich an meinen. Ich erwarte, dass er versucht, mit mir über den Traum zu reden, um Details zu erfahren und mich dazu zu bringen, ihn zu verarbeiten. Aber er tut es nicht.

Wyatt senkt den Kopf, sein Mund findet eine meiner Brustwarzen, und während seine Lippen sie umschließen, spüre ich, wie seine Zunge meine Knospe umkreist.

„Wyatt", hauche ich und greife mit beiden Händen in sein Haar, um ihn dort zu halten.

Meine Augen schließen sich, mein Kopf sinkt in den Nacken. Seine Finger tanzen über meine Brust und meinen Bauch, runter zu meinem Venushügel. Ich spreize meine Beine und wimmere, als er mit seinen Zähnen in meine Brustwarze beißt, während seine Finger mich ausfüllen.

Ich hebe meine Hüften und stöhne auf, als er seine Finger in mir kreisen lässt. Mit dem Daumen drückt er gegen meine Klit und reibt fest an ihr, sein Mund konzentriert sich weiterhin auf meine Brust. Es fühlt sich an, als wäre es gleichzeitig zu viel und nicht genug.

Mit den Fingern kralle ich mich in seinem Haar fest und ziehe seinen Kopf mit mehr Kraft zurück als beabsichtigt. Ein Lächeln zuckt über seine Lippen, als er meine Brustwarze loslässt.

„Süße?“

Ich schüttele den Kopf, mein Atem geht stoßweise. „Ich brauche mehr. Ich brauche dich“, flehe ich ihn an.

Seine Finger krümmen sich in einer Komm-her-Bewegung in mir, bevor er sie herauszieht, dann finden sie meinen Kitzler, den er mit seinen feuchten Fingerspitzen umkreist. Ich beobachte, wie er seine feuchten Finger dann zu seinem Mund führt und sie tief einsaugt, den Blick auf mich gerichtet und nirgendwo anders hin.

„Bitte“, bettle ich.

Seine Mundwinkel zucken wieder, seine Augen verfinstern sich gleichzeitig, während sich Falten auf seiner Stirn bilden, als ob er sich zurückhalten würde. Das muss er nicht machen. Ich will ihn – alles *von ihm*. Ich halte den Atem an, als er sich zwischen meinen gespreizten Beinen bewegt. Er kniet sich hin und beugt sich dann leicht vor.

Er nimmt mich nicht in den Arm, sein Gesichtsausdruck ist ungezügelt, und ich weiß, dass er kurz davor steht, völlig die Kontrolle zu verlieren. Ich kann es kaum erwarten, spreize meine Schenkel weiter und hebe meine Hüften in der Hoffnung, dass er sofort in mir versinkt. Das tut er aber nicht. Er hebt seine Hand und legt sie um das Kopfende des Bettes, den Kopf gesenkt, die andere Hand am Ansatz seines Schwanzes.

„Heb deine Beine an und spreize sie für mich“, sagt er grinsend.

Ich tue, was er verlangt. Ich hebe meine Beine an, ziehe die Knie an meine Brust und blicke konzentriert in sein Gesicht. Sein Kinn ist gesenkt und seine Zunge schnellt leicht heraus, als er sich auf meine Mitte ausrichtet und gemächlich in mich eindringt. Ich erwarte, dass er hart hineinstößt, aber auch das tut er nicht.

Seine andere Hand umschließt nun ebenfalls das Kopfende des Bettes, beide Arme sind über mir ausgestreckt, seine Knie liegen auf dem Bett. Der einzige Teil seines Körpers, der meinen berührt, abgesehen von seinem Schwanz, ist die Vorderseite seiner Oberschenkel, die an meinen Beinen anliegen.

„Du fühlst dich so verdammt gut an, Exeter. Ich weiß nicht, ob ich dir das jemals gesagt habe, aber gottverdammt, Frau, du fühlst dich so wahnsinnig gut an. Das Beste, was ich je hatte“, dröhnt er.

Unsere Blicke kreuzen sich. Er zieht sich leicht aus mir heraus und vergräbt sich dann wieder mit gleichmäßigen Stößen tief in mir. Ich war schon kurz davor, ehe er in mich eingedrungen ist, aber jetzt, in Kombination mit seinen Worten, fühle ich mich so erregt, dass ich nicht einmal Worte bilden kann.

Wyatt sagt nichts weiter. Er blickt mir tief in die Augen und er macht Liebe mit mir. Es ist langsam und konstant, seine Bewegungen sind gleichmäßig, sein Atem ist schwer. Auf seiner Stirn bildet sich ein Schweißfilm, seine Arme zittern über mir, und ich weiß, dass er so viel zurückhält, wie er nur kann.

Ich will nicht, dass er etwas zurückhält. Nicht das Geringste. Ich will alles. Alles, was er mir zu bieten hat.

„Mehr“, flüstere ich.

Seine Augen schließen sich nach einem bedächtigen Blinzeln, dann öffnen sie sich wieder, und das Feuer in ihnen ist stärker als alles, was ich je zuvor gesehen habe. Er bäumt sich auf und stößt nach vorne, seine Hüften prallen gegen mich. Er stöhnt auf, und einfach so, ohne dass ich mich beherrschen kann, greife ich zwischen meine Beine.

Ich bin so nah dran, aber ich brauche mehr. Er blickt nach unten, um zu sehen, wie er immer wieder in mich stößt, und ein kurzes Knurren entweicht seinen Lippen. Ein Schweißtropfen fällt auf die Mitte meiner Brust, meine Finger arbeiten wütend zwischen meinen Beinen, fast schmerzhaft an meiner Klitoris.

Vorbei ist es mit den süßen, sanften Streicheleinheiten, jetzt fickt er mich. Es ist roh, rein und perfekt. Das ist es, was ich nach diesem Albtraum gebraucht habe. Ich habe den leichten Schmerz gebraucht, ich habe mich daran erinnern müssen, dass wir noch am Leben sind, dass er noch am Leben ist – dass wir in Sicherheit sind.

„Fuck“, brüllt er gerade, als sich meine Pussy um ihn herum zusammenzieht und zu pulsieren beginnt.

Ich komme, mein ganzer Körper erstarrt. Er knurrt, als er sich bebend in mir entleert. Meine Beine fallen zur Seite, denn ich bin nicht in der Lage, sie auch nur noch einen Moment länger anzuheben, und gleichzeitig sinkt er auf mich.

Seine Lippen finden meine, seine Zunge gleitet zwischen sie und er schmeckt mich. Mitten in der Nacht, schlechter Atem, unordentliches Haar, verschwitzte Körper. Wyatt kümmert das nicht. Er küsst mich, als würde er verdursten. Als wäre das alles, was er für das nächste Jahrzehnt zu trinken bekommen würde. Als würde er nie genug von mir bekommen.

Ich verliebe mich sogar noch mehr in ihn. Ich habe gewusst, dass ich fallen werde, habe versucht, mich zu stoppen. Aber in diesem Moment wird mir klar, dass ich bereits gefallen bin. Und das kann man nicht mehr rückgängig machen. Niemals.

Kapitel 21

Wyatt

Es fühlt sich an, als würden sich die Wochen hinziehen. Das ist aber nicht der Fall. Mein Vorarbeiter hält mich täglich über die Stärke der beiden Hurrikans auf dem Laufenden, die sich langsam auf die Küste Floridas zubewegen. Wenn sie sich schneller fortbewegen würden, wäre ich nicht so beunruhigt, aber ihre schneckenartige Geschwindigkeit ist besorgniserregend. Ich habe die Befürchtung, dass sie mit voller Wucht zuschlagen und dabei große Schäden anrichten werden. Und das gleich zweimal.

Zum Glück hat sich Exeters Vater seit dem letzten Zusammentreffen von ihr ferngehalten, zumindest, soweit ich informiert bin. Ich habe ein paarmal nach ihrem Trailer gesehen und er scheint unversehrt zu sein. Meine Eltern haben auch berichtet, dass mit ihrer Großmutter alles in Ordnung ist.

Vielleicht bin ich übervorsichtig, aber ich werde das Gefühl nicht los, dass die Sache mit ihm noch nicht ausgestanden ist. Kranke, manipulative Mistkerle wie er verschwinden nicht einfach. Sie formieren sich neu und kommen dann zurück, um sich noch mehr zu holen. James, Jennifer und Jacob haben diese Theorie bewiesen. Ich werde das nicht zulassen, nicht bei Exeter.

Nicht mit der Frau, die ich liebe.

Und das tue ich auch – ich liebe sie.

Unsere Beziehung hat sich einfach so von selbst ergeben. Ich habe mich in Exeter verliebt, und ich weiß, dass sie diejenige ist, mit der ich den Rest meines Lebens verbringen möchte. Ich muss ihr nur meine Vergangenheit beichten, meine Geschichte, und sie mir auch ihre – zumindest den Rest davon.

„Dinner morgen Abend als ein Doppel-Date?“, frage ich und schaue zu Rylan hinüber, als ich vor sein Haus fahre.

Er dreht den Kopf, die Hand am Griff der Wagentür. Ein Lächeln breitet sich auf seinem Gesicht aus, ein Ausdruck, der bei ihm früher nur selten vorgekommen ist, der ihm aber jetzt irgendwie verdammt leicht zu fallen scheint. Den ganzen Tag lang.

„Ich habe mich schon gefragt, wann du fragen würdest“, feixt er. „Du weißt doch, dass Channing mich sowieso schon über dein Mädchen ausfragt. Sie brennt darauf, sie offiziell kennenzulernen.“ Er springt aus dem Truck. „Warum kommt ihr nicht zu uns? Ihr esst die ganze Zeit auswärts, seit ihr im Hotel untergekommen seid.“

„Ich will euch keine Mühe machen …“, sage ich und lasse den Rest offen.

„Vergiss es. Du gehörst zur Familie. Bring den Nachtisch mit“, erwidert er, schlägt die Tür zu und läuft zu dem Haus, das ich ihm vermiete. Das Haus, das er sich mit seiner schönen, hochschwangeren Ehefrau teilt. Das Haus, in dem ich geträumt habe, all das zu haben, was er jetzt hat.

Aber das spielt jetzt keine Rolle mehr.

Wenn das neue Haus endlich überschrieben ist, werde ich das Leben haben, das ich mir wünsche. Das Leben, das ich mir schon vor fünfzehn Jahren gewünscht habe. Nur dass es dieses Mal richtig sein wird, zur richtigen Zeit und mit der richtigen Frau. Vielleicht bin ich ein verdammtes Arschloch, weil ich jetzt denke, dass Sammi nicht die richtige Frau dafür gewesen wäre. Aber sie ist es nun mal nicht.

Exeter ist die Richtige. Für mich ist sie die einzig Richtige.

Ich starte den Motor, fahre auf die Straße und steuere auf das Hotel zu, das ich seit drei Wochen mein Zuhause nenne. Nur noch acht Tage bis zum Abschluss des Vertrags für das neue Haus samt Grundstück. Ich kann es kaum erwarten, denn ich habe dieses Hotel so satt, den minimalen Platz, alles.

Ich will meine Frau in meinem Bett ficken – in unserem Bett.

Ich parke in der Parkbucht des Hotels, die ich für mich beansprucht habe, und steige aus. Dann werfe ich einen Blick nach rechts und stelle fest, dass Exeter nicht da ist. Es sollte mich nicht überraschen. Sie arbeitet lange und hat nicht immer dann Feierabend, wenn ihre Schicht regulär zu Ende ist. Das hängt immer davon ab, wie viel zu tun ist.

Das Zimmer ist leer, genau wie ich vermutet habe, also beschließe ich, Exeter eine SMS zu schicken und sie zu fragen, wo sie ist. Während ich auf eine Antwort warte, ziehe ich mich aus und stelle das Wasser in der Dusche an. Ich muss mir den Schmutz und Dreck des Tages vom Körper waschen.

Mein Handy meldet mir eine SMS, und ich grinse, als ich sehe, dass sie von ihr ist.

Exeter: *Ich bin auf dem Weg zu dir, Baby.*

Scheiße. Was macht sie nur mit mir?

Ich steige in die Dusche, shampooniere mich ein und wasche mich so schnell ich kann. Ich bin sicher, dass sie erschöpft sein wird, aber verdammt, ich kann es kaum erwarten, sie wieder zu haben. Es ist, als würde ich nie genug von ihr bekommen. Als ob ich wüsste, dass sie mich jeden Moment verlassen könnte, und ich mich sattsehen wollte, bevor sie weg ist.

Denn trotz der Tatsache, dass ich mich in sie verliebt habe, kann sie in Wirklichkeit jederzeit sehr wohl aus meinem Leben verschwinden und nie wieder zurückblicken. Der Umstand, dass ich vor fünfzehn Jahren geglaubt habe, verliebt zu sein, und dass es nicht mehr als ein verdammt tragischer Albtraum geworden ist, macht mir nicht gerade Hoffnung. Nicht wenn es um die Erkenntnis des Lebens und Entscheidungen geht, die ich nicht kontrollieren kann.

Nachdem ich geduscht habe, ziehe ich mir eine Jogginghose an und rubbele meine Haare und meinen Bart halbtrocken. Ich bin gerade im Begriff, das Handtuch auf den Boden fallen zu lassen, als ich innehalte.

Während ich mich in dem kleinen Hotelzimmer umsehe, stelle ich fest, dass mein Scheiß überall herumliegt. Ich erinnere mich an Exeters Verärgerung darüber, dass ich mein Zeug überall in ihrem Haus habe herumliegen lassen, also beschließe ich, ein bisschen aufzuräumen. Als ich fertig bin, schaue ich mich um und erschaudere. Es ist nicht ordentlich, bei Weitem nicht, aber es ist besser, als es zuvor ausgesehen hat.

Ich werfe gerade das Handtuch in die Ecke des Badezimmers, wo es liegen bleiben wird, bis der Reinigungsservice morgen früh kommt, als ich den Schlüssel im Schloss höre. Sofort begebe ich mich ins Zimmer, während Exeter die Tür öffnet.

Sie steht im Türrahmen und trägt ihren türkisblauen Hebammenkittel mit kleinen rosa Schleifen darauf. Er sollte meinen Schwanz nicht zum Zucken bringen. Er sollte mich nicht dazu bringen, Exeter ficken zu wollen, während sie ihn noch trägt. *Aber das tut er.* Gottverdammt, das tut er immer. Nur meine Frau kann einen verdammten Krankenhauskittel geradezu sinnlich wirken lassen.

„Hey", flüstert sie.

Ich wende meinen Blick von ihren Brüsten ab, den schönen runden Titten, die sich unter ihrem Kittel verstecken. Sie sind aber nicht so versteckt, dass ich nicht bemerke, dass sie da sind und auf mich warten – und um meinen Mund betteln. Ich hebe meine Hand, zeige auf sie und krümme meinen Finger.

„Ich habe den ganzen Tag gearbeitet, ich bin erschöpft", haucht sie, aber ich weiß, dass sie nicht *so* erschöpft ist, ich kann es an ihrer Stimme hören.

***

Exeter

Meine Worte sind nichts weiter als ein vorgetäuschter Protest. In Wahrheit *bin* ich müde, aber ich bin nicht zu müde für ihn. Ich weiß nicht, ob ich das jemals sein werde. Selbst im Nebel der Erschöpfung entflammt mein Körper immer noch für ihn, allein bei dem Gedanken an seine Berührung, seinen Mund – an jeden Teil von ihm.

Ich schlüpfe ganz in den Raum, mache die Tür hinter mir zu und schließe sie ab. Meine Handtasche fällt mit einem dumpfen Schlag auf den Boden. Ich strecke meine Zunge heraus und befeuchte meine Unterlippe, während meine Augen Wyatt in sich aufnehmen. Sein Haar ist feucht und zerzaust, sein

Oberkörper ist nackt und offenbart seine wenigen Brusthaare.

Als mein Blick hinunter zu seinen Hüften und dann zu seinem Schritt wandert, beiße ich mir auf die Unterlippe. Er trägt graue Jogginghosen, und den Umrissen seines Schwanzes nach zu urteilen, trägt er keine Unterwäsche. Ich lecke mir wieder über die Lippen und frage mich nicht zum ersten Mal, nicht einmal zum zwanzigsten Mal, wie um alles in der Welt dieser Mann zu mir gehören kann. Der vor mir steht und mich so ansieht, wie ich ihn ansehe.

„Süße, du musst aufhören, meinen Schwanz so anzustarren, sonst halte ich nicht lange genug durch, damit du kommst."

Mein Herz rast hinter meinen Rippen, und ich spüre, wie sich mein Gesicht bei seiner intensiven Beobachtung erhitzt. Ich atme tief ein und lange aus, bevor ich den Abstand zwischen uns schließe.

„Wie war dein Tag?", frage ich.

Er schnaubt. „Die Stürme kommen immer näher. Ich bin auf Abruf, um zur Ostküste geschickt zu werden", murmelt er.

Mein Herz zieht sich bei seinen Worten zusammen. Als sich unsere Blicke treffen, runzle ich die Stirn. „Du gehst weg?"

Wyatt hebt seine Hand und streichelt meine Wange, während sein Daumen über meine Unterlippe fährt. „Ich weiß es nicht. Ich weiß es nie, bevor ich tatsächlich unterwegs bin. Sie könnten mich anrufen und die ganze Sache absagen, sobald ich gerade fertig bin, loszufahren. Bevor man nicht auf dem Weg ist und ein Ziel genannt bekommen hat, weiß man es nicht wirklich", erklärt er.

„Das ist stressig", sage ich.

Er schnauft und senkt den Kopf. Mein Atem stockt, als seine Lippen meine berühren. „Ich weiß, dass du müde bist, Süße. Meinst du, du könntest für ein paar Orgasmen wach bleiben?“, haucht er gegen meinen Mund.

Ich wimmere.

Ich kann keine Worte finden, nicht bei einer solchen Frage. Nicht, wenn sein Duft mich umhüllt. Ich will das. Ich will Orgasmen, mehrere … Dutzende.

Wyatts Lippen berühren meine, seine Zunge füllt mich aus, während seine Hand von meinem Gesicht gleitet und sich an meinem Rücken in meinen Kittel krallt. Ich stöhne, drücke meinen Rücken durch und meine Brust näher an ihn heran. Ich spüre seine harte Brust an mir und bedaure, dass ich noch angezogen bin. Dass meine Brustwarzen nicht gegen die Haare auf seiner Brust gepresst werden.

Er unterbricht den Kuss, um mit seinen Zähnen an meiner Unterlippe zu knabbern, dann wandert sein Mund zu der Kuhle meines Halses hinab. Ich muss schnell duschen, den Geruch des Krankenhauses von mir abwaschen, aber verdammt, ich will mich nicht von ihm entfernen. Als sich seine Zunge herausschlängelt und über meinen Nacken leckt, kann ich ein Wimmern nicht unterdrücken.

Ein Klopfen an der Tür lässt mich zusammenzucken. Wyatt hebt fluchend den Kopf und schaut hinter mich.

„Bleib hier“, bellt er. Sein Tonfall ist schärfer, als ich ihn je zuvor gehört habe.

Als ich an ihm herunterschaue, bemerke ich, dass sein Schwanz hart ist und sich durch seine Hose abzeichnet. Er umschließt ihn mit der Hand, und mir läuft das Wasser im Mund zusammen, als er ihn zusammenpresst. Er atmet tief ein, schließt die Augen und atmet langsam aus. Ich stehe ganz still, während sich das Klopfen an der Tür wiederholt.

„Ich komme“, knurrt er.

Ohne einen Blick zu mir zurückzuwerfen, stürmt er durch den Raum und reißt die Tür auf. Ich schaue ihm über die Schulter und überlege, wer das wohl ist. Die einzigen Leute, die wissen, dass wir hier sind, sind seine Eltern, meine MawMaw, Ford und Rylan.

„Was zum Teufel?“, zischt Wyatt.

Der Mann, der ihm gegenübersteht, giggelt leise, während ich ihn anstarre. Er ist groß, nicht nur von der Körpergröße her gesehen, sondern er ist auch so gebaut wie kein Mann, den ich je zuvor gesehen habe. Seine Haut ist karamellfarben, seine Augen sind hellgrün, sein kurz geschorenes Haar ist dunkel.

„Ford hat mir gesagt, wo du bist, und da dachte ich, ich sehe mir das mal an“, sagt er und grinst.

„Verdammt, komm rein, Bruder“, bietet Wyatt an und macht einen Schritt zur Seite.

Der Mann kommt ein paar Schritte in den Raum, blickt mich an und seine Lippen verziehen sich zu einem breiteren Grinsen. „Und das muss die sein, von der Ford behauptet, dass sie dich um den Finger gewickelt hat“, bemerkt er und deutet mit dem Kinn in meine Richtung.

„Louis, das ist Exeter. Exeter, Louis Kingston“, stellt Wyatt uns vor und kommt wieder zu mir zurück.

Meine Lippen verziehen sich zu einem Lächeln, als sein Arm um meine Taille gleitet. Etwas füllt meine Brust, etwas, das ich nicht genau benennen kann. Seine Hand gleitet tiefer und legt sich um meine Hüfte, seine Finger umklammern mich fest.

„Es ist schön, dich offiziell kennenzulernen, wenn du nicht gerade schwangere Frauen rettest.“ Louis grinst augenzwinkernd.

Mein Gesicht erhitzt sich, wenn ich an diesen Moment denke, der sich ewig lange her anfühlt, aber nur wenige Wochen zurückliegt. Es hat sich so viel verändert, mein Leben hat sich seit diesem Tag komplett verändert. Niemals hätte ich mir vorstellen können, dass ich einmal neben Wyatt stehen und seinen Freunden vorgestellt werden würde, ganz zu schweigen davon, einmal seine Frau zu sein.

„Wann bist du in die Stadt gekommen?“, fragt Wyatt und deutet in Richtung des kleinen Tisches und der Stühle.

Louis setzt sich, Wyatt setzt sich ihm gegenüber und zieht mich, ohne mich zu fragen, auf seinen Schoß. Mein Gesicht fühlt sich noch heißer an, und ich bin sicher, dass es knallrot ist. Falls Louis das bemerken sollte, so sagt er jedenfalls nichts. Stattdessen konzentriert er sich auf Wyatt und erklärt, dass er ein paar Monate hierbleiben wird, weil er Ruhe und Frieden braucht.

Es gibt etwas, das er nicht zugibt, und ich bin mir nicht sicher, ob es daran liegt, weil ich hier bin, oder nicht. Aber dieser Mann verbirgt etwas.

„Wir gehen morgen zum Abendessen zu Rylan und Channing. Ich wette, sie würden dich gerne sehen“, erklärt Wyatt.

„Ich will mich nicht aufdrängen …“

Wyatt zückt sein Handy, und Louis rollt mit den Augen, aber ich kann ein Lächeln auf seinen Lippen erkennen. „Ry?“ Er wartet einen Moment. „Planänderung für morgen. Louis und Ford kommen auch mit. Ich kaufe das Fleisch, du und Channing kümmert euch um die Beilagen und Louis bringt den Nachtisch mit. Okay. Wir sehen uns dann."

„Bruder …" Louis' Worte verstummen.

Wyatt schüttelt den Kopf. „Familie, Kingston. Wir sind eine Familie, und wenn Beau hier wäre, würde er sich uns auch anschließen. Wir sind ein bunt zusammengewürfelter Haufen, aber wir sind trotzdem eine Familie."

Louis nickt. „Ja", sagt er leise.

Da geht irgendetwas in ihm vor. Etwas, das ich nicht deuten kann, aber ich bemerke sein langes Ausatmen. Und als er dann den Kopf hebt, erscheinen seine Augen hundertmal klarer. Er braucht Wyatt und seine Freunde. Wyatt hat das sofort gewusst, und ohne dass jemand auch nur ein Wort hat sagen müssen, gibt er Louis das, was er benötigt, genau wie er es bei mir tut.

Ich drehe meinen Kopf und drücke meine Lippen auf seine Wange. „Warum geht ihr heute Abend nicht aus? Ich bin müde. Eine Dusche und das Bett rufen nach mir", murmle ich gegen sein Ohr.

Wyatt knurrt und dreht den Kopf, um mich anzusehen. Sanft streichelt er meine Wange. „Sei bereit für mich, denn ich werde dich wecken, wenn ich nach Hause komme", brummt er.

Mein ganzer Körper zittert, als mich ein Schauer der Erregung überrollt. Wenige Augenblicke später sind Louis und Wyatt aus dem Hotelzimmer verschwunden. Ich dusche schnell und klettere völlig nackt ins Bett. Bereit und wartend auf Wyatts Rückkehr.

Kapitel 22

Exeter

Wir sind wieder einmal die Letzten, die ankommen. Es scheint, als wäre das ein Trend bei uns. Aber ich kann nicht behaupten, dass es mir etwas ausmacht. Besonders, weil der Grund, warum wir beide Male zu spät gekommen sind, darin bestanden hat, dass Wyatt mir einige der besten – fast welterschütterndsten – Orgasmen beschert hat, die ich je in meinem Leben verspürt habe.

Als ich auf die Veranda zugehe, kann ich nicht anders, als zu erröten. Ich erinnere mich an das erste Mal, als ich hier übernachtet habe, in der Absicht, einen One-Night-Stand zu haben. Ich hatte damals nicht den Hauch einer Ahnung, was aus dieser Nacht werden würde, habe absolut nichts erwartet. Und ganz sicher bin ich nicht davon ausgegangen, dass sie mir einen Mann einbringen würde, der mir alles bedeutet.

Innerlich zucke ich zusammen. Ich muss es ihm sagen. Ich muss ihm meine ganze Vergangenheit beichten, alle meine Wahrheiten. Wenn ich es nicht tue, werden wir nie *mehr* sein, als wir jetzt sind, und das können wir uns nicht leisten. Ich weiß, dass er auch etwas vor mir verbirgt, denn ich kann es in den Schatten seiner Augen erkennen, wie es da verharrt und darum bettelt, freigelassen zu werden. Er ist wie ich, er hält es zurück, wahrscheinlich aus Angst, dass es mich vertreibt.

Ihm ist wohl nicht klar, dass es nichts gibt, was er mir beichten könnte, das mich von ihm wegstößt.

Ich liebe ihn.

Alles an ihm.

„Alles in Ordnung, Süße?“, fragt er, als wir die Stufen zur Veranda hinaufgehen.

Ich schaue zur Haustür und dann wieder zu ihm. „Ja“, murmle ich.

Heute Nacht ist die Nacht. Ich kann es spüren. Er hat den Anruf erhalten, dass sie höchstwahrscheinlich in ein paar Tagen abreisen werden. Er muss die ganze Wahrheit kennen, bevor er geht. Das bin ich ihm schuldig. Er muss alles wissen, bevor ich bei ihm einziehe. Wenn er mich dann nicht mehr haben will, dann besitze ich immer noch meinen Trailer, in den ich zurückkehren kann.

Die Tür schwingt auf und Rylan steht vor uns. Er hat ein Grinsen im Gesicht und eine Flasche Wasser in der Hand.

„Ich habe das Fleisch im Truck“, sagt Wyatt zur Begrüßung.

Rylan hebt sein Kinn. „Ich helfe dir, es wurde auch Zeit, dass ihr beide erscheint.“ Er sieht zu mir herüber und zwinkert mir zu.

Mein Gesicht fühlt sich heiß an, als könnte er meine Gedanken lesen und wüsste genau, warum wir spät dran sind. Mein Blick wandert zu seinem Hals, ich bin unfähig, weiter in seine braunen Augen zu schauen, aus Furcht davor, mich auf der Stelle in Luft aufzulösen vor lauter Verlegenheit.

Rylan geht an mir vorbei und Wyatt lässt meine Taille los und folgt ihm.

„Channing ist drinnen, die einzige Frau in einem Haus voller Männer, wahrscheinlich muss sie gerettet werden“, feixt Rylan.

Die beiden gehen zu Wyatts Pick-up, also beschließe ich, hineinzugehen und zu sehen, ob

Channing Hilfe braucht. Im Wohnzimmer läuft ein lauter Fernseher, als ich eintrete. Ich erstarre bei diesem Anblick. Da sind Louis und Ford, zwei Männer, die ich erst zweimal gesehen habe, aber das ist es nicht, was mich erstarren lässt. Es ist die Tatsache, dass dieses Wohnzimmer fast genauso aussieht wie beim letzten Mal, als ich hier gewesen bin.

Das bedeutet, dass Wyatt nicht viel mitgenommen hat, als er ausgezogen ist. Das gleiche Sofa steht vor dem gleichen übergroßen Fernseher an der Wand. Die Männer bemerken nicht, dass ich dastehe und sie wie eine Verrückte anstarre. Ich drehe mich um und steuere die Küche an. Als ich eintrete, höre ich leise Countrymusik den Raum erfüllen.

Channing steht am Herd mit dem Rücken zu mir und hantiert mit zwei Töpfen und einer Pfanne herum.

„Hey, kann ich dir helfen?“, frage ich.

Sie zuckt zusammen und dreht sich dann mit großen Augen zu mir um. Langsam entspannt sich ihre Miene und ein Lächeln ersetzt ihren erschrockenen Blick.

„Exeter“, sagt sie. „Ich bin so froh, dass ihr es geschafft habt. Kannst du vielleicht den Salat zubereiten? Alles ist im obersten Fach des Kühlschranks.“

Ich gehe zum Kühlschrank und schnappe mir das Gemüse für den Salat. Dabei überlege ich, ob ich nach dem Fernseher oder den Möbeln fragen soll, aber dann entscheide ich mich dagegen. Ich werde es mit Wyatt besprechen, falls ich es überhaupt anspreche. Ich will nicht, dass sie denkt, ich würde sie verurteilen oder so. Denn das tue ich nicht. Tatsächlich denke ich, dass er ihnen all das überlassen hat, weil er weiß, dass sie nicht viel haben. Und das lässt mich ihn noch viel tiefer lieben.

„Musstest du gestern Abend arbeiten?", fragt Channing und unterbricht meine Gedanken an die Liebe und Wyatt.

Ich räuspere mich. „Nein, ich hatte Frühschicht", sage ich mit einem Nicken, während ich anfange, das Gemüse zu zerkleinern. „Wie geht's dem Baby?"

Sie brummt, ihre Hand berührt automatisch ihren Bauch und etwas in mir verdreht sich. Mein ganzer Körper schmerzt bei dieser einfachen Geste. Ich beiße mir auf die Innenseite meiner Wange und wende mich wieder dem Gemüse zu, während sie meine Frage beantwortet. Sie schwärmt von dem neuen Leben in ihr. Es ist schön, eine Frau zu sehen, die sich so sehr über ihr Baby freut und so verdammt glücklich ist.

„Ich bin allerdings etwas nervös wegen der Hurrikans. Ich habe Angst, dass ich dieses Kind allein zur Welt bringen muss, wenn unsere Männer monatelang weg sind", gesteht sie.

„Du hast ja mich", sage ich, ohne darüber nachzudenken.

Und das hat sie. Sie ist Wyatts angeheiratete Cousine, die ihm offensichtlich sehr wichtig ist, aber auch auf ihre eigene Art und Weise ist sie sehr liebenswürdig und nett. Ich nicke bekräftigend und schneide weiter die Tomate, an der ich gerade werkle.

„Wirklich?", haucht sie.

Ich bejahe. „Ich bin sowieso öfters in der Nähe und würde gerne bei dir und dem Baby bleiben, um zu helfen."

Es herrscht einen Moment lang Stille, und ich habe Angst, etwas Falsches gesagt zu haben. Also höre ich auf zu schneiden, lege das Messer weg und drehe mich zu ihr um. Ihr strömen Tränen über die Wangen, und ich blinzle, unsicher, was ich sagen oder tun soll.

Sie überbrückt den Abstand zwischen uns und umarmt mich. „Danke, Exeter. Nach allem, was an diesem Tag und mit Emily passiert ist, war ich mir nicht sicher, ob du noch wirklich viel mit mir zu tun haben willst“, gibt sie zu.

Ich lege den Kopf leicht in den Nacken. „Was meinst du? Es war nicht deine Schuld, was mit Emily passiert ist.“

Sie schaut auf ihre Füße, dann wendet sie ihre feuchten Augen wieder mir zu. „Ich war mir einfach nicht sicher. Ich weiß, dass sie deine Cousine ist und dass du sie liebst“, murmelt sie.

Kopfschüttelnd greife ich nach ihren Händen und nehme sie in meine. „Emily ist für sich selbst verantwortlich. Ich wusste, dass etwas nicht stimmt. Sie bekommt jetzt die Hilfe, die sie braucht. Das ist alles, was mir wichtig ist. Du hast sie zu nichts gezwungen, sie hat an diesem Tag alles aus freien Stücken getan.“

Das Geräusch von schweren Stiefeln unterbricht unser Gespräch, und wir weichen ein Stück voneinander zurück, als Wyatt und Rylan durch die Tür kommen. Sie tragen beide etwas Fleisch, und Louis und Ford sind ihnen auf den Fersen.

„Wir beginnen jetzt mit dem Grillen“, verkündet Rylan, sein Lächeln wird breiter, dann weicher, als er in die Augen seiner Ehefrau sieht.

Mein Herz flattert beim Anblick der beiden. Sie sind wirklich wunderschön zusammen. Rylan und sein farbenfroh tätowierter Körper, seine scheinbar harte Fassade, die völlig dahinschmilzt, wenn er in der

Nähe von Channing ist. Und Channing, die genauso aussieht wie ein gutes, süßes Mädchen und nicht der Typ zu sein scheint, um mit einem Mann wie ihm zusammen zu sein. Aber sie funktionieren gemeinsam, und zwar von ganzem Herzen.

***

Wyatt

Eine Hand schlingt sich von hinten um meine Taille, die andere tut dasselbe, nur dass sie gleichzeitig ein Bier hält. Ich nehme Exeter die Flasche ab, schließe sie ebenfalls in meine Arme und drücke sie kurz.

Mein Blick schweift einen Moment lang in den Garten. Das Essen ist aufgegessen, Rylan macht mithilfe von Ford ein Feuer und Louis sitzt da und lacht über sie. Channing sitzt ebenfalls, ihre Hand ruht auf ihrem runden Bauch.

„Alles in Ordnung, Süße?", frage ich, bevor ich einen Schluck von der kühlen Flüssigkeit nehme. Sie brummt, und ich nutze den Moment, um sie ein Stück von mir zu schieben. Sie legt den Kopf zurück, ihr Blick findet meinen und ich grinse sie an.

„Du hast das gar nicht erzählt", flüstert sie.

„Was habe ich dir nicht erzählt?", frage ich.

„Dass du so ein netter Kerl bist." Ich ziehe eine Augenbraue hoch und warte darauf, dass sie es erklärt, es weiter ausführt. „Du hast das Haus für sie komplett eingerichtet gelassen, einschließlich des Fernsehers, nicht wahr?"

Ich löse meinen Blick von ihr und schaue über ihren Kopf hinweg zu Rylan und dann zu Channing. Sie lächeln einander an, ihr offensichtliches Glück und ihre Liebe sind fast zu viel für eine Person zu ertragen. Ich denke an die Zeit vor ein paar Wochen zurück, als sie nicht gewusst haben, wo sie wohnen sollen, weil niemand in der Stadt eine Wohnung an einen ehemaligen Knacki, der Rylan nun mal ist, vermieten wollte.

Ich senke meinen Blick wieder auf Exeter und lächle. Ein Gefühl von Frieden und Stolz erfüllt mich. „Das habe ich. Sie brauchen es einfach mehr als ich."

„Gott, du machst es einem leicht, tief zu fallen, weißt du das?"

Ich neige den Kopf, meine Lippen schweben über ihren. „Fällst du, Süße?"

Sie seufzt, und ich schlucke, während ich darauf warte, dass sie bestätigt, was ich bereits weiß.

„Dir ist klar, dass ich das tue, Wyatt. Ganz und gar", raunt sie.

Erst jetzt gebe ich ihr einen langen, tiefen und *harten* Kuss. Als ich den Kuss beende, ertönt um uns herum Gegröle. Exeters Gesicht wird knallrot, aber ich hebe nur die Hand und winke ab.

Ich drehe mich zu meinen Freunden um, verflechte meine Finger mit ihren und ziehe sie zum Feuer. Ohne ihr eine Wahl zu lassen, suche ich mir einen Platz, setze mich auf meinen Hintern und ziehe sie auf meinen Schoß. Ich schlinge meine Arme um sie und drücke sie näher an mich heran, weil ich ihren Körper dicht an meinem spüren will.

Ich muss ihr die Wahrheit sagen.

Ich muss ihr alles sagen, auch die Tatsache, dass ich sie liebe.

Scheiße. Ich tue es wirklich. Ich liebe sie. Jeden gottverdammten Teil von ihr. Ich brauche sie in meinem

Leben, in meinem Bett, an meiner Seite – für alle Ewigkeit. Ich bin verdammt noch mal verloren. Wegen ihr, in ihr.

***

Wyatt

Den Rest des Abends verbringen wir damit, uns mit unseren Freunden zu unterhalten. Ich behalte Louis genau im Auge. Es scheint ihm besser zu gehen als gestern Abend. Er wirkt fast friedlich, vielleicht sogar glücklich. Ich denke über gestern Abend nach, über sein Geständnis.

Er ist einsam.

Er will mehr, aber er glaubt nicht, dass er es finden kann. Er denkt, dass er nie jemanden wie Channing oder Exeter finden wird. Er und Ford sind sich sehr ähnlich, beide sind bereit für mehr im Leben, beide sind sich unsicher, ob sie es jemals finden werden, und beide versuchen, ihre Hoffnungen nicht aufzugeben.

Mein Telefon, das tief in der Hosentasche vergraben ist, klingelt und ich bin gezwungen aufzustehen. Ich entschuldige mich und runzle die Stirn beim Anblick der angezeigten Telefonnummer. Ich streiche mit meinen Lippen über Exeters Kopf. „Ich bin gleich wieder da, ich muss da rangehen", murmle ich.

Ich nehme den Anruf entgegen und halte das Telefon an mein Ohr, während ich schnell weggehe.

„Wyatt", knurrt die Stimme meines Vaters.

„Erzähl", fordere ich ihn auf.

„Ich habe heute Abend nach Mrs. Harvey gesehen", beginnt er. „Sie ist aufgewühlt, aber es geht ihr gut."

„Was ist passiert?", frage ich.

Er räuspert sich und erzählt mir dann, dass Exeters Vater vorbeigekommen ist, sie bedroht und angekündigt hat, wiederzukommen und ihr mehr anzutun, wenn sie ihm nicht sagt, wo Exeter ist. Dann hat er einige Sachen im Haus kaputt geschlagen, um ihr Geld zu finden. „Robby ist hier, um einen Bericht zu schreiben, und wir nehmen Mrs. Harvey für ein paar Nächte mit zu uns nach Hause."

„Scheiße", zische ich.

„Ich dachte mir schon, dass das deine Reaktion sein würde."

Ich schnaube. Mein Vater kennt mich so gut, weil ich aus demselben Holz geschnitzt bin wie er. Wie der Vater, so der Sohn. „Wir kommen zu euch, sobald sie sich eingerichtet hat. Exeter würde mich umbringen, wenn ich ihr das verschweigen würde."

„Wir werden in etwa dreißig Minuten losfahren. Sie ist gerade mit dem Polizeibericht fertig und muss dann ihre Sachen packen. Deine Mama hilft ihr dabei."

Ich danke meinem Vater und schließe dann die Augen. „Scheiße", knurre ich erneut.

„Willst du mir sagen, was los ist?", fragt Louis, der plötzlich hinter mir steht.

Ich drehe mich zu ihm um und stoße einen Seufzer aus. „Erinnerst du dich an den ganzen Scheiß, von dem ich dir erzählt habe? Die Probleme, die wir mit Exeters Vater hatten?"

Er nickt, seine Augen verengen und verfinstern sich, weil er genau weiß, dass ihm nicht gefallen wird, was ich als Nächstes sagen werde. „Er ist heute Abend zu Exeters MawMaw gegangen und hat sie belästigt. Er hat sie erschreckt und ihr Haus verwüstet. Mein Vater ist mit dem Sheriff dort und meine Eltern nehmen sie heute Abend mit zu sich nach Hause."

„Sie kann dort nicht mehr allein bleiben", spricht er das Offensichtliche aus.

„Ich weiß", stimme ich zu.

„Sie kann in mein Gästehaus kommen. Keine alte Dame verdient es, belästigt zu werden."

Ich lege meine Hand auf seine Schulter und schüttle sie leicht. „Danke, Bruder. Vielleicht nehmen wir dich beim Wort. Ich muss erst mit Exeter darüber reden. Verdammt, ich will ihr nichts von dieser Scheiße erzählen."

Mein Blick trifft auf Exeter. Sie hat sich zur Seite gedreht, sodass ich nur das Profil von ihrem Gesicht sehen kann. Sie lächelt Channing zu. Die beiden unterhalten sich und lachen. Sie ist so unglaublich schön. Wie um alles in der Welt kann der Mann, der sie erschaffen hat, sie so verletzen, wie er es getan hat? Das werde ich nie verstehen.

Aber ich weiß, dass er es nicht wieder tun wird – nie wieder. Denn ich werde derjenige sein, der ihn verdammt noch mal zur Strecke bringt.

Kapitel 23

Exeter

Wyatt ist still gewesen. Erschreckend still in den letzten paar Tagen. Wir lieben uns jeden Morgen, wie immer, er geht zur Arbeit, kommt nach Hause und wir machen es noch einmal.

Ich verbringe meine Tage entweder bei der Arbeit oder bei meiner Großmutter. Sie ist immer noch erschüttert von dem, was mein Vater ihr angetan hat. Ehrlich gesagt, weiß ich im Moment nicht, ob sie jemals wieder in ihr Haus zurückkehren kann. Ich verbuche das als noch etwas, das sich mein Vater genommen hat. Etwas, das ihm nicht rechtmäßig gehört.

Wyatt hält mich fest und sieht auf mich herab, als würde er sich davor fürchten, dass ich verschwinde, aber er redet nicht mit mir. Ich warte immer wieder darauf, dass er etwas sagt, aber er tut es nicht.

Stattdessen presst er seine Lippen aufeinander und beginnt, mich zu küssen, dann leckt er mich, lässt mich kommen, fickt mich und lässt mich wieder kommen. Ein endloser Kreislauf aus Orgasmen. Es gibt eigentlich keinen Grund, mich zu beschweren, aber wir weichen beide einem Gespräch aus, das wir dringend miteinander führen müssen.

„Ich unterschreibe heute nach der Arbeit die Papiere. Ich werde etwas später kommen, willst du dann mit mir essen gehen?“, fragt er und rollt sich von mir weg.

Ich starre auf seinen Hintern, als er sich auf den Weg zum Badezimmer macht. Er bleibt direkt im

Türrahmen stehen und dreht sich zu mir um, als ich ihm nicht sofort antworte. Ich schaue auf meinen Schoß hinunter und dann wieder zu ihm hoch.

„Gibt es etwas, das du mir sagen willst?“, frage ich.

Er schnaubt und dreht seinen Kopf zur Seite, dann wieder zu mir. „Wir reden später.“

„Tun wir das?“, will ich wissen. Seine Augen blitzen auf. Da ist etwas Unleserliches in ihnen und ich kann die Warnung nicht missverstehen, trotzdem fahre ich fort. „Es sind bereits Tage vergangen und du hast nicht viel zu mir gesagt. Ich merke, dass dir etwas im Kopf herumgeht, aber du lässt mich nicht daran teilhaben. Also verzeih mir, wenn ich mir wünsche, dass sich das ändert.“

Seine Augen verengen sich, er atmet ein, als wollte er endlich etwas sagen, aber dann lässt er mich wieder im Regen stehen. Er schüttelt den Kopf, wendet sich von mir ab und zieht die Badezimmertür hinter sich zu. Ich schließe die Augen. Was zum Teufel ist los mit ihm? Warum verhält er sich so? Ist das das Ende von uns? Will er raus aus unserer Beziehung? Jetzt, wo sein Haus bezugsfertig ist, sind auch wir bereit? Eine Million verschiedener Fragen schwirren in meinem Kopf herum. Fragen, auf die ich keine Antwort habe.

Wenige Augenblicke später kommt Wyatt aus dem Bad, eine Dampfwolke folgt ihm. Er hat sich ein Handtuch um die Taille geschlungen und Wassertropfen glitzern auf seiner Brust. Ich lecke mir bei diesem Anblick über die Lippen und wünsche mir, ich könnte ihn schmecken – alles von ihm.

„Exeter“, knurrt er. Ich blicke auf und bemerke, wie dunkel seine Augen sind, während er mich beobachtet. „Ich werde später mit dir reden, es ist Zeit“, erklärt er ominös.

„Ich verbringe den Tag mit MawMaw. Wir besuchen Emily“, murmle ich.

Er nickt, hebt die Hand und fährt sich mit den Fingern durch sein feuchtes Haar. „Bist du um halb sechs wieder hier? Ich mache ein bisschen früher Schluss, damit ich die Dokumente unterschreiben und fertigmachen kann.“

Ich bejahe, und Wyatt macht einen Schritt auf mich zu, dann noch einen, bis er direkt vor mir steht und sich dann mit den Knien neben meinen Hüften in die Matratze sinken lässt. Er streckt seine Hand aus und berührt meine Wange.

„Du wirst um halb sechs hier sein, stimmt’s, Süße?“, haucht er.

„Ich werde hier sein“, bestätige ich nachdrücklich.

Er sieht mich an, sein Blick ist auf meine Augen fokussiert, bevor er über mein Gesicht wandert. „Wir werden reden, ich verspreche es verdammt noch mal.“

Ich presse meine Lippen aufeinander und überlege, ob ich das alles glauben kann. Ich frage mich, was später passieren wird, und dann dreht sich mir der Magen um, als mir klar wird, dass *später* wahrscheinlich das letzte Mal für uns sein wird. Dass wir miteinander fertig sein werden.

„Exeter“, blafft er. Erschrocken zucke ich zusammen. Er mahlt mit seinem Kiefer, der Muskel in seiner Wange zuckt und Wyatt sieht mich abwägend an. „Wir werden reden. Lass den ganzen Scheiß, der dir im Kopf herumschwirrt, einfach raus.“ Wyatt senkt den Kopf, seine Lippen berühren meine in einem sanften Kuss. „Später, Süße“, raunt er gegen meinen Mund.

Ich bewege mich nicht, während er sich für den Tag anzieht. Seine feuerfesten Jeans schmiegen sich perfekt an seine Beine an, ebenso wie das kakifarbene Arbeitshemd an seinen Oberkörper. Er steigt in seine dunkelbraunen Arbeitsstiefel und sieht mich an.

„Später“, wiederholt er und verschwindet zur Tür hinaus.

Ich höre, wie das Schloss automatisch einrastet, bleibe im Bett sitzen und starre das Türblatt nieder, viel länger als nötig. Bevor ich mich zwinge, aufzustehen und ins Bad zu gehen, schließe ich kurz meine Augen und atme tief ein und aus.

Wenn das hier vorbei ist, wenn das, was er zu sagen hat, mich kaputtmacht, und ich befürchte, dass das passieren kann, dann weiß ich nicht, was ich mit mir anfangen soll.

Ich lasse heißes Wasser über meinen Körper laufen und beschließe, dass ich mich auf MawMaw konzentriere und darauf, wie ich sie aus dem Haus von Wyatts Eltern rausholen kann. Es ist wirklich nett von ihnen, sie dort wohnen zu lassen, aber es ist schon ein paar Tage her und sie braucht ihre Privatsphäre. Vielleicht können wir etwas gemeinsam für uns finden. Gott weiß, dass ich meine Freizeit sowieso mit ihr verbringe.

Nachdem ich geduscht habe, ziehe ich mir Unterwäsche, ein Shirt und eine locker sitzende, zerrissene Jeans sowie ein Paar Flipflops an. Ich flechte mir schnell die Haare, greife nach meiner Handtasche und verlasse das Hotelzimmer. Tief einatmend jogge ich auf mein Auto zu.

Seit dem Vorfall mit MawMaw werde ich das Gefühl nicht los, dass mein Vater mich überall leicht aufspüren kann. Auch wenn wir eine Stadt entfernt sind. Aber sie ist nicht so groß. Man kann sich hier nicht verstecken, nicht vor jedem. Irgendjemand wird mich mit Sicherheit hier gesehen und es jemand anderem weitererzählt haben, der es dann seinem Cousin oder seiner Tante steckt, und ehe man sich versieht, weiß jeder Bescheid.

So ist es eben in einer Kleinstadt, so ist es immer gewesen und so wird es immer sein.

***

Wyatt

„Sei morgen früh um sechs Uhr da und mach dich bereit“, kündigt mein Vorarbeiter an.

Eine Mischung aus Aufregung und Furcht herrscht in den Crews, die um uns herumstehen. Entgegen mancher Meinung lebt nicht jeder Leitungsmonteur für den Sturm. Bei mir war es so. Bis jetzt, wo es jemanden gibt, der zu Hause auf mich wartet. Nun verstehe ich, warum manche Leute nicht gehen wollen – oder wenn sie gehen, dann nicht für längere Zeit.

Mir dreht sich der Magen um bei dem Gedanken, Exeter für Wochen oder Monate zu verlassen. Die Bedrohung durch ihren Vater, mein neues Haus und unser wackeliger Beziehungsstatus ist im Moment fast zu viel. Alles, und ich meine wirklich *alles*, ist in der Schwebe.

Ich hätte ihr von meiner Vergangenheit erzählen sollen, von Sammi und unserer Beziehung, von unserem Baby. Ich hätte ihr das alles schon längst sagen sollen, aber ich habe es immer wieder aufgeschoben. Jetzt ist es unausweichlich. Ich kann es nicht noch einen Tag aufschieben. Wenn ich es ihr heute Abend nicht sage, dann weiß ich nicht, ob ich es jemals tun werde.

Ich gehe weg, und ich will sie in meinem Haus, in meinem Bett und bei mir haben, aber nicht, ohne dass sie alles von mir weiß. Ich könnte es nicht ertragen, wenn sie es später herausfinden würde, weil es jemandem herausrutscht. Ehrlich gesagt, bin ich sowieso überrascht, dass es noch keinem passiert ist.

Rylan räuspert sich neben mir, nachdem der Vorarbeiter und der Hauptvorarbeiter gemeinsam weggegangen sind, die Köpfe zusammengesteckt und in ein ernstes Gespräch vertieft, bei dem sie wahrscheinlich die Vorgehensweise für morgen früh besprechen.

Zwei Wirbelstürme hintereinander, beide verdammt groß und so langsam wie Melasse. Gottverdammt, wir könnten bis zu sechs Monate lang weg sein.

Ich drehe meinen Kopf und schaue zu meinem Cousin hinüber.

„Ich möchte die Geburt des Babys nicht verpassen“, murmelt er.

Ich schüttle den Kopf. „Du wirst sie nicht versäumen, Cousin. Schlimmstenfalls wirst du zur Geburt zurückfliegen“, verspreche ich.

Das wird er auch, er ist meine rechte Hand und er wird die Geburt dieses Kindes nicht verpassen – die Geburt *seines* Kindes. Nicht, wenn ich auch noch ein Wörtchen mitzureden habe.

„Bereit nach Hause zu gehen?“, frage ich.

Seine Sorgen scheinen nicht geringer zu sein und ich kann es ihm nicht verdenken. Channing braucht ihn und er wird nicht da sein. Das ist das Leben, das wir führen. In manchen Jahren gehen wir nirgendwo hin und in anderen, wie in diesem Jahr, ist es ein gottverdammtes Chaos.

Er nickt und wendet sich dem Truck zu. Seine Füße bewegen sich, aber in Gedanken ist er weit weg, zu beschäftigt mit Was-wäre-wenn-Theorien. Auch das kann ich ihm nicht verdenken, mir geht es genau so.

Auf der Heimfahrt ist es still, und als wir bei Rylan ankommen, atmet er aus und schüttelt den Kopf. „Schwörst du mir, dass ich trotzdem bei der Geburt meines Babys dabei sein werde, auch wenn wir morgen losfahren?“, bittet er mich.

Ich nicke. „Ich schwöre bei Gott, Cousin. Du wirst sie nicht verpassen“, verspreche ich.

Er sieht mich an und hebt sein Kinn. „Ich tue das für sie. Ich arbeite mir den Arsch ab und versuche, ein guter Mensch zu sein. Es ist für die beiden, die ich getötet habe. Aber auch für Channing und das Baby. Zu gleichen Teilen und so“, murmelt er.

„Es ist auch für dich, Rylan.“

Er grunzt, ohne seinen Blick von mir zu lösen. „Es ist auch für mich“, sagt er, seine Stimme ist kaum mehr als ein Flüstern.

„Verbring heute Abend so viel Zeit wie möglich mit ihr. Sieh zu, dass alles rund ums Haus in Ordnung ist. Wenn wir länger weg sind, schicke ich Ford vorbei, um den Rasen zu mähen und nach ihr zu sehen, er ist immer in der Stadt.“

Rylan stößt einen langen Atemzug aus. „Scheiße, darüber habe ich gar nicht nachgedacht. Ford würde das tun, nicht wahr?“

„Selbstredend“, erwidere ich und schnaube.

Er steigt aus dem Wagen aus und verharrt kurz. „Ihr alle. Ohne euch würde ich das alles nicht schaffen“, gibt er zu, aber bevor ich darauf reagieren kann, schließt er die Tür und joggt von mir weg.

Rylan macht das gerne. Er erzählt herzergreifenden, rührenden Scheiß und rennt dann davon, bevor jemand ein Wort darüber verlieren kann. Sobald er in seinem Haus ist, starte ich den Motor und fahre zu meiner Frau. Ich muss ihr heute meine Vergangenheit beichten, nachdem ich den Papierkram für mein neues Haus unterschrieben habe. Ich hoffe nur, dass sie am Ende des Tages bei mir einziehen und nicht davonlaufen wird.

Der Hotelparkplatz ist bis auf ihr Auto und ein paar weitere im hinteren Teil leer. Ich bin froh, dass sie hier ist. Der heutige Morgen ist nicht so verlaufen, wie ich es mir vorgestellt habe, und der Rest des Abends scheint eine einzige Herausforderung zu werden.

Ich muss nicht einmal den Motor des Pick-ups abstellen. Exeter kommt bereits auf mich zu, den Kopf gesenkt, während sie in meine Richtung eilt. Sie öffnet die Tür und klettert auf den Sitz neben mir, den Rylan gerade freigemacht hat.

„Bist du bereit?“, frage ich.

Sie brummt, sieht mir aber nicht in die Augen. Ich weiß nicht, was das bedeutet, aber ich versuche, nicht zu viel hineinzuinterpretieren. Auf dem Weg zur Immobilienfirma frage ich mich, was der heutige Abend wohl bringen wird. Exeter war in den letzten Tagen sehr ruhig, ebenso wie ich. Es scheint, als würde alles wahnsinnig schnell gehen, ohne eine Pause zum Durchatmen.

„Kann ich hierbleiben, während du unterschreibst?“, fragt sie, als ich auf den Parkplatz der Immobilienfirma fahre.

Als ich mich umschaue, stelle ich fest, dass es in der Innenstadt ziemlich leer ist. „Hupe, wenn du Hilfe brauchst“, mahne ich.

Sie streckt den Arm nach mir aus und schlingt ihre Hand um mein Handgelenk, bevor ich mich bewegen und die Tür öffnen kann. „Was auch immer es ist, wir werden es überstehen, oder?“, will sie mit kaum hörbarer Stimme wissen.

Ich schaue auf ihre Hand hinunter, dann hebe ich meinen Blick zu ihren Augen. „Ja“, sage ich, und meine Stimme klingt rau und kratzig. „Gott, ich hoffe es.“

Sie nickt und zieht die Brauen zusammen, aber sie sagt nichts weiter. Ihre Hand löst sich von meiner und ich öffne langsam die Wagentür und steige aus meinem Pick-up. Ich schließe sie ein und begebe mich auf den Weg zur Eingangstür der Immobilienfirma, dann halte ich inne und schaue zurück.

Sie beobachtet mich, ihre Augen versuchen, mich zu lesen, und meine tun dasselbe. Ich will jeden ihrer Gedanken kennen, ich will wissen, dass wir okay sind. Dass alles verdammt in Ordnung ist und sie die gleiche Zukunft mit mir sehen kann wie ich mit ihr.

Kapitel 24

Wyatt

Im Restaurant in der Innenstadt ist es ruhig. Unser Essen steht unangetastet vor uns. Mir ist der Appetit vergangen, und Exeter weicht meinem Blick aus, weil sie weiß, dass ich sie gleich mit etwas Heftigem konfrontieren werde. Dabei sollte ich eigentlich im Moment total aufgeputscht sein vor Glück.

Ich habe den Kaufvertrag für ein Haus und ein Grundstück abgeschlossen. Etwas, auf das ich hingearbeitet habe, seit ich achtzehn Jahre alt war. Es ist bittersüß, weil ich nicht nur morgen wegfahre, sondern Exeter auch etwas beichten muss, was ich schon eine ganze Weile zurückgehalten habe.

„Meine Freundin in der Highschool – Sammi. Wir dachten, wir wären verliebt. Wir waren wirklich jung“, beginne ich.

Exeter hebt den Blick und sucht meinen, während sie darauf wartet, dass ich fortfahre. Sie nickt, da sie diesen Teil meiner Geschichte bereits kennt.

„Sammi erzählte mir an einem Freitagabend nach einem Footballspiel in unserem ersten Jahr, dass sie schwanger ist.“

Exeters Augen weiten sich und sie greift nach meiner Hand. Meine Finger zucken bei der Berührung, weil es nicht das ist, was ich von ihr erwartet habe.

„Was ist passiert?“, haucht sie, obwohl es scheint, als würde sie es bereits wissen.

„Sammi entschied sich für einen Abbruch. Ich wusste es nicht, sie hat es mir nicht gesagt. Sie hat es getan, während ich ihr einen Verlobungsring gekauft und mich nach Berufen umgesehen habe, in denen ich so schnell wie möglich Geld verdienen konnte. So bin ich zu dem Job als Elektriker gekommen."

„Wyatt", flüstert sie und Tränen sammeln sich in ihren Augen.

Kopfschüttelnd fahre ich mir durch den Bart und zupfe daran. „Ich habe mit ihr Schluss gemacht, bin weggegangen und habe mir geschworen, dass ich nie wieder zurückschauen würde. Ich war wütend, dass sie mir die Wahl genommen hat. So verdammt wütend. Ich wollte dieses Baby. Sie war nicht bereit und ich auch nicht, aber ich war entschlossen, sie beide zu lieben, für immer. Einfach das Richtige zu tun."

Ich schaue auf meinen vollen Teller, ehe ich meinen Blick wieder zu ihr schweifen lasse. „Ich trug diese Wut jeden verdammten Tag mit mir herum, Exeter. Sammi und ich schliefen dann doch weiter miteinander, fast fünfzehn Jahre lang, es war ein stetiges Vor und Zurück. Ich habe sie jedes verdammte Mal daran erinnert, wie sehr sie mich verletzt hat, und sie hat das alles hingenommen, bis sie gegangen ist und die Stadt verlassen hat. Dann habe ich dich getroffen."

„Du meinst, bis vor ein paar Monaten hast du noch mit ihr geschlafen?", fragt sie und ihr Mund bleibt leicht offen stehen.

Schulterzuckend räuspere ich mich. „Ja", krächze ich und schlucke hart.

Sie beobachtet mich. Ich warte. Ich behalte sie im Blick und warte auf ihre verdammte Antwort. Sie tut nicht das, was ich mir vorgestellt habe. Stattdessen neigt sie ihren Kopf zur Seite. „Ist das der Grund, weswegen du in letzter Zeit so schweigsam warst?"

„Das ist ein großer Teil meiner Vergangenheit", gebe ich zu.

„Liebst du sie noch?“, fragt sie.

Ich denke über ihre Frage nach. Was ich für Sammi empfinde, ist keine Liebe, das ist es nie gewesen. Wir sind Kinder gewesen. Ich bin in sie so vernarrt gewesen wie sie in mich. Wenn sie mich geliebt hätte, dann hätte sie nicht getan, was sie getan hat, ob jung oder nicht.

Das ist es, was am meisten geschmerzt hat. Ich bin bereit gewesen, für immer mit ihr zusammen zu sein, aber sie nicht mit mir. Mein Schmerz rührt nicht daher, dass ich sie geliebt habe und sie diese Liebe nicht erwiderte, denn ich weiß nicht, ob ich sie, abgesehen von der Teenagerturtelei, überhaupt je geliebt hätte. Sondern mein Schmerz entstand durch das Gefühl der massiven Ablehnung.

Durch die Art und Weise, wie sie eine Entscheidung für mich getroffen hat, ohne mich überhaupt zu fragen.

All das zusammen hat mich so verdammt wütend gemacht. Und um ehrlich zu sein, bin ich es immer noch.

„Nein, Süße. Ich bin nicht in Sammi verliebt, schon lange nicht mehr. Und ich weiß nicht, ob ich es jemals wirklich war.“

„Wyatt“, haucht Exeter und versucht, nun auch mit der anderen Hand meine zu ergreifen.

Ich strecke meinen Arm aus und komme ihr auf halbem Weg entgegen. Unsere Finger verschränken sich und ich hebe meinen Blick von unseren verschlungenen Fingern zu ihren hübschen hellblauen Augen. Sie schenkt mir ein halbes Lächeln, es ist fast traurig, und ich frage mich, was es bedeutet.

Exeter runzelt die Stirn, dann blickt sie kurz zur Seite, bevor sie mich wieder ansieht. „Es gibt etwas, was Sammi und ich gemeinsam haben“, beginnt sie.

Mein Atem stockt, und ohne, dass ich es bewusst wahrnehme, halte ich den Atem an. Exeters Hand zittert in meiner, sie atmet tief ein und schließt die Augen, bevor sie ausatmet und wieder ihren Blick auf mich richtet.

„Ich hatte eine Abtreibung, Wyatt. Ich habe es keinem der beiden möglichen Väter gesagt, ich habe es niemandem gesagt, niemandem außer MawMaw und Emily.“

Ihre Worte kommen überstürzt und meine Hand erschlafft in ihrer, aber ihr Griff wird fester und sie weigert sich, mich loszulassen. Ich schaue auf unsere Hände, auf das Weiß ihrer Knöchel, darauf, wie sie sich festklammert, während ich völlig loszulassen scheine. Wenn sie mir nicht gegenübersitzen würde, in einem Restaurant, würde ich aufstehen, mich umdrehen, davongehen und nie wieder zurückblicken.

Wenn ich sie nicht lieben würde.

„Wer waren die potenziellen Väter?“, frage ich und meine Stimme klingt verzerrt.

Sie sagt keinen Ton. Ich hebe den Kopf und sehe sie an, um eine Antwort zu bekommen, aber ihre Augen sind geschlossen und sie schüttelt den Kopf hin und her.

„Zwing mich nicht, es laut auszusprechen“, flüstert sie.

Mein Magen dreht sich um. Ich kenne die Antwort. Verdammt, ich kenne die Antwort, zumindest bezogen auf den einen Kerl. „Der *andere* Typ, wer war das?“

Sie atmet abgehackt. „Bevor ich dich gefunden habe, habe ich mit Männern geschlafen, von denen ich wusste, dass sie nichts anderes wollten als Sex. Das war leicht, Wyatt. Das hier, das ist schwer. One-Night-Stands oder Typen, die high oder betrunken waren, haben sich nie für meine Vergangenheit interessiert. Ich konnte sie leicht verbergen. Bei dir ist das anders. Du verdienst es, alles zu wissen."

Sie öffnet langsam ihre Augen. In mir brodelt rot glühende Wut, aber das liegt nicht daran, dass Exeter die Entscheidung getroffen hat, die sie getroffen hat.

Es liegt daran, dass einer der potenziellen Väter ihr eigener verdammter Dad gewesen sein könnte. Es liegt daran, dass er ein kranker Wichser ist, der sie zu dieser Entscheidung gezwungen hat, indem er sie missbraucht hat. Der Wunsch, sein Leben zu beenden, ist so verdammt viel stärker geworden. Ich kann ihn nicht mehr frei atmen lassen. Er hat zu viel Horror und seelische Schmerzen verursacht.

Er wird sterben. Es wird langsam passieren. Und wenn es vorbei ist, werde ich lächeln.

***

Exeter

Ich beobachte ihn.

Er denkt nach, aber ich weiß nicht, worüber er nachdenkt. Über mich? Meine Vergangenheit? Unsere Zukunft? Obwohl ich es nicht will, warte ich ab. Denn zu wissen, dass es vorbei ist, wird viel mehr wehtun, als nur zu warten und noch ein paar Augenblicke in Unwissenheit zu leben.

„Unsere Lebensumstände sind so unterschiedlich, aber ihre Auswirkungen sind dieselben“, sagt er schließlich.

Ich ziehe die Augenbrauen zusammen und beiße mir auf die Lippe, warte darauf, dass er noch etwas sagt, warte darauf, was als Nächstes kommt. Er neigt seinen Kopf zur Seite, seine Finger umklammern wieder meine, sein Daumen zieht kleine Kreise auf der Stelle zwischen meinem Daumen und Zeigefinger. Verlangen strömt durch meinen Körper.

„Wyatt“, warne ich.

Er schüttelt den Kopf. „Ich war jahrelang wütend auf Sammi, weil sie mir die Wahl genommen hat. Sie hat etwas getan, ohne überhaupt mit mir darüber zu sprechen. An dem einen Tag hat sie mir erzählt, dass sie mit meinem Baby schwanger ist, und am nächsten Tag war das Kind weg. Das ist ein großer Unterschied.“

„Du bist nicht sauer auf mich?“, hake ich nach.

Wyatt senkt den Kopf. „Ich kann dir nicht böse sein, Exeter. Genauso wie ich nicht mehr wütend auf Sammi bin. Ich bin zwar immer noch sehr verletzt über ihre Entscheidung, aber meine Wut ist verflogen. Ich habe dich, und ich weiß, dass es nicht so wäre, wenn Sammi sich für das Baby entschieden hätte. Wir beide hätten nie zueinandergefunden. Schon klar, es ist ein Klischee, aber ich habe das Gefühl, dass alles aus einem bestimmten Grund geschieht. Gott weiß, dass es sich im Moment nicht immer so anfühlt“, entgegnet er und schnaubt auf.

Seine Worte lassen mich auf meinem Stuhl zusammenzucken. Meine Lippen zittern, und sosehr ich auch versuche, sie zurückzuhalten, sie kommen trotzdem. Tränen laufen mir über die Wangen und ich nicke.

„Ich könnte so hasserfüllt sein wegen meiner Vergangenheit, ich könnte so anders sein, aber ich hatte MawMaw, die mir gezeigt hat, dass das Festhalten an meiner Wut das Geschehene nicht verschwinden lässt. Also habe ich stattdessen hart gearbeitet. Bin fokussiert geblieben und dann bist du in mein Leben getreten und hast mich bis ins Mark erschüttert, Wyatt", gebe ich zu.

Es ist schwer, jemandem, egal wem, zu beichten, was man für ihn empfindet. Aber besonders in diesem Moment fällt es mir schwer, Wyatt gegenüber zuzugeben, was ich fühle. Wie er mich fühlen lässt. Ich habe nie an Seelenverwandtschaft geglaubt, habe nie gedacht, dass es auf dieser Welt nur einen Menschen gibt, der für einen anderen bestimmt ist.

Ich habe immer geglaubt, dass alles von den Umständen und Zufällen abhängt, dass man mit dem zusammen ist, der gerade zu einem passt, und es entweder funktioniert oder man sich auseinanderlebt. Bis zu diesem Augenblick war das meine feste Meinung.

Aber es gibt keine plausible Erklärung, wie Wyatt und ich zueinandergefunden haben. Wie wir einige der gleichen Erlebnisse hatten, aber auf sehr unterschiedliche Weise.

„Ich bin froh, dass du immer deine Großmutter hattest. So wie ich immer meine Eltern hatte. Sie hielten mich aufrecht und halfen mir, als ich am Tiefpunkt war. Ich glaube, dass Rylan und Emily vielleicht andere Erfahrungen gemacht hätten, wenn jemand so für sie da gewesen wäre. Ich meine, ich habe es mit Rylan versucht, so wie du es sicher mit Emily getan hast. Nur ist es etwas anderes, wenn man ein Kind ist, das versucht, seinen eigenen Weg im Leben zu finden und dabei noch einem anderen Kind in seinem Alter unter die Arme greift", murmelt er.

Ich atme tief ein und schenke ihm ein Lächeln. „Du hast recht mit Emily. Ich habe mich so sehr um sie bemüht, habe versucht, für sie da zu sein, aber sie hat mich andauernd abgewiesen. Sie scheint jetzt aber echte Hilfe zu bekommen", stimme ich ihm zu.

Emily heute zu besuchen, ist hart gewesen. Doch es war wichtig, denn ich habe das gebraucht und sie auch. Zuerst hat sie es nicht zugegeben und darauf beharrt, dass sie das alles allein schaffen würde, aber es hat nur wenige Minuten gedauert, bis sie mit zitternden Lippen zusammengebrochen ist.

Sie hat bisher die Gesprächstherapie der Einrichtung in Anspruch genommen und ist umgeben von Menschen, die eine ähnliche Vergangenheit wie wir haben. Und ich kann eine enorme Verbesserung bei ihr feststellen. Ich frage mich, ob ich vielleicht auch an so einen Ort hätte gehen sollen, als ich jünger gewesen bin.

„Du bist eine Million Kilometer weit weg, Süße", mischt sich Wyatts tiefe Stimme in meine Gedanken.

Mit einem leichten Kopfschütteln richte ich meinen Blick wieder auf ihn und lächle. Es ist ein trauriges Lächeln, denn die Situation und das Gespräch bieten nichts als Traurigkeit. Es scheint, als wäre diese das Thema unseres Lebens, zumindest in den Jahren als Teenager und junge Erwachsene. Vielleicht ab jetzt nicht mehr. Hoffentlich.

„Ich hatte heute einen guten Besuch bei Emily. Es geht ihr schon viel besser und ich habe gerade darüber nachgedacht."

Er nickt einmal, dann lässt er meine Hand los, und ich sehe zu, wie er nach seinem Besteck greift. Das Schweinekotelett, der Kartoffelbrei und die gebratenen Okraschoten sind wahrscheinlich schon völlig kalt.

„Ist alles in Ordnung?“, frage ich, bevor er anfängt, sein Essen zu schneiden.

Wyatts sieht mich an und ein kleines Lächeln erscheint auf seinen Lippen. „Ja, Süße. Ich denke, alles ist gut. Sind das alle deine Geheimnisse?“, will er wissen und neigt seinen Kopf zur Seite.

Meine Lippen verziehen sich ebenfalls zu einem kleinen Lächeln. „Ja, das ist alles. Ich denke, das reicht doch, oder?“, erwidere ich und rümpfe die Nase.

Er gluckst und senkt dann seinen Kopf ein wenig. „Ja, Süße, ich denke, das reicht, obwohl ich dir leider noch eine Bombe präsentieren muss.“

Ich halte den Atem an, meine Augen weiten sich, und ich warte darauf, dass er die Bombe platzen lässt, von der ich denke, dass sie wirklich verdammt schlimm sein wird.

„Ich fliege morgen früh um sechs Uhr nach Florida. Das heißt, du musst ohne mich in das Haus einziehen. Ich rufe Ford und Louis an, damit sie dir mit den paar Sachen helfen, die ich im Lager habe, aber Süße, das ist eine verdammt karge Angelegenheit. Ich wollte eigentlich lauter neuen Scheiß kaufen, wenn wir einziehen, unseren neuen Scheiß, aber ich werde keine Zeit haben, bis ich zurück bin“, erklärt er.

Mein Atem entweicht mir lautstark. „Damit kann ich umgehen“, sage ich.

Er lächelt, seine Zähne bohren sich in seine Unterlippe. „Ja?“

Ich nicke und greife nach meiner Gabel, um die Burrito-Bowl vor mir zu essen. „Ja, ich meine, wenn es ihnen nichts ausmacht, können sie einfach meine Möbel aus dem Trailer holen und ich kann komplett ausziehen. Das heißt, wenn du immer noch willst, dass ich bei dir einziehe?“

Wyatt schnaubt so laut, dass die Leute vom Tisch am Ende der Veranda zu uns herüberschauen. Ich kann mir ein Kichern nicht verkneifen, aber er lacht nicht.

„Wenn du irgendwo anders als in meinem neuen Haus wohnst, werde ich so sauer sein, dass ich dir den Hintern versohle, bis er grün und blau ist“, warnt er.

„Okay, Wyatt“, hauche ich und rutsche auf meinem Sitz hin und her.

Sein Blick fliegt nach unten und dann wieder hoch zu mir. „Oder vielleicht versohle ich dir auch nicht den Hintern“, sagt er und grinst.

„Ich ziehe bei dir ein, Baby.“ Ich lächle.

Er nickt. „Einverstanden. Und jetzt iss dein Essen. Dies ist unser letzter gemeinsamer Abend in absehbarer Zeit.“

Mir dreht sich der Magen um bei seinen Worten. „Was meinst du, wie lange …“

Wyatt hält seine Hand hoch. „Ich kann es nicht vorhersagen. Es könnten drei Tage sein oder aber auch drei Monate. Ich weiß es wirklich nicht, Süße. Es hängt alles vom Wetter ab, vom Ausmaß der Schäden und von den Crews, die zur Verfügung stehen.“

Wir essen in Ruhe und mich beschäftigen endlich nicht mehr das schweigsame Verhalten von Wyatt in den letzten Tagen und auch nicht mehr meine Geheimnisse. Alles wurde auf den Tisch gelegt, und ich kann nicht leugnen, dass dieses Gefühl sehr befreiend ist.

Als wir fertig sind, bezahlt Wyatt sofort die Rechnung, dann legt er seine Hand auf meine und zieht mich hinaus zu seinem Wagen. Bevor er mir die Wagentür öffnet, drückt er mich mit dem Rücken dagegen. Seine Hände umschließen mein Gesicht und seine Lippen berühren meine.

„Fuck", zischt er. „Verfluchte Scheiße, ich will dich nicht verlassen", dröhnt er.

Ich brumme, als sich sein Kopf neigt und seine Lippen auf meine prallen. Sein Kuss ist hart, unerbittlich, rücksichtslos und geradezu perfekt. Seine Zähne knabbern an meiner Unterlippe, nachdem er den Kuss langsam beendet hat.

„Wenn wir nicht abhauen, ficke ich dich genau hier gegen den Pick-up, in aller Öffentlichkeit. Dann hat die Stadt ein paar Monate lang etwas, worüber sie reden kann", murmelt er an meinem Mund.

„Wyatt", stöhne ich.

Er knurrt und drückt seine harte Länge gegen meinen Bauch. „Lass uns von hier verschwinden."

Ohne ein weiteres Wort hilft er mir in seinen Truck, läuft um die Motorhaube herum und steigt neben mir ein. Der Motor springt mit einem Aufheulen an, Wyatt betätigt den Hebel, drückt den Fuß aufs Gaspedal und wir fahren zum Hotel.

Ich bestreite nicht, dass ich will, dass er sich beeilt, um den Schmerz zwischen meinen Schenkeln zu lindern und mich vollständig auszufüllen. Wieder und wieder, bis die Sonne aufgeht.

Kapitel 25

Exeter

Wyatts Mund presst sich auf meinen. Wir sind zurück im Hotel, der Moment ist absolut bittersüß. Seine Zunge füllt mich aus und streicht mit einer schnellen Bewegung durch meinen Mund. Er stöhnt, und ich schlucke das Geräusch hinunter, weil ich es liebe, dass ich ihn so reagieren lassen kann. Seine Hände legen sich um meine Taille und er zieht mich enger an seine Brust.

Meine Brüste prallen gegen seinen Oberkörper und er schluckt mein Wimmern. Ich brauche mehr, so viel mehr. Er weiß es auch, aber er lässt mich leiden. Ich hebe meine Hände, schlinge meine Finger um seinen Bizeps und halte mich an ihm fest. Meine Fingernägel graben sich in sein Hemd und in seine Haut.

Seine Lippen lösen sich gemächlich von meinem Mund, bevor sie meinen Hals hinunterwandern. Seine Zähne kratzen, dann knabbern sie an meiner Haut, als sie meinen Brustansatz erreichen. Ich hasse das Shirt, das ich gerade trage, und wünsche mir, es würde sich bereits auf dem Boden oder sonst irgendwo anders befinden als an meinem Körper.

„Wyatt“, seufze ich.

Seine Finger krallen sich in mein Shirt und langsam, viel zu langsam, zieht er den Stoff an meinem Körper hoch. Ich gebe seine Oberarme frei, strecke meine Arme und erlaube ihm, mir das Shirt über den Kopf zu ziehen. Er wirft es irgendwohin in den Raum und seine Finger finden als Nächstes den Verschluss meines BHs. Gekonnt löst er den Haken, zieht meinen

BH an den Armen herunter und entledigt sich auch dieses Teils.

Er senkt den Kopf, und ich atme lange aus, als seine Lippen eine meiner schmerzenden Brustwarzen umschließen. Seine Hand findet den anderen Nippel und er kneift mit seinen Fingern in die Knospe und zieht sanft daran. Mein Kopf fällt bei diesem Gefühl in den Nacken, meine Augen schließen sich gleichzeitig.

Wyatt saugt, knabbert, zwickt und zupft an meinen Brustwarzen und wandert dabei von einer Seite zur anderen. Dann gleitet er mit seinem Mund gelassen die Mitte meines Körpers hinunter, bis er kurz über meiner Jeans stoppt, während in mir vor Verlangen das komplette Chaos tobt.

Er hebt seinen Blick zu mir, ich beiße mir auf die Unterlippe und beobachte ihn durch meine Wimpern. Seine Finger finden den Knopf meiner Jeans, den er mit einem Schwung aufreißt. Dann zieht er den Reißverschluss herunter. Ich atme durch die Nase ein und durch den Mund aus und warte auf mehr.

Seine Finger tanzen an meinem Höschen entlang, und er grinst, als mein Bauch unter seiner Berührung zittert.

„Was willst du, Süße?“, fragt er mit einem Lächeln auf den Lippen und einem schelmischen Funkeln in den Augen.

„Du weißt, was ich will“, hauche ich.

Er schüttelt den Kopf. „Ich weiß es nicht. Sag es mir“, drängt er.

Mit zusammengepresstem Kiefer atme ich noch einmal ein, dann lasse ich den Atem raus und schüttle ebenso den Kopf.

„Sag es mir“, fordert er wieder leise.

Ich fahre mit den Fingern durch sein Haar, wobei ich meinen Blick nicht von seinen Augen löse. „Ich will deinen Mund zwischen meinen Beinen, ich will, dass du mich kommen lässt“, antworte ich mit kaum mehr als einem Flüstern.

Er grinst und zieht mir die Jeans bis zu den Knöcheln herunter. „Raus da“, raunt er.

Freudig schlüpfe ich schnell aus meiner Jeans und werfe sie zusammen mit meinen Schuhen zur Seite. Als ich nur mit dem Höschen bekleidet vor ihm stehe und zu ihm heruntersehe, während er vor mir kniet, fühle ich mich so schön wie noch nie in meinem ganzen Leben. Ihm ist es egal, dass mein Bauch etwas größer, mein Hintern runder ist und meine Oberschenkel etwas dicker sind als allgemein üblich.

Wenn er zu mir aufschaut, fühle ich mich einfach atemberaubend.

Wyatts Hände gleiten langsam an der Außenseite meiner Oberschenkel hinauf und stoppen, als sie den Bund meines rosafarbenen Höschens erreicht haben. Ich atme tief ein, als er es gemächlich an meinen Beinen herunterzieht.

„Fuck“, stöhnt er, als meine Pussy entblößt ist. Als hätte er sie seit Monaten nicht mehr gesehen. Er beugt sich vor, meine Finger krallen sich in seine Haare, während er meinen Klit sanft küsst. „Auf das Bett. Hintern nach oben“, befiehlt er.

„Wyatt …“

Er schüttelt mit einer heftigen Bewegung den Kopf. Ich sage nichts mehr, löse den Griff in seinem Haar und drehe mich um. Langsam gehe ich auf das Bett zu, klettere auf die Matratze, lege mich mit der Brust nach unten hin, spreize meine Schenkel und warte.

Ich spüre, wie sein Atem über meine Haut streicht, dann greifen seine Hände nach meinem Hintern und spreizen mich noch weiter. Er bläst Luft auf meine Pussy. Sie ist feucht, tropft beinahe, da bin ich mir sicher. Dann spüre ich, wie er sich hinter mir bewegt und mit seinem Gesicht zu meinem Arsch gleitet. Mit den Händen schiebt er meine Pobacken weiter auseinander.

Wyatts Zunge berührt warm und feucht meine Rosette und dieses Gefühl rollt durch meinen ganzen Körper. Ich drücke mich näher an ihn heran, auch wenn ich weiß, dass es mir eigentlich gar nicht so gefallen sollte, wie es das tut. Es ist so verboten, so schmutzig und falsch, aber das spielt keine Rolle. Was ich *weiß*, spielt keine Rolle, es ist nur wichtig, was ich fühle.

Ich stöhne und drücke mich gegen ihn, ich brauche mehr, so viel mehr. Mein ganzer Körper schmerzt vor einem Verlangen, von dem ich weiß, dass nur er es stillen kann. Ich stoße einen Schluchzer aus, als ich seine Finger an meiner Klit spüre. Sie reiben feste Kreise gegen mich, während seine Zunge meinen Arsch fickt.

Der Orgasmus, der mich durchströmt, ist klein. Er überrascht mich, und ich atme lange aus, während sich meine Muskeln anspannen und dann langsam entspannen. Wyatts Mund verlässt meinen Arsch, und ich erwarte, dass sein Schwanz meine Pussy ausfüllt, aber das tut er nicht.

Das Geräusch von raschelnden Kleidern erfüllt meine Ohren, aber ich bin zu erschöpft, um mich zu bewegen. Mein Hintern ist immer noch in der Luft, meine Schenkel sind gespreizt und ich bin bereit für mehr – für alles. Ich höre das Geräusch von aufreißender Folie und will mich bewegen, aber Wyatts Hand legt sich auf meinen Rücken und übt Druck aus, damit ich stillhalte.

„Was machst du da?", will ich wissen.

Er brummt, seine Finger wandern zu meinen Pobacken. Er packt sie, spreizt sie ein wenig und dann spüre ich die Spitze seines Schwanzes an meiner Rosette.

„Wyatt", zische ich.

„Entspann dich einfach, Süße. Ich schwöre dir, ich werde dir nicht wehtun", verspricht er.

Ich kneife die Augen zusammen, atme aus und versuche, mich zu entspannen. Er massiert meinen Hintern, dann legt sich eine seiner Hände um meine Hüfte und ich spüre seine Finger durch meinen Spalt gleiten. Als ich stöhne, taucht er mit seinen Fingern in meine Pussy und übt mit der Handfläche Druck auf meine Klit aus.

„O Gott", stöhne ich, als sich seine Finger in mir bewegen und seine Handfläche gleichzeitig an meiner Klit reibt.

„Drück dich gegen mich", raunt er.

Ich tue, worum er mich bittet, drücke mich zurück, als er seine Hüften bewegt und sein Schwanz ein wenig stärker gegen mein Poloch drückt. Seine Hand an meinem Hintern verschwindet und ich spüre eine kühle Flüssigkeit an meinem Arsch. Wyatt stößt ein Grunzen aus, sein Schwanz gleitet noch ein wenig weiter in mich hinein. Mit immer noch zusammengekniffenen Augen zwinge ich den Rest meines Körpers, sich mit einem tiefen Ausatmen zu entspannen.

Wyatts Finger zwischen meinen Beinen hören nicht auf, sie pumpen in mich hinein und wieder heraus, kreisen in mir, während seine Handfläche weiterhin

Druck auf meine Klit ausübt. Ich konzentriere mich nicht mehr auf seinen Schwanz in meinem Arsch, sondern auf die Euphorie, während ich einem zweiten Orgasmus näher komme.

Mein Atem stockt, als ich spüre, wie Wyatt mich vollständig ausfüllt. Er dehnt mich so sehr, so verflucht vollkommen, dass ich das Gefühl habe, in zwei Teile zerrissen zu werden.

Ich bin mir nicht sicher, ob mir das etwas ausmachen würde, denn das Gefühl ist anders als alles, was ich je zuvor erlebt habe. Und es ist nicht im Entferntesten unangenehm – im Gegenteil. Ich mag die Art, wie er mich dehnt.

Wyatt verharrt völlig still, seit er in mir drin ist. Seine Finger bewegen sich nicht mehr und er atmet stoßweise hinter mir aus.

***

Wyatt

Wenn ich jemals gedacht habe, dass Sex mit Exeter noch besser werden könnte, dann war mir nicht klar, wie gut er wirklich werden würde. Wie verdammt erstaunlich und unglaublich es sein kann, so in ihr zu sein. Fuck. Es ist unglaublich. Wenn ich zwischen uns hinunterschaue, erschaudert mein ganzer Körper beim Anblick meines Schwanzes, der bis zum Anschlag in ihrem engen Arsch steckt.

Langsam ziehe ich mich bis zur Spitze aus ihr heraus und tauche dann wieder hinein. Meine Finger bewegen sich in ihrer Pussy, genießen die Nässe, die sie umgibt. Nach einem Atemzug beginnen sich ihre Hüften zu bewegen, ihr Arsch kommt meinen

Stößen entgegen, während sie gleichzeitig ihre Klit gegen meine Handfläche reibt.

„Ich komme schon wieder", haucht sie.

Ich weiß es verdammt noch mal. Ich kann es fühlen. Ihr ganzer Körper ist heiß, ihre Pussy ist feucht und flattert um meine Finger. Sie ist so verdammt nah dran, aber ich will nicht, dass es vorbei ist, noch nicht. Mit geneigtem Kopf beobachte ich, wie sich mein Schwanz in ihren Arsch hineinschiebt und wieder herauszieht.

„Ja, ja, ja", singt sie, während ihre Hüften unter mir zucken und wippen.

Sie ist dabei zu kommen, und als sich ihr Arsch um meinen Schwanz klammert, weiß ich, dass dies auch meinen Orgasmus aus meinem Körper zwingen wird. Ich schließe meine Augen und ficke sie noch ein bisschen härter. Ich will nicht, dass es endet, aber ich weiß, dass es das wird, und zwar bald.

Sie schreit unter mir auf, ihr Körper zittert, während ihre Hüften zucken, ihre Klit sucht und verlangt mehr von mir. Ich reibe meine Handfläche noch fester gegen ihre Pussy, meine Finger bewegen sich schneller in ihr, gleichzeitig stoßen meine Hüften fester gegen ihren süßen, runden Arsch.

„Ich komme", schreit sie.

Ihre Pussy klammert sich um meine Finger, ihr Arsch tut dasselbe mit meinem Schwanz, und genau, wie ich es erwartet habe, reißt mich mein Orgasmus mit. Wir stehen beide still, mein Sperma füllt die Spitze des Kondoms, während ihr Arsch um mich herum pulsiert. Bedächtig sinke ich mit meiner Brust auf ihren Rücken und halte meine Finger und meinen Schwanz tief in ihr vergraben.

Ich berühre mit meinen Lippen die Seite ihres Halses und finde ihre Ohrmuschel. „Heilige verdammte Scheiße, Süße“, raune ich.

Sie brummt, ihre Augen sind geschlossen und ein kleines Lächeln umspielt ihre Lippen. Bedauernd gleite ich vorsichtig aus ihrem Arsch und entferne meine Hand aus ihrer immer noch warmen Mitte. Ich klettere vom Bett herunter, stelle mich an die Seite und schaue auf sie herab.

Sie liegt ausgestreckt mit gespreizten Beinen da, Schweißperlen stehen auf ihrer Stirn. Dieses Lächeln ist auf ihrem Gesicht, und ihre Augen sind immer noch geschlossen. Sie hat noch nie so gut ausgesehen. Scheiße, jeden Tag scheint sie hübscher, sexyer und perfekter für mich zu werden.

Ich wende mich ab und eile ins Bad, um das Kondom loszuwerden und mich schnell zu waschen. Gerade als das Kondom weg ist, öffnet sich die Tür und Exeter steht im Rahmen und sieht mich durch ihre schweren Lider an. Leider sind meine Eier völlig leer, ansonsten würde ich sie schon wieder durchficken wollen.

„Duschen?“, fragt sie, ihre Stimme ist kaum lauter als ein Flüstern.

Ich hebe mein Kinn und nicke als stille Zustimmung. Dann wende ich mich der Dusche zu, schalte sie ein und warte, bis das Wasser aufgewärmt ist. Exeter stellt sich hinter mich und schlingt ihre Arme um meine Taille, während sie ihre Wange an meinen Rücken drückt.

„Ich wünschte, du müsstest morgen nicht gehen“, murmelt sie.

Ich schließe die Augen und denke genau das Gleiche. „Ich auch, Süße“, stimme ich zu.

Ihre Arme lösen sich von meiner Taille, als ich einen Schritt nach vorne mache und unter die warme Dusche steige. Sie folgt mir dicht auf den Fersen. Das Wasser plätschert auf uns hinunter, und ich gehe zur Seite, damit auch sie etwas mehr von dem warmen Wasserstrahl abbekommt.

„Also, was passiert morgen?“, fragt sie.

Ich schließe für einen Moment die Augen und atme tief ein, bevor ich sie wieder öffne. „Morgen fahre ich weg, aber ich bringe dich vorher zum Haus, wenn du willst. Ford und Louis haben gesagt, sie würden dir bei allem helfen, wenn du willst. Ich kann auch ein Umzugsunternehmen anrufen, das kommt. Was immer du brauchst, sag es mir einfach.“

Sie beugt sich vor und ich spüre ihre Lippen auf meiner Brust. Ich lege meine Finger um ihren Nacken, während sie zu mir aufsieht.

„Alles, was ich brauche, ist, dass du dich auf die Arbeit und das Nachhausekommen konzentrierst“, erwidert sie und grinst.

Ich schüttle einmal den Kopf, neige ihn und streiche mit meinen Lippen über ihre. „Wie kann ich nur so verdammt viel Glück haben?“, hauche ich gegen ihre Lippen.

„Das frage ich mich jeden Tag, seit du dich in mein Leben gedrängt und kein Nein als Antwort akzeptiert hast“, gibt sie zurück und ihr Grinsen wird noch breiter.

Ich grunze. „Ich hätte es als Antwort akzeptiert, wenn ich geglaubt hätte, du würdest es ernst meinen. Du hast deinen Verstand und dein Herz von vergangenem Scheiß regieren lassen. Und so funktioniert das nicht, und das werde ich auch nie unterstützen.“

Exeters Lippen verziehen sich zu einem Lächeln, bevor sie spricht. „Ich habe immer noch eine ganze Menge Mist im Kopf, Wyatt."

Ich packe sie im Nacken, meine Lippen pressen sich zu einer dünnen Linie zusammen. Ich weiß, dass sie immer noch eine Menge Scheiße mit sich trägt, wie jeder Mensch mit ihrem Hintergrund. Und ich kann ihr das auch nicht verübeln, nicht wirklich, denn es ist nicht ihre Schuld. Was ich tun kann, ist, ihr zu zeigen, wie ein echter Mann die Frau behandelt, die er liebt. Ich kann ihr zeigen, was es bedeutet, von einem Mann wirklich geliebt zu werden. „Süße, es wird meine Lebensaufgabe sein, diesen Mist komplett aus deinem Kopf zu kriegen."

Tränen sammeln sich hinter ihren Lidern, und ich kann ganz deutlich sehen, wie sie ihr die Wangen hinunterlaufen und sich dann mit dem Duschwasser vermischen. Ich streiche mit meinem Daumen über ihre Wangen, um sie wegzuwischen, senke meinen Kopf und lehne meine Stirn gegen ihre.

Ich atme tief ein, atme aus und nehme sie in die Arme. Sie hat mir heute Abend etwas Wunderschönes geschenkt, und jetzt, da wir beide mit unserer Vergangenheit ins Reine gekommen sind, ist es an der Zeit, dass ich ihr ebenfalls ein Geschenk mache.

Ich bewege meine Lippen entlang ihres Kiefers und finde ihr Ohr. „Ich liebe dich, Süße", raune ich.

Sie zuckt zurück, aber ich lasse nicht zu, dass sie sich von mir entfernt. Exeter hebt ihren Blick, ihre Augen sind groß und sehen fast ängstlich aus.

„Tust du das?", haucht sie.

Ich lächle. „Ja, das tue ich. Ich liebe dich", wiederhole ich.

Sie sagt nichts, und ich denke, dass ich es völlig vermasselt habe, bis sie sich auf ihre Zehenspitzen stellt, ihre Arme um mich schlingt und ihren Mund auf meinen presst. Der Kuss ist nicht tief, er ist süß und flink. Sie lässt ihre Lippen auf meinen verweilen, dann spricht sie.

„Ich liebe dich auch, Wyatt. Ich liebe dich mehr, als ich es je für möglich gehalten hätte."

Ich ziehe ihren nassen Körper noch näher an meine Brust, neige meinen Kopf und vertiefe unseren Kuss. Dann hebe ich sie trotz ihres Protests hoch, drücke sie mit dem Rücken gegen die Duschwand und gleite in die Frau, die ich liebe, um Liebe mit ihr zu machen.

Kapitel 26

Wyatt

Ich drücke meine Lippen auf ihre Schläfe und atme ihren Duft ein. Sie riecht nach mir, nach Sex und auch nach ihr. Ich schließe die Augen und bleibe einen Moment lang so liegen, bevor ich langsam aufstehe. Sie brummt und kuschelt sich etwas tiefer in ihr Kissen, bevor sie ihre Augen öffnet.

„Ich dachte, du bringst mich zum Haus?“, fragt sie schläfrig.

Ich schüttle den Kopf. „Du hast so friedlich geschlafen. Ich konnte dich nicht aufwecken. Ich habe dir die Adresse und die Schlüssel auf den Tresen gelegt. Um zwölf ist hier Check-out“, erkläre ich.

Sie runzelt die Stirn, dann setzt sie sich leicht auf. Die Decke rutscht von ihrem Körper und legt ihre Brüste frei. Mein Blick fällt sofort auf ihre sexy Brustwarzen. Sie betteln förmlich nach meinem Mund. Wir haben gefickt, Liebe gemacht und wieder gefickt. Ich bin völlig gesättigt, mein Schwanz schmerzt, aber verdammt, ich will sie immer noch.

„Ich werde dich vermissen“, flüstert sie.

Ich hebe meinen Blick, um in ihre Augen zu sehen, und schenke ihr ein Lächeln. Es ist ein unechtes, aber es ist das, was sie braucht. „Ich bin im Handumdrehen wieder zu Hause und rufe an, sooft ich kann.“

„Das wird nicht oft sein“, vermutet sie.

Ich nicke ein paarmal. „Ich werde mein Bestes geben, um mich jeden Tag zu melden, und ich werde so oft wie möglich eine SMS schreiben. Aber wir arbeiten mindestens sechzehn Stunden pro Tag, manchmal sogar über zwanzig“, erkläre ich.

Sie zieht das Laken wieder über ihre Brüste, um sich zu verhüllen, und beißt sich auf die Lippen. „Ich werde wahrscheinlich auch ein paar Extraschichten übernehmen“, erwidert sie und zuckt mit den Schultern.

„Überarbeite dich nicht, Süße“, warne ich sie mit einem Stirnrunzeln.

Exeter schenkt mir ein kleines Lächeln. „Ein bisschen mehr Geld für neue Möbel hat noch niemandem geschadet.“

Ich schnaube, weil ich überlegt habe, ob ich nicht etwas mehr Geld in die Hand nehmen soll, um ein Fertigbauhaus auf dem Grundstück zu errichten, damit MawMaw ein eigenes Heim in unserer Nähe hat. Es soll eine Überraschung sein, und hoffentlich bringt dieser Sturm genug Überstunden, damit ich einen großen Teil davon bar bezahlen kann, wenn ich zurückkomme.

„Nein, Süße, da gebe ich dir recht“, antworte ich und grinse. Ich beuge mich hinunter, umfasse sanft ihren Nacken und streiche mit meinen Lippen über ihre. „Es tut mir leid, dass ich nicht hier sein werde, um mit dem Haus zu helfen, aber verdammt, ich bin so froh, dass du einziehst.“

Sie haucht gegen meinen Mund, ihre Augen schließen sich für einen Moment, bevor sie sie wieder öffnet. „Ich liebe dich, Wyatt.“

„Ich liebe dich auch, Süße. So verdammt heftig“, gebe ich zu. Ich lasse ihren Nacken los und trete einen Schritt zurück.

„Dann wird alles gut und der Umzug wird sich auf jeden Fall lohnen, egal was passiert.“ Sie lächelt strahlend.

Scheiße. Was ich im Leben getan habe, um sie zu verdienen, werde ich nie erfahren. Aber ich werde sie niemals gehen lassen, so viel steht fest. Bis tief in die Knochen weiß ich, dass ich sie nie gehen lassen werde, nicht freiwillig. Ich werde mir jeden einzelnen Tag den Arsch aufreißen, um sie zu haben, sie zu halten, sie zu behalten.

Das Hotel zu verlassen, ist das Schwerste, was ich seit Langem getan habe, schwer auf seine ganz eigene Art und Weise. Ich habe keine Ahnung, wann ich zurückkehren werde. Die Ungewissheit ist es, die mich durcheinanderbringt und ein wenig erschüttert. Ich bin mir sicher, dass es Rylan mit seiner schwangeren Ehefrau Channing genauso geht.

Als ich bei Rylan vorfahre, mache ich mir nicht die Mühe zu hupen. Er weiß, dass ich hier bin, und es ist zu früh, um die Nachbarn zu stören. Ich hole mein Handy aus der Tasche und suche in meinen Kontakten nach Fords Nummer. Ich weiß, dass er wach ist, er füttert in aller Herrgottsfrühe die Hühner oder so einen Scheiß.

„Wyatt“, dehnt er meinen Namen zur Begrüßung.

Ich grunze. „Bist du immer noch bereit, Exeter heute Nachmittag und am Wochenende zu helfen?“, frage ich und halte meinen Blick auf Rylans Haustür gerichtet.

„Ich habe es dir gesagt, als du mich gestern zweimal angerufen hast. Es ist alles gut“, entgegnet er feixend.

„Ich mache mir nur Sorgen um sie“, gebe ich zu.

Es fällt mir schwer, diese Worte laut auszusprechen. Ich habe es nie für möglich gehalten, dass ich mir noch einmal Sorgen um eine Frau machen würde. Es ist eine Million Mal intensiver, als es jemals mit Sammi gewesen ist, und das jagt mir eine

Heidenangst ein. Es ist aber keine schlechte Angst, ich fühle mich dadurch nur viel lebendiger.

Ich *bin* lebendig. Bin so verdammt verliebt und lebendig, dass ich zu bezweifeln wage, ob mich irgendetwas im Moment runterziehen könnte. Noch nicht einmal die Tatsache, dass ich Exeter für Wochen verlassen muss, schafft das. Denn ich weiß, wenn ich fertig bin, wird sie zu Hause auf mich warten – in unserem Zuhause.

„Schon klar. Louis und ich sind im Boot. Wir werden auch nach ihr sehen, wenn wir den Umzug hinter uns gebracht haben. Ich sorge dafür, dass sie unsere Telefonnummern hat, da wir beide ganz in der Nähe wohnen“, versichert er mir.

Ich räuspere mich, bedanke mich noch einmal und beende dann den Anruf. Rylan verlässt gerade das Haus mit seiner großen Reisetasche in der Hand. Sein Gesicht sieht genauso grimmig aus wie meines, und ich kann es ihm nicht verübeln. Mir ist klar, dass er ernsthafte Bedenken hat, Channing jetzt zu verlassen, zumal ihr Geburtstermin immer näher rückt. Ich beobachte, wie er seine Tasche auf die Ladefläche meines Trucks wirft und schnell auf den Beifahrersitz klettert.

„Fertig?“, frage ich.

Er grunzt nur als Antwort.

„Genau so fühle ich mich auch, Cousin“, gebe ich zu.

Wir fahren schweigend zum Werksgelände, jeder in seine eigenen Gedanken versunken, an seine Frau und an das, was kommen wird. Wir müssen beide unsere Köpfe aus dem Arsch ziehen, wir können uns nicht ablenken lassen, während wir an den Schäden dieses Sturms arbeiten, besonders, wenn er so verheerend und gefährlich ist, wie er aussieht. Wir müssen zu jeder Zeit mit voller Konzentration bei der Sache sein.

***

Exeter

Das Klopfen an der Tür lässt mich zusammenzucken, obwohl mir klar ist, dass ich das nicht brauche. Ich bin wieder in meinem Trailer, den ich seit fast einem ganzen Monat nicht mehr betreten habe. Er sieht irgendwie kleiner aus, trauriger.

Als ich zur Tür gehe, bin ich nicht überrascht, Ford und Louis auf der anderen Seite der Tür stehen zu sehen. Sie sind beide groß, aber da enden ihre Gemeinsamkeiten auch schon. Louis' imposante Statur nimmt den gesamten Blick durch den Spion ein. Ford ist hochgewachsen und schlank, aber auch er ist muskulös.

Als ich die Tür öffne, setze ich ein Lächeln auf, das sicher genauso unecht aussieht, wie es sich anfühlt. Zum Glück würde mir das aber keiner der Männer ins Gesicht sagen. Ford schüttelt einmal den Kopf und Louis' Lippen verziehen sich zu einem Grinsen. Ich trete zur Seite, damit sie hereinkommen können.

„Kannst du schon sagen, was du alles mitnimmst?", fragt Ford.

„Ich schätze, als Erstes sämtliche Möbel. Wyatt hat nicht wirklich etwas in seinem Lager, denke ich."

Louis gluckst. „Das hat er nicht. Wir haben letzte Nacht alles von dort weggebracht, um einen Vorsprung zu haben", erwidert er.

„Wirklich?“, entgegne ich, völlig schockiert von seinen Worten.

Er nickt, seine Lippen zucken, als er mir ein kleines Lächeln zuwirft. „Wirklich. Und jetzt lasst uns das Zeug einladen. Ich bin sicher, du willst dich in deinem neuen Haus einrichten.“

Ich denke an das Ranchhaus auf dem Land, die schönen Eichen, die das Grundstück umgeben, die Felsen und Kakteen, inmitten des natürlichen Wildgrases. Ich stelle mir die Gegend im Frühling vor, bedeckt mit Bluebonnets und texanischen Wildblumen, und kann mir ein Lächeln nicht verkneifen. Ja, dort möchte ich mich mit Wyatt niederlassen. Ein Leben aufbauen und gestalten, von dem ich vor ein paar Monaten noch geträumt habe und welches nun Wirklichkeit werden wird.

Louis und Ford gehen zu meinem kleinen Sofa hinüber und heben es hoch. Ich beobachte sie einen Moment lang, bevor ich mich meiner Küche zuwende. Ich schnappe mir eine der Kisten, die ich aus dem Hinterhof des örtlichen Lebensmittelgeschäfts mitgenommen habe, und beginne, mein Zeug einzupacken.

Es dauert nicht lange, bis ich die ganzen Küchensachen zusammengepackt habe, denn ich habe nicht so viel Kram. Das sind alles Dinge, die ich im Laufe der Jahre in Secondhandläden und auf Flohmärkten zusammengesammelt habe. Sie mögen älter sein, aber sie sind alle in gutem Zustand. Das ist etwas, worauf ich stolz bin, nämlich auf Gegenstände von guter Qualität zu sparen, selbst wenn sie gebraucht ist.

„Exeter“, ruft Louis aus dem hinteren Teil des Hauses.

Da ich mit der letzten Umzugsbox in der Küche fertig bin, laufe ich zu ihm in den kurzen Flur. Er steht an der Tür zu Emilys Zimmer. Ich schließe meine Augen, atme tief ein und wieder aus.

„Was soll ich hier drinnen machen, Liebes?“, fragt er mit einer Stimme, die noch etwas sanfter ist, als ich sie je gehört habe.

Er weiß es. Er weiß, dass es ihr Zimmer ist.

„Ich habe keine Ahnung“, gebe ich zu. „Ich denke, ich könnte alles einpacken und dann zu ihr bringen.“

Er brummt und dreht den Kopf, um auf mich herabzusehen.

Er ist riesig, er nimmt fast den ganzen kleinen Flur ein, was mich jedoch weder einschüchtert noch mir Angst einjagt. Ich fühle mich in seiner Nähe einfach wohl. „Willst du das diese Woche machen? Ich habe Zeit, wenn du frei hast“, bietet er an.

Ich blinzle bei seinem Angebot, beiße mir auf die Lippe und denke darüber nach. Dann entscheide ich mich dagegen. Ich weiß, dass Wyatt mit ihm befreundet ist, aber so etwas, ein Roadtrip allein mit ihm, erscheint mir irgendwie falsch zu sein.

Ich schüttele den Kopf. „Danke, aber MawMaw wird sie sowieso bald wieder besuchen wollen. Ich werde sie mitnehmen und auch Emilys persönliche Sachen. Die Möbel gehören allerdings mir, also können wir sie einfach mit meinen restlichen Sachen einladen.“

Louis hebt sein Kinn, dann tritt er vor, um das Doppelbett, das vor dem Fenster steht, abzubauen. Ich sehe einen Moment lang zu, ohne wirklich etwas zu sehen, und denke nur nach. Ich vermisse sie. Ich vermisse das Mädchen, das Emily gewesen ist, bevor sie in all den Missbrauch, die Manipulation und das Drama von Jacob verwickelt wurde.

Ich wende mich ab und gehe ins Wohnzimmer, um noch ein paar Kartons zu holen. Anstatt zurück in Emilys Zimmer zu gehen, beschließe ich, in meins zu gehen und den Rest meiner persönlichen Sachen zu packen. Zum Glück habe ich nicht viel. Als ich das Haus meines Vaters verlassen habe, bin ich mit nichts gegangen.

Und während ich bei MawMaw gelebt habe, habe ich nur Kleidung besessen. Ich bin erst seit ein paar Jahren allein und habe bisher weder Zeit noch Geld gehabt, um viel mehr als das Nötigste zu kaufen, was diesen Umzug viel einfacher gestaltet, als er sein könnte.

Nach nur wenigen Stunden und zwei Pick-up-Ladungen ist der Trailer leer, bis auf Emilys persönliche Sachen. Sobald ich einige Dinge aus den Umzugskisten ausgepackt habe, nehme ich sie wieder mit und suche den Rest ihrer Sachen zusammen, um dann meinem Vermieter mitzuteilen, dass ich offiziell ausgezogen bin.

Ich kann nicht glauben, dass ich nur wenige Wochen, nachdem ich ihn kennengelernt habe, mit Wyatt zusammenleben werde. Es fühlt sich wie ein gigantischer Schritt an, aber auch wie der nächste natürliche Schritt.

Er ist es für mich, mein ganz persönlicher Superheld. Er ist alles, was ich mir nie habe vorstellen können, aber mir immer erträumt habe.

Wyatt ist meine Zukunft.

***

Der Weg, der vor uns liegt, ist lang, vor allem, weil wir direkt in den Sturm hineinfahren, statt von ihm weg. Ich dehne meinen Hals von einer Seite zur anderen, schaue auf die Uhr und stöhne. Ich bin müde und habe erst zwei Stunden einer mindestens fünfundzwanzigstündigen Fahrt hinter mir.

Wir werden heute nach zwölf Stunden eine Pause einlegen. Den Rest der Reise schaffen wir dann in zwei weiteren Tagen. Leider können wir mit unseren Trucks nur siebzig Kilometer pro Stunde fahren. Was in einem Auto normalerweise siebzehn Stunden dauert, dauert in Fahrzeugen mit einer hydraulischen Arbeitsbühne also fast doppelt so lang.

Ich kann nicht anders, als an Exeter zu denken. Mich interessiert, ob Louis und Ford sie im neuen Haus gut untergebracht haben. Ich habe Ford eine Liste mit Dingen gegeben, die er überprüfen soll, um sicherzustellen, dass alles in Ordnung ist. Er kümmert sich um die Hausanschlussversorgungen, die ich auf meinen Namen habe umschreiben lassen, und trifft sich mit den Handwerkern, um diese in Betrieb zu nehmen.

Aber irgendein schlechtes Gefühl in meinem Magen macht mir noch zu schaffen. Ich schiebe es darauf, dass ich unsicher und unruhig bin und dass unsere Beziehung noch frisch ist. Ich hätte mir gewünscht, mindestens eine Woche länger Zeit zu haben, um uns im neuen Haus einzugewöhnen.

Schuld. Das ist es, was ich fühle. Sorgen und Schuld. Ich sollte dort bei ihr sein. Ich sollte ihren Umzug schmeißen, mich um alles kümmern und dafür sorgen, dass sie sich wohlfühlt. Aber die Natur ist ein launisches Miststück, und wenn sie durch die Gegend stürmt, habe ich keine andere Wahl, als ihrem Weg der Zerstörung zu folgen. Auch wenn ich das eigentlich gar nicht will.

Nach ein paar Stunden Fahrt halten wir endlich an, um zu tanken und etwas zu essen. Sobald wir uns eingedeckt haben, sehe ich nach Rylan, der nur den Kopf schüttelt und mir versichert, dass es ihm gut geht. Aber er sieht nicht gut aus. Er sieht krank aus vor Sorge. Er wendet sich von mir ab und hält sich sein Handy ans Ohr, um Channing anzurufen. Ich tue dasselbe, hole mein eigenes Handy aus der Tasche und rufe Exeter an.

„Hey“, grüßt sie fröhlich.

„Bist du okay? Bist du im Haus?“, frage ich.

„Das bin ich. Ford und Louis haben mir geholfen. Sie haben alles ausgeladen, und ich packe gerade aus, was ich habe“, erklärt sie.

Ich stöhne und hasse es, wie verdammt eifersüchtig ich auf meine Freunde bin. Nicht, weil ich denke, dass etwas passieren würde, sondern weil ich dabei sein will und nicht kann. „Pass auf dich auf, gehe es langsam an, okay?“

„Das werde ich, Wyatt. Pass du auf dich auf und sei bitte vorsichtig“, fleht sie.

Ich schließe die Augen und atme tief ein und aus, bevor ich weiterrede. „Mach ich, Süße. Vielleicht kann ich heute Abend nicht mehr anrufen, wir werden wahrscheinlich bis spät in die Nacht unterwegs sein. Ich rufe dich morgen früh an, bevor wir wieder losfahren, okay?“

„Okay, Baby.“ Ihre Stimme ist kaum mehr als ein Flüstern, dann ist die Leitung tot.

Ich atme noch mal tief durch und zwinge meinen Schwanz, schlaff zu werden. Die Art, wie sie „Baby“ gesagt hat, ist direkt in meinen Schwanz gefahren. Scheiße, alles, was mit ihr zu tun hat, geht direkt in meinen Schwanz. Der Klang ihrer Stimme, Exeter selbst, wenn ich sie vor meinem inneren Auge sehe – einfach alles.

Ich bin gottverdammt hoffnungslos in sie verliebt.

Kapitel 27

Exeter

Mit dem verbliebenen Klebeband verschließe ich die letzte Kiste mit Emilys Sachen. Es wirkt surreal, in diesem leeren Trailer zu stehen, einem Ort, den ich jahrelang mein Zuhause und einen sicheren Hafen genannt habe. Leider hat mein Vater meinen sicheren Hafen zerstört, aber Wyatt hat mir den Rücken gestärkt, mein Held. Er hat mich davor bewahrt, ein zweites Mal in eine Spirale zu geraten, aus der ich mich wahrscheinlich nie wieder hätte befreien können. Das erste Mal ist schon schwer genug gewesen.

Ich bücke mich, hebe den Karton auf und gehe zur Tür. Ich werde diesen Trailerpark verlassen und nie wieder zurückblicken. Nicht, weil ich es hier hasse oder mich schäme. Das tue ich nicht, absolut nicht. Ich bin einfach bereit, weiterzuziehen. Bereit, meine Vergangenheit hinter mir zu lassen. Ich habe so viel mehr im Leben, auf das ich mich freuen kann. Dieser Teil meines Lebens ist jetzt vorbei, und ich verspüre kein Verlangen danach, mich jemals wieder an etwas davon zu erinnern.

Nachdem ich die Tür abgeschlossen habe, gehe ich zum Kofferraum und stelle Emilys Kiste ab. Es ist traurig, dass ihre letzten persönlichen Gegenstände so wenige sind. Wenngleich ich nicht viel mehr vorzuweisen habe. Vielleicht liegt es an unserer Herkunft, an unserer Vergangenheit, dass uns nicht viel lieb und teuer ist.

Vielleicht liegt es aber auch daran, dass wir immer noch darauf warten, die Stücke von Wert zu finden, an denen wir festhalten können. Vermutlich lohnt es sich nicht mal, der Frage auf den Grund zu gehen.

Ich laufe zurück zur Veranda und lege meinen Schlüssel unter die Fußmatte, dann hole ich mein Handy aus der Tasche und schicke dem Vermieter eine SMS. Er weiß bereits, dass ich ausziehe, und hat mich angewiesen, den Schlüssel einfach irgendwo zu hinterlegen.

Ich klettere auf den Vordersitz meines Autos, starte den Wagen und wende meinen Blick ein letztes Mal zu meinem Trailer. Das ist es gewesen. Sobald ich den Hebel auf Fahren stelle, gibt es kein Zurück mehr. Nicht, dass ich wirklich darüber nachdenken würde. Mein Leben hat sich verschoben, es hat sich verändert, und es führt kein Weg daran vorbei, ich habe mich verändert. Wyatt hat mich verändert, zum Besseren.

Auf dem Weg zu Wyatts Eltern atme ich tief ein und überlege, ob ich das Richtige tue. Ich hoffe, dass Wyatt sich nicht aufregt, aber MawMaw muss ihre Privatsphäre haben, oder zumindest bei ihrer Familie sein. Ich werde sie auf keinen Fall zu ihr nach Hause bringen, nicht nach dem, was mein Vater getan hat. Aber ich kann sie nicht länger bei Wyatts Familie lassen. Es ist nett von ihnen, sie aufzunehmen und zu helfen, aber jetzt bin ich dran.

Als ich vor dem Haus parke, schaue ich mich noch einmal um und lasse meinen Blick über den schön hübsch angelegten Vorgarten schweifen. Was hätte ich dafür gegeben, in so einem Haus zu wohnen, als ich jünger gewesen bin. Ich kann ehrlich gesagt nicht glauben, dass ich Leute kenne, die hier leben. Es scheint alles so unrealistisch.

Schnellen Schrittes haste ich die Veranda hinauf und klopfe an die Tür. Ich erwarte, dass Wyatts Mutter aufmacht, aber stattdessen macht MawMaw auf. Ihr Gesicht erhellt sich, als sie sieht, dass ich es bin. Sie nimmt mich in die Arme, als hätte sie mich wochenlang nicht mehr gesehen statt nur weniger Tage. Das stört mich nicht, im Gegenteil. Ich sauge ihre Liebe in mich auf.

„Wie geht es dir, seit dein Mann weg ist?“, fragt sie in gedämpftem Tonfall.

Es überrascht mich, dass sie es weiß, was es allerdings nicht sollte. Denn ich bin sicher, Wyatts Eltern wissen, dass er weg ist. Ich habe nur nicht wirklich darüber nachgedacht. Als ich sie loslasse, tritt sie einen Schritt zurück und lässt mich ins Haus. Es ist genauso warm und gemütlich wie beim ersten Mal, als ich hier gewesen bin.

„Mir geht's gut. Ich war mit dem Auspacken beschäftigt“, gestehe ich.

MawMaws Augen blitzen auf, dann entspannen sich ihre Gesichtszüge. „Mir wäre es lieber, ihr würdet heiraten, aber ich weiß, dass die Kinder das heutzutage nicht mehr tun“, sagt sie und seufzt.

Ich möchte ihr sagen, dass wir das tun werden, aber ich kann es nicht, weil ich es nicht sicher weiß. Ich weiß nur, dass ich nichts lieber tun würde, als Mrs. Wyatt Johnson zu werden. Kopfschüttelnd verscheuche ich den Gedanken, schenke meiner Großmutter ein Lächeln und deute zum Sofa.

Wir setzen uns beide, und dann frage ich sie, ob sie heute mit zu Emily gehen und ihr ihre Sachen bringen will.

„Oh, ich würde nichts lieber tun“, sagt sie strahlend.

Ich liebe es, wie sie Emily anhimmelt. Wie sie sich um sie kümmert, als ob sie auch ihre Enkelin wäre.

„Was hältst du davon, für eine Weile bei mir und Wyatt einzuziehen?", will ich wissen. „Er kommt erst in ein paar Wochen zurück, und wenn er wieder da ist, kannst du vielleicht wieder in deine Wohnung ziehen."

MawMaw blickt in die Ferne, ehe sie ihre Augen wieder auf mich richtet. „Ich gehe nicht zurück nach Hause, Kind", verkündet sie.

„Was? Warum?", möchte ich wissen.

„Ich habe mir das Seniorenheim angesehen. Ich glaube, das werde ich ausprobieren", erklärt sie zögerlich.

Ich blinzle. Einmal, zweimal, dreimal. MawMaw ist nicht gebrechlich. Sie ist sogar viel aktiver als ich. Sie fährt zwar nicht mehr viel Auto, aber das heißt nicht, dass sie nicht zu den fittesten und rüstigsten Menschen gehört, die ich kenne. Sie muss auf keinen Fall in einem Seniorenheim leben.

„Es ist kein Altenheim, eher ein Betreutes Wohnen. Ich kann kommen und gehen, wie ich will, habe meine eigene kleine Wohnung mit zwei Zimmern. Ich habe es mir gestern angesehen. Es gefällt mir sehr gut", erklärt sie.

„Bleibst du bei mir, bis du dich sicher entschieden hast?", frage ich.

MawMaw hebt ihre Hand und streicht mir über die Wange. Ihr Blick sucht meinen und sie schüttelt langsam den Kopf. „Ich stehe auf der Liste, in ein paar Wochen sollte ich einziehen können. Ich treffe mich morgen früh mit einem Makler, der das Haus zum Verkauf anbietet. Dieses neue Zuhause, in das du ziehst, musst du zu deinem eigenen machen, Kind.

Du brauchst keine alte Frau, die dir sagt, was du tun sollst."

Tränen sammeln sich hinter meinen Lidern. Es ändert sich nichts, nicht wirklich. MawMaw geht nicht weit weg, sie wird immer noch in der Stadt sein, und ich werde sie immer noch mehrmals in der Woche besuchen, sie sogar zu ihren Besorgungen fahren, wenn sie das möchte. Aber es fühlt sich anders an. Alles fühlt sich anders an. Ich bin mir nicht sicher, ob mir das gefällt.

„Das Leben ist dazu da, sich zu verändern, Exeter. Wir sollen uns weiterentwickeln, wachsen und uns bewegen. Ich tue das genauso wie du. Ich bin stolz auf die Frau, die du geworden bist, und noch stolzer auf die Entscheidungen, die du in deinem Erwachsenenleben getroffen hast. Dieser Mann ist ein guter Mensch mit einer guten Familie. Ich kann ihnen und ihm nicht genug danken."

„Warum?"

„Du hast dich dem Alltagstrott ergeben, und das hat mich bekümmert. Und dann kam er in seinem großen, glänzenden Pick-up daher, ein echter Held. Vielleicht kein gewöhnlicher, sicher ein unscheinbarer. Aber ein Held ist er trotzdem. Er hat dich gerettet, Kind, aber nicht nur vor deinem Versager-Vater, sondern auch vor dir selbst."

Ich bin nicht in der Lage zu sprechen, stattdessen laufen mir die Tränen über die Wangen. Ich lehne mich an meine Großmutter, schlinge meine Arme um sie und drücke sie an mich. Es fühlt sich so endgültig an, so anders. Die Veränderung kommt, und sie ist unaufhaltsam.

„Ohne dich wäre ich nicht einmal halb die Frau geworden, die ich jetzt bin", raune ich ihr ins Ohr.

Sie streichelt mir über den Rücken und allmählich reiße ich mich zusammen und lasse sie los. Ich wische mir die Tränen ab und schenke ihr ein zittriges Lächeln, während ich aufstehe. Sie folgt mir, und auch ihre Lippen umspielt ein sanftes Lächeln.

„Lass uns zu Emily gehen. Vielleicht enden wir am Ende des Tages alle in einem weinenden Chaos."

Gemeinsam verlassen wir das Haus von Wyatts Eltern und streben zu meinem Auto. Ich erstarre, als ein blauer Pick-up vorbeifährt. Ich verenge meine Augen und versuche, den Fahrer zu erkennen, aber ich kann es nicht. Mein Herz rast in meiner Brust, und ich frage mich, ob es möglich ist, dass er uns gefunden hat, dann schüttle ich mich. Das kann nicht sein, er kann nicht wissen, dass wir in dieser Gegend vor diesem Haus sind.

Wir setzen uns ins Auto, und der blaue Pick-up ist schnell vergessen, als MawMaw anfängt, mich über mein neues Zuhause und Wyatt auszufragen. Mit einem breiten Grinsen im Gesicht beantworte ich jede einzelne ihrer Fragen.

***

Wyatt

Mit einem Stöhnen werfe ich meine Tasche ins Hotelzimmer. Rylan sitzt bereits auf der Bettkante, das Telefon am Ohr. Ich muss bei diesem Anblick fast auflachen, nur tue ich es nicht, denn ich mache mich bereit, mein eigenes Handy herauszuholen und Exeter anzurufen.

„Brauchst du etwas? Ruf einfach Ford oder Louis an, die sind beide in der Stadt. Sie wissen, dass du allein bist. Sie werden sofort da sein …“ Er hält inne, dann höre ich ihn grunzen. „Okay. Ich liebe dich auch“, murmelt er.

Er wirft sein Handy zur Seite und fährt sich dann offensichtlich frustriert mit den Fingern durch die Haare.

„Soll ich Exeter bitten, morgen auf dem Heimweg von der Arbeit bei ihr vorbeizusehen?“, frage ich.

Rylan hebt den Kopf, sieht mich an und die Erleichterung steht ihm ins Gesicht geschrieben. „Ja, würdest du das tun? Sie ist verdammt hartnäckig.“

Ich lache. Channing ist nicht sturer als er, wahrscheinlich sogar weniger stur. Er würde das aber nie so sehen, also sage ich nichts. Ich gehe zu meinem Bett hinüber und lasse mich auf die harte Matratze sinken, mit dem Rücken ans Kopfteil gelehnt.

„Hallo?“, begrüßt mich Exeter atemlos, nachdem es ein paarmal geklingelt hat.

„Hey, Süße“, murmle ich.

Es herrscht einen Moment lang Schweigen, dann atmet sie auf oder seufzt erleichtert, ich kann es nicht genau sagen. „Ich hatte gehofft, dass du mich heute Abend anrufst“, gibt sie zu.

„Was ist los?“

Sie lacht, ihre Stimme ist sanft und süß, aber das beruhigt mein rasendes Herz nicht. Ich halte den Atem an, als sie anfängt zu erzählen, und lasse ihn erst wieder heraus, als ich merke, dass sie nur Neuigkeiten von ihrer Großmutter und ihrer Cousine hat.

Emily bleibt vorerst dort, wo sie ist. Sie hat ein Haus zur Miete mit ein paar Mitbewohnern gefunden und einen guten Job in einem Büro als Sachbearbeiterin. Und ihre Großmutter hat eine Wohnung in einer Seniorenwohnanlage in Aussicht.

Sie wird zwar allein leben, aber die Hauptzentrale des Betreuten Wohnens ist gleich um die Ecke, und jemand kann in wenigen Minuten dort sein, wenn es ein Problem gibt. Die Anlage befindet sich auch in einem sicheren und bewachten Areal. Das habe ich eigentlich schon gewusst, denn meine Mama hat es mir heute Morgen erzählt, als ich angerufen habe, um mich zu melden.

„Das hört sich alles gut an, Süße“, murmle ich.

Sie brummt, dann erzählt sie mir, dass sie einige zusätzliche Schichten übernehmen kann. Ich denke über meine Pläne nach, ihre Großmutter zu uns zu holen, und dann darüber, was ich mit dem zusätzlichen Geld anstellen werde, jetzt, wo sie selbst ins Betreute Wohnen umziehen wird.

Ich beschließe, das Geld dafür auszugeben, Exeters Auto aufzurüsten. Nun, wo wir so weit draußen wohnen, braucht sie etwas Zuverlässigeres, etwas, von dem ich weiß, dass sie sicher darin ist. Ich würde einen Armeepanzer kaufen, falls es möglich wäre, nur um sie zu beschützen.

„Hey, ich habe eine Bitte, bevor ich auflege“, rufe ich aus, nachdem sie mir von ihrem Tag, ihren Sonderschichten und ihrem Abendessen erzählt hat.

„Sicher, was immer du brauchst“, sagt sie schnell.

Meine Lippen verziehen sich zu einem Lächeln angesichts ihres Eifers zu helfen. Sie weiß nicht einmal, worum ich sie bitten werde, aber sie wird alles tun, was ich brauche, und diese kleine Tatsache lässt mich noch ein bisschen mehr in sie verliebt sein. Ich erkläre ihr das mit Channing, und bevor ich überhaupt zu Ende sprechen kann, bevor ich sie bitten kann, nach ihr zu sehen, unterbricht sie mich.

„Ich werde jeden Tag auf dem Heimweg von der Arbeit bei ihr vorbeisehen. Ihr Haus liegt ohnehin auf meinem Weg. Sie ist wahrscheinlich einsam und verängstigt, vielleicht kann ich mit ihr zusammen zu Abend essen“, verkündet sie fröhlich.

„Ich wette, das würde ihr gefallen“, erwidere ich.

Wir verabschieden uns ein paar Augenblicke später, und ich wende mich an Rylan, der nur ins Leere starrt. „Exeter wird auf dem Heimweg vom Krankenhaus vorbeischauen und jeden Abend mit ihr zu Abend essen. Sie hat ein paar Zusatzschichten übernommen, also wird sie fast jeden Tag da sein“, verkünde ich.

Rylans Kopf schießt hoch und seine Lippen verziehen sich zu einem Grinsen. „Wirklich?“, fragt er und sein Bein beginnt vor lauter Aufregung zu wippen.

Ich grinse auch, schaue auf meine Füße und dann wieder zu meinem Cousin. „Ich musste nicht einmal fragen“, sage ich.

Rylans Lippen verziehen sich zu einem breiten Lächeln. „Ich mag sie, sie ist ein guter Mensch“, verkündet er.

Ich erwidere sein Lächeln und nicke. „Ja, das ist sie.“

Den Rest des Abends verbringen wir damit, uns für morgen auszuruhen. Der Sturm hat zugeschlagen, als wir unterwegs waren, und morgen werden wir in Florida sein und mit der Arbeit beginnen müssen. Ich habe schon gehört, dass es keine freien Hotelzimmer gibt, und unsere Firma hat noch keine transportablen Wohnwagenanhänger beschaffen können. Also werden wir in unseren Trucks schlafen, bis etwas anderes verfügbar ist. Das ist für mich in Ordnung, ich schlafe sowieso lieber in meinem Wagen als in einem Anhänger.

„Schlaf gut, es ist der letzte Schlaf für eine Weile", prophezeie ich ihm.

Rylan grunzt. Wir haben erst vor ein paar Monaten ein Hurrikan-Wiederaufbauprojekt in Texas durchgeführt, und er denkt, er wüsste, was ihn erwartet. Das tut er aber nicht. Das hier ist etwa fünfmal so groß, und es wird wahrscheinlich etwas länger dauern, bis die Unterkünfte in Ordnung sind.

Ehrlich gesagt, gehe ich davon aus, dass wir in den ersten zwei, vielleicht drei Wochen keine warme Mahlzeit bekommen werden. Zumindest, wenn das, was ich in den Nachrichten gelesen habe, auch nur annähernd der wahren Verwüstung entspricht.

Ich schließe meine Lider und sehe Exeter vor meinem inneren Auge. Sie schaut mich über ihre nackte Schulter an, ihre Augen leuchten und ihr Lächeln ist breit. Mein Blick wandert an ihren geschmeidigen Kurven entlang, und ich versuche, ein Stöhnen beim Anblick ihres süßen Körpers zu unterdrücken.

Dann öffnet sie den Mund und stößt einen stillen Schrei aus, ihre Augen weiten sich und ich erschrecke mich plötzlich.

Meine Augen springen auf, Schweiß rinnt mir über die Schläfen und meine Brust. Ich setze mich aufrecht hin, fahre mit den Fingern über mein Gesicht und zupfe an meinem Bart, während ich mich in dem dunklen Raum umschaue. Verdammt. Dieses eklige Gefühl dreht mir wieder den Magen um. Und ich kann es nicht abschütteln.

Hoffentlich ist es nur meiner überbordenden Fantasie geschuldet, so wie Rylan sich bei Channing immer wieder gefühlt hat wegen ihrer damaligen

Situation. Seine Sorgen waren gerechtfertigt, aber nicht jedes einzelne Mal. Genauso wie mein Gefühl wahrscheinlich gerechtfertigt ist, aber nicht notwendigerweise in genau diesem Moment.

Ich weiß, dass es ihr gut geht und dass nicht nur Ford, sondern auch Louis ganz in ihrer Nähe sind. Auch der Sheriff hat mir versichert, dass er die Stadt im Blick behalten und ein besonderes Auge auf ihren Vater haben wird.

Sie ist in Sicherheit.

Ich weiß, dass sie das ist.

Aber ich bin nicht da, um sie zu beschützen. Und egal, was passiert, ich werde mich deswegen unwohl fühlen.

Kapitel 28

Exeter

Ich schiebe meinen Einkaufswagen durch die Gänge des Supermarktes und gehe zur Bäckereiabteilung. Sie verkaufen auch einzelne Kuchenstücke, und wenn es Channing nur halb so geht wie mir, weil die Jungs weg sind, dann wird sie für Kuchen dankbar sein.

Ich greife in den Behälter und nehme Schokolade für sie und Zitrone mit Vanille-Buttercreme-Glasur und frischen Himbeeren für mich heraus. Dann schnappe ich mir sicherheitshalber noch einen mit Vanille mit Vanillezuckerguss.

Da ich zu müde bin, um groß zu kochen, suche ich nach Fertiggerichten, denn ich weiß, dass ich sie einfach in den Ofen schieben kann und sie jedes Mal köstlich und perfekt werden. Dieses Wissen habe ich mir aufgrund meiner extrem langen Erfahrung mit diesen Gerichten angeeignet. Ich koche zwar gerne, aber mein Schichtplan lässt mir nicht immer die Zeit dafür, also sind Fertiggerichte die zweitbeste Option.

Nachdem ich das Abendessen für später sowie ein paar zusätzliche Snacks und natürlich die Kuchenstücke in den Wagen geladen habe, begebe ich mich auf den Weg zur Kasse. Ich erkenne Tulip hinter der Kasse und lächle sie an. Sie ist eines der hübschesten Mädchen hier, ein bisschen geschwätzig, aber so ist das, wenn man im einzigen Lebensmittelladen der Stadt arbeitet.

„Hey, Exeter“, grüßt sie, sobald die Frau vor mir mit ihrem Einkauf fertig ist.

Ich lächle, während ich meine Sachen auf das Band lege. „Hey, Tulip, wie geht es dir?“, frage ich.

Sie schenkt mir ein eindeutig falsches Lächeln, denn ihre roten Lippen sind fest zusammengepresst. Ich warte darauf, dass sie mir sagt, dass es ihr gut geht, aber das tut sie nicht. Stattdessen verzieht sie fast sofort das Gesicht.

„Ich bin einfach … Es war schwer“, gibt sie flüsternd zu.

„Geht es dir gut?“, hake ich nach und meine Stimme wird weicher.

Sie nickt, schüttelt den Kopf und zuckt dann mit den Schultern. Sie scannt meine Einkäufe, ihre Augen starren auf jeden einzelnen Artikel, während sie ihn über die Kasse laufen lässt. Als sie fertig ist, begegnet ihr Blick meinem und ich bemerke Tränen in ihren Augenwinkeln.

„Tulip …“, beginne ich.

Sie schüttelt den Kopf und atmet scharf ein, bevor sie spricht. „Weißt du, Joey und ich waren seit der Highschool zusammen. Er ist einfach gegangen, ohne zurückzusehen. Er hat mir nicht einmal gesagt, dass er die Stadt verlässt, sondern gestern einfach einen Zettel an meinem Auto auf dem Parkplatz hinterlassen. Ich habe hier gearbeitet, mich um ihn gekümmert und alle Rechnungen bezahlt, fünf Jahre lang.“

Ich strecke meinen Arm aus und schlinge meine Finger um ihr Handgelenk. „O mein Gott. Dieser verräterische Mistkerl“, zische ich.

Ihre Augen weiten sich, ehe ein Grinsen auf ihren Lippen erscheint. „Das ist er wirklich“, sagt sie.

Ich schiebe meine Debitkarte in das Gerät und denke an Tulip und ihre missliche Lage. „Hast du am

Wochenende Lust auf einen Mädelsabend? Ich habe Samstagabend frei. Channing langweilt sich wahrscheinlich auch zu Tode. Wir könnten ins Kino gehen", schlage ich vor.

Ich weiß nicht, was mich dazu bringt, sie zu fragen. Vielleicht, weil sie sich mir gegenüber geöffnet hat. Vielleicht, weil sie immer nett und freundlich zu mir ist. Vielleicht aber auch einfach wegen der Traurigkeit in ihren Augen, die man nicht übersehen kann. Sie beißt sich auf die Unterlippe, dann schenkt sie mir ein kleines Lächeln.

„Wirklich?", fragt sie.

Ich nicke und ziehe einen Zettel aus meiner Brieftasche. Ich schreibe meine Handynummer auf und schiebe ihn über die Kasse zu ihr.

„Nur wir drei, das wird lustig", erwidere ich und lächle zurück.

„Okay, ich schreibe dir", antwortet sie grinsend.

Ich wende mich von ihr ab und mache einen Schritt, als sie meinen Namen ruft. Über die Schulter schaue ich zu ihr zurück. Unsere Blicke treffen sich, und dieses Mal ist ihr Lächeln echt. Es ist traurig, aber es ist echt, und ich kann nicht anders, als meine Lippen ebenfalls zu einem Lächeln zu verziehen.

„Danke, Exeter."

Ich greife nach dem Einkaufswagen. „Ich freue mich schon, mit dir abzuhängen. Du hast dir einen Ausgehabend verdient", stelle ich fest.

Sie entgegnet nichts darauf und ich gebe ihr auch keine Gelegenheit dazu. Stattdessen verlasse ich den Laden und fühle mich ein wenig besser als vor dem Betreten. Tulip ist ein nettes Mädchen und Joey ist schon immer ein Arschloch gewesen. Ich kann nicht bestreiten, dass ich froh bin, dass sie ihn los ist.

Mir wird übel, wenn ich an Wyatt und seine Ex-Freundin Sammi denke. Sie sind genauso gewesen. Zwei Menschen, die länger zusammengeblieben sind, als es gut für sie gewesen ist.

Ich lade meine Einkäufe ein und frage mich, ob er jemals weitergezogen wäre, hätte sie nicht den Schlussstrich gezogen. Ob er dann jemals mehr von mir gewollt hätte? Wahrscheinlich nicht. Genauso wenig wie Tulip je einen anderen angesehen hätte, wenn Joey noch bei ihr zu Hause leben würde.

Sobald ich meine Einkäufe in den Wagen gepackt habe, bringe ich den Einkaufswagen zurück zum Ausgang und gehe zu meinem Auto. Ich halte inne, als ich erneut denselben vertrauten blauen Pick-up sehe. Er fährt langsam an mir vorbei, aber zu schnell, als dass ich den Fahrer erkennen kann. Es könnte sich dabei um irgendjemanden handeln, aber ich habe das Gefühl, dass er es ist.

Meine Hände zittern, als ich meine Schlüssel aus der Handtasche fische. Eilig schlüpfe ich auf den Vordersitz und starte schnell den Motor. Ich behalte den Pick-up im Blick, während ich aus der Parklücke fahre und mich weigere, ihn aus den Augen zu lassen, bis ich den Parkplatz verlassen habe.

Auf der ganzen Fahrt zu Channing schaue ich immer wieder in den Rückspiegel. Das Letzte, was ich will, ist, sie zur Zielscheibe für die kranken Spiele meines Vaters zu machen. Ich weiß immer noch nicht genau, was er vorhat. Wenn es nur um Geld geht, würde ich ihm sogar meinen letzten Cent geben, damit er mich und alle anderen, die ich kenne, einfach in Ruhe lässt.

Sobald ich mir sicher bin, dass er nicht hinter mir ist, fahre ich zu Channing und parke am Gehsteig vor ihrem Haus.

Ich springe aus dem Auto, schnappe mir meine Taschen aus dem Kofferraum und schlendere dann zur Veranda. Bevor ich überhaupt an die Tür klopfen kann, fliegt sie auf und Channing steht vor mir. Sie strahlt vor Perfektion, ihr Haar fällt in einem langen Zopf über ihre Schulter und ihre großen Augen sind auf mich gerichtet.

„Das sieht nach einer Menge für nur ein Abendessen aus“, verkündet sie und blickt auf die Einkaufstüten in meinen Händen.

Ich lache leise. „Das liegt daran, dass es auch Nachtisch gibt.“

Sie tritt zur Seite, um mich reinzulassen, und schließt die Tür hinter mir ab. Ich schaue ein letztes Mal aus dem Fenster neben der Tür, um mich zu vergewissern, dass mein Vater mir nicht gefolgt ist.

Niemand ist da und ich schüttle den Gedanken ab. Vielleicht war er es ja doch nicht. Gut möglich, dass es noch einen anderen Truck wie seinen hier gibt. Es sind schon seltsamere Dinge vorgekommen.

***

Wyatt

Es regnet in Strömen, es ist heiß und schwül. In einer langen Essensschlange zu stehen, ist das Letzte, was ich nach über zwanzig Stunden Arbeit tun möchte. Aber wenn ich jetzt nicht das Fertigessen aus der Dose nehme, habe ich später gar nichts zu essen.

Alle Restaurants, sogar die Fast-Food-Läden, sind geschlossen. Die meisten Menschen haben die Stadt verlassen, als sie die Nachricht von den gewaltigen Hurrikans erhalten haben, die auf sie zukommen. Und für die Menschen, die noch hier sind, wurde eine Ausgangssperre verhängt. Die meisten versuchen krampfhaft, ihre Häuser zu retten.

Die Person hinter dem Ausgabetisch reicht mir eine weiße Styroporbox. Ich nehme sie mit einem *Danke* entgegen, bevor ich mich zu den Tüten mit Snacks und Wasser begebe. Ich kralle mir ein paar zusätzliche Tüten mit Chips und Studentenfutter und gehe zu den Wasserflaschen, von denen ich auch ein paar mitnehme.

Man weiß ja nie, wann man das nächste Mal an Wasser und Essen kommt, wenn man auf diese Weise unterwegs ist.

Auf dem Weg zu unseren Pick-ups komme ich an einer Reihe von hydraulischen Arbeitsfahrzeugen anderer Unternehmen vorbei. Wir sind alle bereit für unsere nächsten Einsätze. Doch im Moment müssen wir uns so viel wie möglich ausruhen, bevor wir zum nächsten geschickt werden.

Rylan steht mit dem Rücken zur Tür, den Kopf gesenkt und das Telefon am Ohr.

„Ach ja? Gut. Bei mir ist alles bestens, Süße“, murmelt er ins Telefon.

Channing.

Für ihn gibt es auf dieser Welt niemanden außer ihr. Ich ertappe mich immer noch dabei, wie ich meinen Cousin bewundernd anstarre. Dieser harte, tätowierte Schwerverbrecher. Er ist auf die Knie gefallen für die Liebe einer guten Frau. Als er ins Gefängnis gekommen ist, bin ich davon ausgegangen, dass die

Person, die er vor seinem Fall gewesen ist, für immer verschwunden wäre.

Ich weiß nicht, wie, aber irgendwie ist er als besserer Mensch zurückgekommen. Besser als je zuvor, zur Hölle, sogar besser als ich. Ich respektiere ihn, er ist der beste Mann, den ich kenne, und er wird ein toller Vater sein.

Er steckt sein Telefon in die Tasche und sieht zu mir auf.

„Bist du okay?", frage ich.

Er hat zu kämpfen, denn dieser Sturm ist viel stärker als der letzte. Außerdem hat er jetzt Channing zu Hause, die allein ist und auf ihn wartet.

Er zuckt mit den Schultern, sagt aber nichts. Ich werfe meine Styroporbox auf den Beifahrersitz meines Wagens und bin bereit, ihn ein bisschen aus der Reserve zu locken, als er von allein zu sprechen beginnt.

„Exeter ist gestern Abend vorbeigekommen. Sie haben zu Abend gegessen, samt Nachtisch. Sie klang so glücklich und aufgeregt. Und sie wollen heute Abend gemeinsam mit Tulip ins Kino gehen", erklärt er. „Weißt du, wer das ist?", fragt er und sieht besorgt aus.

Ich feixe. „Ja, ich kenne Tulip. Sie arbeitet im Supermarkt. Aber ich wusste nicht, dass sie befreundet sind."

„Sie sagt, Exeter kennt sie oder so etwas. Ich will nicht, dass sie nachts irgendwo hingeht."

Ich nicke und verstehe seine Bedenken. Ich möchte auch nicht, dass sich Exeter nachts irgendwo rumtreibt, aber bei ihrem Job hat sie diese Wahl sowieso nicht.

Ich hasse ihre Arbeitszeiten, und ich würde mir wünschen, es wäre ein Von-neun-bis-sechzehn-Uhr-Job. Aber den hat sie nicht, und ich kann nicht von ihr verlangen, das zu ändern. Sie hat hart für ihre Position gearbeitet, und das würde ich ihr nicht nehmen wollen.

„Exeter wird auf sie aufpassen und es ist nur ein Film", sage ich und versuche, meine Stimme ruhig zu halten.

Er runzelt die Stirn noch stärker, schaut auf den Boden und dann wieder zu mir. Mit einem schweren Seufzer hebt er seine Hand und fährt sich mit den Fingern durch die Haare. „Ich sollte wollen, dass sie Spaß hat. Aber verdammt, ich bin nicht da und mache mir immer Sorgen um sie."

„Das ist völlig normal, vor allem nach dem, was passiert ist."

Er nickt. „Ich weiß, ich … ich kann sie ja nicht wegsperren."

„Egal wie sehr du es willst", ergänze ich.

Er schnaubt. „Genau."

„Ich verstehe schon."

Ich gehe nicht in die Tiefe über Exeter, darüber, warum ich es verdammt noch mal verstehe. Das muss ich nicht, nicht bei Rylan. Er weiß es. Ich sage nichts weiter, denn er muss nachdenken, lernen mit solchen Situationen umzugehen. Ihm ist klar, dass es ihr gut gehen wird, aber für den Fall der Fälle beschließe ich, selbst einen Anruf zu tätigen.

Ich entferne mich ein paar Schritte, schnappe mir mein Handy und wähle Louis' Nummer.

„Bist du okay?", fragt er sofort.

Ich schüttle lachend den Kopf und sage ihm, dass es mir gut geht.

„Was ist los?“, fragt er.

„Hast du heute Abend schon etwas vor?“

Er brummt, dann ist es einen Moment still. „Ich sitze nur mit Rosy herum.“

„Alter!“ Ich verschlucke mich fast an meinem Lachen. Rosy Palm ist eine Metapher fürs Wichsen. „Könntest du deinen Schwanz und Rosy Palm wegstecken und etwas für mich tun?“

Er lacht. Sein Achtklässler-Humor ist für ihn offensichtlich lustiger als für mich. Als er sich endlich von seinem Lachflash erholt hat, teile ich ihm mit, warum ich ihn eigentlich anrufe.

„Die Ladys gehen ins Kino, ich weiß nicht, in welchen Film oder um welche Uhrzeit. Falls ich es herausfinde, schreibe ich dir“, beginne ich.

„Du willst, dass ich ihnen folge?“, fragt er, meine Absicht erahnend.

„Rylan macht sich Sorgen, und ich will nicht, dass er sich deswegen Stress macht, wenn er eigentlich arbeiten sollte.“

Louis gibt ein grunzendes Geräusch von sich. „Ich kümmere mich darum, Wyatt. Du musst dir keine Sorgen um sie machen. Ich bleibe auf Distanz und behalte sie im Auge, bis sie wieder zu Hause sind. Sicher und wohlbehalten.“

„Danke. Keine Ahnung, wie ich mich revanchieren kann.“

Er schnaubt. „Du musst dich einen Scheiß revanchieren. Ich tue das nicht nur für dich und Rylan, sondern auch für die Ladys. Sie sind gute Frauen, sie haben es nicht verdient, dass ihnen etwas passiert“, erklärt er.

„Danke, Louis. Ich werde dir ein paar Bier ausgeben, wenn ich zurückkomme.“

„Ich freue mich schon darauf“, raunt er.

Ich beende den Anruf und gehe zu Rylan. Er blickt mich an, seine Augen sehen müde aus, eingefallen, und er wirkt verdammt gestresst. Hoffentlich beruhigt es ihn, wenn ich ihm sage, dass Louis auf Channing achtgeben wird, wenn sie heute Abend unterwegs ist.

Ich klopfe ihm auf die Schulter, während ich ihm den Anruf von eben erkläre.

„Ernsthaft?“, fragt Rylan.

„Absolut.“

„Verfluchte Scheiße, das ist wirklich verdammt nett. Ich meine, ich weiß, dass er letztes Mal auch schon geholfen hat, aber trotzdem – es ist sein Urlaub.“

Ich nicke. „Ist es, aber er langweilt sich, und so hat er wenigstens etwas zu tun. Er ist hier, um den Scheiß zu verarbeiten, der in seinem Kopf herumspukt, also wird es eine schöne Abwechslung zu seinen eigenen Gedanken werden“, erkläre ich.

Rylan nickt, hebt seine Hand und legt seine Finger in den Nacken. „Das kann ich verstehen. Jesus, da fühle ich mich doch gleich eine Million Mal besser“, sagt er.

„Ehrlich gesagt, ich auch“, gebe ich zu.

Ein paar Minuten später kommt der Vorarbeiter auf uns zu, das Telefon am Ohr. Er hebt sein Kinn, und ich weiß, dass es Zeit ist, um aufzuladen und wieder an die Arbeit zu gehen. Ich höre, wie ein paar Trucks aufheulen, was bedeutet, dass auch die anderen Teams ihre Aufträge erhalten haben.

Es gibt über drei Millionen Stromausfälle, und mir ist jetzt schon klar, dass wir so bald nicht wieder schlafen werden.

Zum Glück gibt es hier eine ganze Reihe von Teams, die bereit sind, sich an die Arbeit zu machen. Hoffentlich wird es nicht länger als ein paar Wochen dauern, bis die Leute wieder Strom haben.

Kapitel 29

Exeter

„Du weißt schon, dass Louis Kingston uns folgt, oder?“, fragt Channing, als ich auf den Parkplatz des Kinos fahre.

„Ja“, erwidere ich und kichere. „Ich habe das Gefühl, dass unsere Männer nicht wollten, dass wir abends ins Kino gehen.“

„Oh, ich weiß, dass Rylan nicht sehr glücklich mit der Situation war“, murmelt sie.

Ich fahre in die Parkbucht, drehe den Schlüssel und schalte den Motor aus. „Es ist süß, dass er sich Sorgen macht“, sage ich.

Sie nickt. „Ja, es macht mir nichts aus. Louis ist ein wirklich netter Kerl. Vielleicht sollten wir ihn einladen, sich uns anzuschließen. Er ist heiß und Tulip könnte die Ablenkung wahrscheinlich gebrauchen“, bietet sie an.

„Meinst du, das würde er tun?“, frage ich.

Channing wirft einen Blick über die Schulter auf Louis’ schickes schwarzes Auto, dann wendet sie ihren Blick zu Tulip, die am Ticketschalter wartet. Ein kleines Lächeln erscheint auf ihrem Gesicht.

„O ja, ich glaube, das würde er. Und ich glaube, sie sind die Ablenkung, die der jeweils andere braucht. Vielleicht wird nichts passieren, aber vielleicht geschieht auch etwas Gutes.“

„Bist du jetzt eine Heiratsvermittlerin?“, entgegne ich und ziehe fragend eine Augenbraue hoch.

Sie zuckt mit den Schultern. „Ich möchte nur, dass alle so glücklich sind wie Rylan und ich.“

Ich blinzle bei ihren Worten. Das will ich auch, ich verstehe es. Ich wünsche mir, dass alle so glücklich sind wie Wyatt und ich. Und ich wünsche mir, dass Emily jemanden findet, der sie so liebt, wie Wyatt mich liebt. Und außerdem möchte ich, dass MawMaw in Frieden lebt und dass auch Louis und Ford ihr Glück finden. Ich verstehe das vollkommen.

„Ich auch", gebe ich zu.

Ohne ein weiteres Wort öffnen wir beide unsere Autotüren. Wir gehen nicht auf den Kinoeingang zu, sondern auf Louis. Als wir uns seinem Auto nähern, hören wir ihn bereits lachen, noch bevor wir neben der Fahrerseite des Wagens stehen. Die Wagentür öffnet sich und er wuchtet seinen hochgewachsenen, imposanten Körper aus dem Auto.

Von oben auf uns herabschauend, verzieht er seine Lippen zu einem breiten Lächeln, das seine geraden weißen Zähne zeigt. „Wann habt ihr mich bemerkt?", fragt er.

„Ich habe dich bemerkt, als ich Channing eingesammelt habe", gebe ich zu.

„Und ich habe dich entdeckt, als wir auf die Hauptstraße gefahren sind", verkündet Channing.

„Ich bin ein beschissener Undercover-Detektiv", sagt er und lacht immer noch.

„Komm mit und schau dir den Film mit uns an", bitte ich ihn.

Er hebt den Kopf in die Richtung, in der Tulip steht. Ich beobachte, wie sein Blick sie abtastet, die einzige Person, die am Eingang des Kinos wartet. Sie trägt ein weißes T-Shirt mit tiefem V-Ausschnitt und hautenge dunkelblaue Jeans mit Rissen und Schlitzen. Ihr kurzes blondes Haar ist glatt und sie ist ungeschminkt – was sie sowieso nicht braucht.

„Ja, ich schaue mir den Mädchenfilm mit euch an“, sagt er, ohne den Blick von Tulip abzuwenden.

Ich beiße mir auf die Lippe und lasse meinen Blick zu Channing schweifen. Sie erwidert ihn mit ihren großen Augen und einem strahlenden Lächeln.

Gemeinsam drehen wir drei uns um und schlendern zum Kino, dabei beobachte ich Tulips Reaktion auf den riesigen Mann zwischen mir und Channing. Ihre Augen weiten sich, dann klappt ihr Mund auf und bleibt einige Augenblicke offen stehen, bevor sie ihn wieder schließt. Sie legt langsam ihren Kopf in den Nacken, während ihr Blick an seiner beeindruckenden Gestalt hinaufwandert.

Louis ist mindestens zwei Meter groß und muskelbepackt, ein Schwergewichtsprofiboxer, dessen gesamtes Outfit sich an seine Muskeln anschmiegt. Tulip ist kleiner als ich, sie ist etwa ein Meter sechzig groß und von zarter Statur. Sie könnten nicht gegensätzlicher sein, aber so, wie sie sich anstarren, ziehen sich Gegensätze definitiv an.

„Tulip, das ist Louis. Er wird sich zu uns gesellen, wenn das okay ist?“, fragt Channing.

Sie antwortet nicht. Stattdessen starrt sie weiter Louis an. Der lacht leise in sich hinein und nimmt ihre Hand. Er schüttelt sie nicht, sondern hält sie nur fest, während er Tulip in die Augen schaut.

Es fühlt sich falsch an, sie zu beobachten. Die beiden wirken viel zu intim miteinander, besonders für Menschen, die sich gerade erst kennengelernt haben.

Louis räuspert sich. „Freut mich, dich kennenzulernen, Tulip.“

Ich sehe, wie eine Gänsehaut ihren Körper überrollt, als er ihren Namen ausspricht. Ich gebe zu, dass mir selbst ein kleiner Schauer über den Rücken läuft.

Die Art und Weise, wie er ihren Namen ausgesprochen hat, ist mehr als freundlich gewesen. Es hat sich richtiggehend sexy angehört.

Tulips Lippen öffnen sich, dann schließen sie sich wieder. „Ich freue mich auch, dich kennenzulernen“, sagt sie und löst ihre Hand aus seinem Griff, um ein paar Haare hinter ihr Ohr zu streichen.

„Vier Tickets?“, fragt er und tritt einen Schritt zurück.

Ich möchte schon protestieren, aber Channing kommt mir zuvor. „Wir zahlen alle selbst, Louis. Glaube bitte nicht, dass wir dich deswegen eingeladen haben“, sagt sie.

Louis schüttelt den Kopf, seine Lippen verziehen sich zu einem kleinen Grinsen. „Oh, das ist mir schon klar, aber ich lade euch trotzdem ein.“

Ohne dass wir noch einmal protestieren können, dreht er sich um und geht zum Ticketschalter hinüber. Wir sehen zu, wie er vier Karten für den Liebesfilm kauft, den wir uns ansehen wollen. Tulip legt ihre Hand auf meinen Unterarm und drückt ihn kurz.

Ich drehe meinen Kopf und schaue zu ihr hinunter. Ich erwarte, dass sie sauer auf mich ist, weil ich Louis eingeladen habe, aber stattdessen versucht sie, ihr schüchternes Lächeln zu verbergen.

„Er ist hinreißend, woher kennst du ihn?“, flüstert sie.

Ich unterdrücke ein freudiges Grinsen und beuge mich leicht vor, damit er uns nicht hören kann. „Er ist ein Freund von Wyatt und Rylan. Er wohnt in der Nähe von Wyatts neuem Haus. Er ist ein wirklich netter Kerl. Vielleicht kann er dir helfen, Joey zu vergessen?“

Ein dunkler Schatten huscht über ihre Miene, und ihre Augenbrauen ziehen sich zusammen. Sie antwortet nicht, hat keine Zeit dazu, denn Louis erscheint und hält uns die Tickets hin.

„Los geht's, Ladys. Gottverdammt, ich fühle mich wie ein König, so umgeben von einem Harem schöner Frauen. Wir sollten Fotos machen und sie an Wyatt und Rylan schicken."

„Willst du in einen Kampf geraten, für den du nicht bezahlt wirst, wenn sie zurückkommen?", scherzt Channing.

Louis wirft den Kopf zurück und lacht dröhnend. „Ich schätze nicht", sagt er.

Wir gehen nicht direkt zum Kinosaal, sondern folgen Louis zur Snacktheke. Er bestellt Popcorn, Süßigkeiten und kalte Cola für uns alle und ein Bier für sich.

Ich fühle mich, als wäre ich auf dem Date meiner Träume. Und dann wird mir klar, was alles zwischen mir und Wyatt, MawMaw, meinem Vater und seinem Job passiert ist. Wyatt und ich sind nie zu unserem Date gegangen.

Tatsächlich habe ich noch nie ein richtiges Date gehabt, nicht so eins wie dieses. Früher sind meine Begegnungen mit Männern rein sexueller Natur gewesen. Als ich noch ein Teenager gewesen bin und nach Bestätigung und etwas *mehr* gesucht habe, habe ich mir die bösen Jungs auserkoren. Jungs, die zu sehr damit beschäftigt waren, zu kiffen, zu trinken und zu schnupfen, was immer sie gefunden haben. Diese Jungs haben Mädchen wie mich – leichte Mädchen – nicht zu Verabredungen mitgenommen. Sie haben mich mit auf die Rücksitze ihrer Autos, in ihre

Notunterkünfte oder in die Keller ihrer Eltern mitgenommen.

„Exeter, bist du okay?“, fragt Channing.

Als ich zu ihr hinüberschaue, sehe ich, dass sie mir eine Tüte Popcorn hinhält. Louis und Tulip stehen hinter ihr, sie unterhalten sich miteinander, sodass sie gar nicht bemerken, dass ich auf meinem Platz erstarrt bin. „Ich weiß nicht“, flüstere ich.

„Was ist los?“, fragt sie sacht.

„Ich hatte noch nie ein richtiges Date.“

Channing sagt nicht sofort etwas, sondern nickt mit dem Kopf, dann schenkt sie mir ein kleines Lächeln. „Ach ja? Ich auch nicht. Es ist schön, dass Louis das für uns tut, was?“

„Ja, ich schätze, ich habe gerade festgestellt, dass ich vierundzwanzig bin und noch nie ein Date hatte. Macht dich das nicht traurig?“

Channing neigt ihren Kopf zur Seite, dann schüttelt sie ihn einmal. „Das tut es nicht. Rylan muss mich nirgendwohin ausführen. Selbst wenn ich mit ihm im Bett liege und Nachtisch esse, ist das wie ein wahr gewordener Traum. Empfindest du das nicht auch bei Wyatt?“

Ihre Frage löst etwas in mir aus. Ich denke zurück an das Eisessen mit ihm, die Pizza und all die anderen ungesunden Lebensmittel, die er mir mitbringt, weil er behauptet, er wolle nicht, dass ich eine Diät mache, und dass er mich so mag, wie ich bin. Mir wird klar, dass sie recht hat. Diese Momente sind magischer als alles andere, was ich mit einem anderen Menschen in meinem Leben erlebt habe.

„Das tue ich. Ich fühle genau dasselbe“, bestätige ich.

Channings Lippen verziehen sich zu einem Lächeln. Sie macht einen Schritt zur Seite und reckt ihr Kinn in Richtung Louis und Tulip, die immer noch miteinander reden.

„Und jetzt lass uns einen Film mit unserem wunderschönen Date ansehen."

***

Wyatt

Mein Handy klingelt und ich muss es leider ignorieren. Donner kracht über mir, während ich an dem Leitungsmast vor mir arbeite. Ich rufe Rylan zu, dass er die Querbalken und Streben sowie das Zubehör besorgen soll. Dieser spezielle Mast liegt zu weit im Sumpfgebiet, als dass ich mit meinem Truck hier stehen könnte, also habe ich meine Haken anschnallen und hochklettern müssen.

Ich lehne mich zurück und arbeite weiter, während mein Handy wieder in meiner Hemdtasche zu summen beginnt. Mist. Es muss wichtig sein. Ich will nichts überstürzen, aber ich spüre, wie meine Hände zu zittern beginnen. Meine Gedanken spielen verrückt bei der Vorstellung daran, was alles passieren kann, während ich hier oben auf dem Mast bin.

Sobald es mir möglich ist, klettere ich hinunter. Als ich im knöcheltiefen Sumpf lande, entledige ich mich so schnell wie ich kann meiner Gummihandschuhe und greife nach meinem Handy. Ich halte den Atem an, während ich darauf warte, dass mir auf dem Display angezeigt wird, wer mich angerufen hat.

Es ist Ford gewesen.

„Scheiße", zische ich.

Ich streiche mit dem Daumen über seinen Namen und mein Telefon beginnt automatisch, ihn zurückzurufen. „Ford“, rufe ich.

Der Empfang hier ist seit Tagen beschissen. Ich kann nicht einmal Exeter anrufen, um mit ihr zu sprechen. Vom anderen Ende kommt nur ein abgehacktes Geräusch. Fuck.

Ich sehe zu Rylan hinüber und runzle die Stirn. „Kannst du anrufen?“, will ich von ihm wissen.

Er greift nach seinem Telefon und versucht es. Dann schüttelt er den Kopf.

„Ford hat mich zweimal angerufen, aber ich kann ihn nicht erreichen“, sage ich.

Rylan sieht plötzlich ziemlich blass aus. „Wahrscheinlich will er abchecken, wie es dir geht. Vielleicht bekommen wir Empfang, sobald wir wieder auf der Arbeitsbühne sind“, schlägt er vor.

Er weiß, dass es höchstwahrscheinlich nicht dazu kommen wird. Schon seit Tagen ist es furchtbar, sogar am Sammelpunkt. Im Moment befinden wir uns mitten in einem Sumpfgebiet und unsere größten Sorgen sollten die Alligatoren und Schlangen sein und was sonst noch von all dem verdammten Wasser, ausgerissenem Gestrüpp und Schlamm vertrieben wurde.

„Warum macht ihr zwei nicht ein Nickerchen? Wir erledigen das mit dem letzten Mast“, schlägt mein Vorarbeiter vor.

Ich tue nicht mal so, als würde ich weitermachen können. Ich kann es nicht, bin völlig fertig. Rylan und ich gehen rüber zu meinem Wagen. Ich lasse meine Stiefel neben dem Pick-up auf dem Boden liegen, zusammen mit meinem restlichen Scheiß. Wir sind die einzige Crew hier, also muss ich mir keine Sorgen machen, dass mein Zeug gestohlen wird, zumindest nicht im Moment. Nicht hier draußen, mitten im verdammten Nirgendwo.

In der Stadt würde ich nicht einmal die Augen schließen, bis ich im Aufenthaltsraum bin, und selbst dort haben einige dieser Arschlöcher gottverdammt lange Finger. Rylan klettert mit einem Stöhnen in den Truck.

„Bist du müde?“, frage ich unnötigerweise.

„Ich habe seit fast zwei Tagen nicht mehr geschlafen, genau wie du“, schnauzt er.

„Channing geht es gut. Sie hat Louis, Exeter und Ford bei sich“, erinnere ich ihn.

Er grunzt, wir sind beide nervös, beide verdammt erschöpft, und beide sehnen wir uns danach, nach Hause zu unseren Frauen zu gehen. Es sind zwei Wochen vergangen, zwei der längsten Wochen unseres Lebens. Es fühlt sich an, als wären es zwei Monate gewesen, und bei diesem Tempo wird es noch zwei weitere Monate dauern, bis wir wieder zu Hause sind.

Verdammte Scheiße, dieses Mal geht es wirklich langsam voran. Wir sind immer noch bei weit über zwei Millionen Ausfällen, eher bei drei als bei zwei. Alles scheint sich im Schneckentempo zu bewegen. Ich lehne meinen Kopf zurück und schließe die Augen. Was würde ich nicht alles für ein weiches Bett, den weichen Körper meiner Frau und eine lange heiße Dusche geben, in keiner bestimmten Reihenfolge.

Rylan und ich nicken beide in Sekundenschnelle ein. Es fühlt sich an, als hätten wir nur eine einzige Minute geschlummert, als mein Vorarbeiter gegen die Tür klopft.

„Aufladen, wir sind startklar. Lasst uns zurückgehen und ein bisschen schlafen“, ruft er.

Ich hebe mein Kinn, öffne schleppend die Tür und lasse mich zu Boden gleiten. Ich schüttle meine Stiefel aus, nur für den Fall, dass sich ein Tier den Weg ins Innere gesucht hat, während ich ein Nickerchen gemacht habe. Es dauert nicht lange, bis wir unsere Ausrüstung verladen haben und auf dem Weg zurück zum Sammelplatz sind.

Wir müssen etwas schlafen, bevor wir uns um Punkt sechs Uhr zum Frühstück und zum Briefing treffen. Etwas, das man bei der Arbeit im Sturm früh lernt. Niemand wartet auf dich. Wenn du zu spät kommst, bekommst du nichts zu essen.

Selbst wenn es mir gut gehen würde und ich nie wieder eine kalte Mahlzeit aus einer Styroporschachtel oder einen Teller mit Rührei in Pulverform essen müsste, jetzt im Moment habe ich nichts anderes. Also möchte ich es auf keinen Fall versäumen.

Rylan folgt mir, ich schaue oft im Rückspiegel nach ihm. Ich behalte meinen müden und gestressten Cousin im Blick. Ich weiß, wie er sich fühlt, denn mir geht es verdammt noch mal genauso.

Sobald wir unsere Parkplätze erreicht haben, klettere ich aus meinem Pick-up und schnappe mir saubere Unterwäsche und eine Jogginghose. Ich mache mich auf den Weg zu dem Anhänger, in dem die Duschen untergebracht sind, um den Sumpf von mir abzuwaschen.

Sobald mein Körper einigermaßen sauber ist, aber vom kalten Wasser friert, gehe ich zurück zu meinem Truck. Die zweite Woche, in der ich in meinem Pick-up schlafe, geht fast in die dritte über, und ich frage mich, ob ich jemals wieder in einem richtigen Bett liegen werde.

Bevor ich in meinen Truck steige, greife ich nach meinem Handy und hoffe, dass ich Ford erreichen kann. Der Empfang hier ist zwar besser, aber bei Tausenden von Leuten, die zu jeder Tages- und Nachtzeit versuchen, zu Hause anzurufen, ist es nicht immer sicher, ob man durchkommt. Ich fluche, als das Telefon nicht einmal klingelt, werfe es knurrend in die Kabine und klettere hinein, um etwas zu schlafen.

Scheiße, Scheiße, Scheiße.

Kapitel 30

Exeter

Ein weiterer quälend langer Tag auf der Arbeit, für den ich dankbar bin. Den Tag mit frischgebackenen Müttern und Babys zu verbringen, sollte nicht so viel Spaß machen, aber ich liebe es, jede Minute davon. Ich weiß nicht, ob mir meine Arbeit in einem anderen Bereich des Krankenhauses auch nur annähernd so viel Freude bereiten würde. Neues Leben, pures Leben und die Aufregung der frischgebackenen Eltern ist mit nichts anderem auf dieser Welt zu vergleichen.

Mein Hinterkopf schlägt mit einem dumpfen Laut gegen den Spiegel des Aufzugs in meinem Rücken. Ich schließe die Augen und atme tief ein und aus. Meine Augen sind so müde, dass sie leicht brennen, und das Zusammenkneifen verschafft mir einen Moment Erleichterung. Die Tür der Aufzugskabine öffnet sich und schließt sich wieder, aber ich genieße weiterhin meinen dunklen und ruhigen Moment.

„Lange Schicht?“, murmelt eine vertraute Stimme.

Langsam öffne ich ein Auge, dann das andere. Ich atme tief durch und stelle fest, dass Elijah eben zugestiegen ist und wir allein sind. Ich brumme meine Antwort, da ich mich nicht wirklich mit ihm unterhalten möchte. Er ist ja ganz nett, aber er ist nicht Wyatt, und selbst wenn es keinen Wyatt geben würde, wäre Elijah nicht der richtige Mann für mich.

„Wann darf ich dich endlich mal richtig ausführen?“, fragt er nach.

Ich blinzle, weil ich mir nicht sicher bin, ob er vergessen hat, dass er vor ein paar Wochen im Parkhaus mit Wyatt zusammengestoßen ist. Oder ob er so eingebildet ist, dass er glaubt, ich würde mich ihm irgendwie in die Arme werfen. Das würde ich nicht, niemals, nicht einmal, wenn ich Single wäre.

„Mhm, ich bin mit jemandem zusammen, Elijah“, sage ich.

Er hebt sein Kinn an und schaut mich von oben herab an. „Mit diesem Neandertaler-Arbeiter?“, fragt er.

Fast lache ich ihm ins Gesicht. Aber ich weiß, dass es mit einem Mann wie ihm nicht gut ausgehen würde. Ehrlich gesagt, will ich nicht einmal mit ihm oder seiner kleinkarierten, hochnäsigen Einstellung etwas zu tun haben. Stattdessen nicke ich und schenke ihm ein breites, falsches Lächeln, während ich zu den Türen blicke, denn ich weiß, dass sie sich in Kürze öffnen werden, damit ich aussteigen kann.

„Ja, Elijah. Er heißt Wyatt und arbeitet in der Baubranche. Er ist rau, er ist gut gebaut, er ist riesig und er weiß genau, was er tut“, sage ich, sobald der Aufzug anhält.

Die Türen gleiten auf, ich schlendere raus und lasse einen fassungslosen Elijah im Aufzug zurück. Was für ein Idiot. Ein kompletter und totaler Trottel. Ich weiß nicht, warum ich jemals gedacht habe, dass er etwas anderes als ein Arschloch ist. Denn das ist er nicht. Er ist völlig wertlos.

Ich eile zu meinem Auto, öffne die Tür und sinke auf den Fahrersitz. Als ich den Motor starte, macht er ein seltsames Klickgeräusch und nichts passiert. Ich warte eine Sekunde, dann versuche ich es noch einmal und er springt endlich an.

Ich stelle den Hebel auf Rückwärts, und als ich aus der Parklücke herausfahre, bemerke ich Elijah, der am Kofferraum seines Wagens steht und mich vorbeifahren sieht. Er wirkt immer noch etwas fassungslos, als ob er sich nicht ganz sicher wäre, ob ich das wirklich zu ihm gesagt habe.

Heute Abend ist Dinner und Shopping mit Channing angesagt. Sie hat mir erzählt, dass Rylan sie vor seiner Abreise gebeten hat, dass sie eine Liste mit allem erstellen soll, was sie für das Baby brauchen. Mit dem großen Gehaltsscheck, den er nach seiner Rückkehr erhalten wird, plant er, das Kinderzimmer einzurichten und alles Notwendige für das Baby anzuschaffen.

Ich freue mich, Channing bei ihrem Einkaufsbummel zu begleiten. Hoffentlich kann ich ihr ein wenig helfen, auch wenn ich mich nicht so gut auskenne. Vielleicht kann ich ihr hier und da trotzdem einen Ratschlag geben. Außerdem sind Babysachen so weich und niedlich, dass ich gerne dabei helfe, all die süßen Dinge zu betrachten und zu bewundern.

Ich parke am Gehsteig vor Channings Haus und greife nach meinem kleinen Rucksack auf dem Rücksitz. Darin befinden sich Jeans und ein T-Shirt, die ich anziehen werde. Ich mag meine Schwesternkleidung, sie ist bequem, aber manchmal will ich einfach nur raus aus ihr. Heute ist so ein Tag.

Ich schultere meinen Rucksack und jogge den Weg zur Veranda hinauf. Ich muss nicht einmal an die Tür klopfen, da wird sie bereits aufgeschwungen. Channing begrüßt mich mit einem Lächeln auf dem Gesicht. Sie ist aufgeregt, und ich kann nicht anders, als genauso zu fühlen – ihre Freude ist ansteckend.

„Ich ziehe mich schnell um, dann bin ich so weit“, sage ich.

Sie nickt. „Nur zu. Hast du Hunger?“, fragt sie, als ich mich auf den Weg zum Bad begebe.

„Nein, nur ein Wasser vielleicht?“, rufe ich, bevor ich die Tür hinter mir schließe.

Schnell wechsle ich meine Kleidung, binde meine Haare zu einem hohen Pferdeschwanz zusammen und stecke meine Krankenhauskleider zurück in meinen Rucksack, dann schlüpfe ich in meine Sandalen. Ich seufze erleichtert auf, als ich das Bad verlasse und in die Küche gehe. Channing wartet dort, zwei Flaschen Wasser stehen auf dem Tresen.

Sie blickt zu Boden, als ich hereinkomme, und hebt langsam den Blick zu mir, die Stirn gerunzelt.

„Was ist los?“, frage ich.

„Hast du Wyatt erreicht?“

Bedächtig schüttle ich den Kopf. „Nicht wirklich. Ich meine, er hat mich gestern Abend angerufen, aber die Verbindung war schrecklich.“

Channing hebt ihr Kinn leicht an und der Ausdruck in ihren Augen ist immer noch besorgt und ein wenig gequält. „Ja, bei mir auch. Ich mache mir nur Sorgen“, gibt sie zu.

Ich brumme zustimmend. Ich mache mir auch Sorgen, deshalb habe ich versucht, mich mit Arbeit einzudecken und den Rest meiner Zeit mit Channing und Tulip zu verbringen. Was immer ich dann noch an freier Zeit übrig habe, verbringe ich mit MawMaw. Ich tue alles, um nicht in das leere Haus auf dem Land zu müssen und dort allein zu sein.

„Es geht ihnen bestimmt gut. Hoffentlich sind sie bald zu Hause“, meine ich fröhlich, *zu* fröhlich.

Channing kauft mir meine vorgetäuschte Fröhlichkeit nicht ab und, ehrlich gesagt, ich mir auch nicht. Sie greift nach einer der Wasserflaschen und gibt sie mir, schnappt sich die zweite und schlendert dann zur Tür.

Ich folge ihr seufzend und gemeinsam machen wir uns auf den Weg zu meinem Auto. Als wir drinnen sitzen, springt mein Auto wie ein Traum an. Ich runzle die Stirn, weil ich nicht verstehe, was vorhin das Problem gewesen ist, schüttele es aber als einmalige Sache ab und fahre los zum Walmart.

Da bemerke ich etwas in meinem Rückspiegel. Etwas, das ich seit Tagen nicht mehr gesehen habe, und der Anblick jagt mir einen Schauer über den Rücken. Dieser verdammte blaue Pick-up, schon wieder. Ich weiß, dass er es ist, es muss so sein, aber wie kann das sein ? Ich habe sein Gesicht noch nicht gesehen, also kann ich mir nicht wirklich sicher sein, aber ich spüre einfach, dass er es ist.

„Geht es dir gut?“, fragt Channing nach einem Moment des Schweigens.

Räuspernd werfe ich wieder einen Blick in den Rückspiegel, aber der Truck ist weg. Ich schüttle einmal den Kopf und lächle. „Ja, ich bin nur müde, glaube ich.“

„Wir können das auch an einem anderen Tag machen, wenn du zu erschöpft bist“, meint Channing, die sich offensichtlich schuldig fühlt.

Ich schnaube. „Auf keinen Fall, Channing. Ich freue mich schon darauf“, entgegne ich, als ich auf den Parkplatz fahre.

Ich suche mir einen Platz in der Nähe des Eingangs, fahre in die Parkbucht und stelle den Motor ab. Channing greift nach mir, legt ihre Finger um meinen Unterarm und drückt sanft zu. Ohne ein Wort lässt sie mich los und steigt langsam aus dem Auto.

Ich tue dasselbe, aber nicht wegen eines hochschwangeren Bauches, sondern weil ich meinen Vater nicht aus dem Kopf bekomme. Wahrscheinlich ist er es nicht einmal, sondern es ist nur ein verrückter Zufall. Aber seit seinem Besuch vor ein paar Wochen bei mir und bei MawMaw bin ich sehr nervös. Und seit Wyatt weg ist, ist diese Nervosität noch um das Millionenfache gestiegen.

Als wir den Laden betreten, schnappe ich mir einen Einkaufswagen und schiebe ihn in Richtung Babyabteilung. Channing zieht ein Notizbuch und einen Stift aus ihrer Handtasche und ich kann mir ein Lächeln nicht verkneifen. Sie ist so nervös und aufgeregt wegen dieses Babys. So sehr ich den Zeitpunkt und die Art und Weise, wie diese Hurrikans über uns hereingebrochen sind, auch hasse, so kann ich doch nicht bestreiten, dass es das absolut perfekte Timing für sie ist – zumindest in finanzieller Hinsicht.

Wir arbeiten uns durch die Liste und fangen mit den großen Dingen an. Kinderwagen, Autositz, Schaukel und alles andere, was wir finden, das zu den größeren Sachen gehört. Ich nehme ihr das Notizbuch und den Stift ab und lasse sie jeden Gegenstand sorgfältig prüfen. Die Vor- und Nachteile jedes einzelnen Stückes abwägen und ihn mit anderen vergleichen. Es stört mich nicht, nicht im Geringsten. Ich bin froh über die Ablenkung.

Wir sehen uns gerade verschiedene Fläschchen an, als ich spüre, wie sich ihr Körper neben mir versteift. Ich frage mich, was sie so aufwühlt, und lasse meinen Blick zu einer Frau schweifen, die am Ende des Ganges steht. Sie hat ein Kleinkind in ihrem Einkaufswagen, ihre großen Augen sind auf Channing gerichtet und ihr Mund ist leicht geöffnet.

„Geh nicht“, murmelt Channing.

Das Mädchen sieht aus, als wäre es etwa in unserem Alter. Ich betrachte sie einen Moment lang und versuche, meine Erinnerungen zu durchforsten. Manchmal kann ich mich an frühere Patientinnen erinnern, aber sie kommt mir überhaupt nicht bekannt vor. Sie macht einen Schritt zurück, bleibt aber auf Channings Worte hin stehen.

„Ist das James’ Kind?“, fragt Channing und deutet auf die Kleine.

Der ganze Körper der Frau verkrampft sich, während Beschämung ihre Miene überzieht. Sie wirkt absolut betreten und mein Herz blutet ein wenig für sie. Nein, es blutet verdammt stark. Sie ist mutig. Tapferer, als ich es je gewesen bin. Ihre Augen füllen sich mit Tränen. Eine Fremde mitten im Walmart.

Channing bewegt sich einen Schritt auf sie zu. Die Frau senkt den Blick, dann atmet sie tief ein. „Sie ist von Jacob. Er hat es nicht gewusst. Ich habe die Stadt verlassen. Meine Eltern haben mich weggeschickt, damit ich bei einer Tante lebe, als wäre es 1950. Damals war ich so wütend“, gibt sie zu und atmet zittrig ein.

„Aber jetzt nicht mehr?“, fragt Channing.

Sie schüttelt den Kopf. „Er war krank. Ich brauchte einige Zeit, um mich von ihm zu trennen, und musste eine Beratung in Anspruch nehmen, was im Rahmen meiner Auszeit nicht möglich war. Als ich dann mit dem Baby im Schlepptau nach Hause kam, ging ich zu ihm, um ihn zur Rede zu stellen. Oder vielleicht wollte ich auch, dass er nicht dieses Monster ist, für den der Berater und meine Familie ihn hielten.“ Sie richtet ihren Blick auf Channing, dann flüstert sie weiter. „Es war ein anderes Mädchen da, als er die

Tür öffnete. Ich war ausgetauscht worden. Er hat mich nie geliebt."

„Hast du es ihm gesagt?", möchte ich wissen.

Ich bin in diese Geschichte und mit dieser Frau verwickelt. Wahrscheinlich ist Emily das andere Mädchen gewesen. Meine Emily. Emily, die so sicher gewesen ist, dass Jacob sie auch liebt. Emily, die sehr leicht mit seinem Baby hätte schwanger werden können. Emily, der es jetzt gut geht, aber damals hätte sie alles für ihn getan, sogar gemordet.

„Das habe ich", bestätigt sie. „Er sagte mir, ich sei nichts weiter als eine Hure und es könne das Baby von jedem sein. Alle hatten recht. Er hat mich nicht geliebt. Er hat mich benutzt. So wie James dich benutzt hat, so wie sie *jede* benutzt haben."

Ihre Lippen zittern und Channing ist geschockt von den Worten dieser Frau. Ich weiß nicht, wer sie ist, aber sie braucht eine Umarmung. Ich gehe zu ihr hin, schlinge meine Arme um sie und ziehe sie an mich. Sie erwidert meine Umarmung für einen Moment und beruhigt sich wieder.

„Ich bin Exeter, meine Cousine war das bei Jacob", murmle ich, während ich meine Arme von ihren Schultern löse.

Sie schenkt mir ein kleines, unsicheres Lächeln. „Ich bin Lindie", sagt sie.

„Channing", erwidert Channing.

Lindie nickt. „Ich weiß."

Klatsch und Tratsch in Kleinstädten hört nie auf, und Lindie hat alles über Channing gehört, da bin ich mir sicher. Allerdings bin ich überrascht, dass ich noch nichts über sie gehört habe. Alleinerziehende Mutter, Schwangerschaft im Teenageralter, weggeschickt, das sind alles Dinge, die diese Stadt in Aufruhr versetzen und alle zum Reden bringen würden.

Lindies Blick findet meinen und ihre Lippen verziehen sich zu einem kleinen, wissenden Lächeln. Sie kann meine Frage in meinem Gesicht lesen und zum Glück erlöst sie mich aus meiner neugierigen Misere.

„Ich wurde zu Hause unterrichtet. Ich wohnte ein paar Häuser von ihm entfernt. Als das alles passiert ist, haben meine Eltern ihr Haus verkauft und sind nach Burnet gezogen“, gesteht sie.

„Es tut mir leid, was du alles durchmachen musstest und was er dir angetan hat“, sage ich.

Sie winkt ab. Ihr Blick wandert von mir zu Channing und sie schenkt ihr ein warmes Lächeln. „Es tut mir nicht leid, weil ich mein Baby habe. Es war schwer, aber meine Eltern waren großartig. Am Anfang war es schwierig, und ich glaube, sie haben gedacht, wenn sie mich wegschicken, würde sich das Unausweichliche irgendwie ändern. Die Tatsache, dass ich ein Baby von einem Mann bekomme, mit dem ich nicht verheiratet bin.“

„Ich bin froh, dass alles geklappt hat. Ich habe an dich gedacht, seit ich dich das erste Mal gesehen habe“, gibt Channing zu. „Ich wusste, dass du wie ich bist“, flüstert sie.

Lindie nickt. „Es tut mir leid, dass ich praktisch weggelaufen bin. Es war schwierig, jemand anderen an meiner Stelle zu sehen. Die Person zu sein, die dem Ganzen als Außenstehende zuschauen muss.“

„Unsere Babys werden verwandt sein“, sagt Channing mit einem Nicken.

Lindie schüttelt einmal den Kopf. „Nein. Dein Baby gehört zu diesem Rylan. Meines hat keinen Vater.

Und das soll auch so bleiben, bis ich jemanden finde, der sie als sein eigenes Kind annimmt."

Channing räuspert sich, und ich gehe schon davon aus, dass sie protestieren wird, aber sie tut es nicht.

„Ich verstehe das. Rylan, mein Mann, ist der Vater dieses Babys", erklärt sie. „Wenn du jemals etwas brauchst, zögere bitte nicht."

Lindie hebt stolz ihr Kinn, ihr Blick wandert von Channing zu mir und dann wieder zurück, bevor sie antwortet. „Uns geht es gut, ihr und mir. Wir werden es auch weiterhin gut haben, aber ich weiß das Angebot zu schätzen. Vielleicht werden sich die Wege unserer Kinder kreuzen, vielleicht auch nicht. Auf jeden Fall finde ich, wir sollten das Böse ihrer biologischen Väter aussterben lassen und niemals wieder erwähnen."

Ich könnte ihr da nicht stärker zustimmen. Ich denke genauso über meinen eigenen Vater und meinen Onkel. Wenn ich sie nie wieder sehen müsste, wäre ich verdammt froh. Channing geht zu Lindie hinüber und umarmt sie fest, dann dreht Lindie sich mit ihrem Kind um und die beiden sind im nächsten Moment verschwunden.

„Alles in Ordnung?", frage ich Channing.

Sie schluckt. „Ich habe sie vor einer Weile gesehen. Sie hat etwas gesagt, und ich wusste einfach, dass sie Teil des ganzen Schlamassels ist. Aber sie ist gegangen, bevor ich sie fragen konnte. Ich bin froh, dass ich es nun weiß."

Der Rest unseres Einkaufstrips ist bittersüß. Wir sind beide in unseren eigenen Gedanken versunken und bringen den Rest schnell zu Ende. Als ich den Laden verlasse, suche ich den Parkplatz nach dem Pick-up ab und sehe ihn diesmal zum Glück nicht.

Ich fange an zu glauben, dass er vielleicht doch nur ein Teil meiner Einbildung ist. Und ich wünsche mir, dass Wyatt bald nach Hause kommt. Ich mache mir ohne ihn nur andauernd selbst Angst.

Kapitel 31

Exeter

Mein Telefon tanzt auf meinem Nachttisch und ich fahre erschrocken hoch. Ich setze mich aufrecht hin, greife nach dem Gerät und streiche schnell mit dem Daumen über das Display, ohne auf den Namen zu schauen. Es ist egal, wer es ist, um diese Uhrzeit kann es nichts Gutes sein.

„Süße." Seine Stimme kommt mit einem Knistern durch die Leitung.

Mein Herz klopft in meiner Brust, aber nicht mehr aus Angst, sondern aus Vorfreude und Aufregung. Ich atme tief durch die Nase ein und wieder aus und schließe die Augen, als ich höre, wie er zum zweiten Mal meinen Spitznamen raunt.

„Ich bin hier, Wyatt", flüstere ich.

„Es tut gut, deine Stimme zu hören", sagt er und klingt angespannt.

„Geht es dir gut?"

Er macht ein Geräusch, das ich nicht ganz deuten kann. Dann höre ich wieder seine tiefe Stimme durch die knisternde Leitung. „Mir geht's gut, Süße. Passt du gut auf dich auf?"

„Alles okay bei mir, mach dir keine Sorgen um mich. Weißt du, wann du nach Hause kommst?", frage ich eilig.

Er räuspert sich. Dann höre ich seine tiefe Stimme grollen. „Ich weiß nicht, Exeter. Vielleicht in einer Woche, vielleicht in drei. Ich werde es erst wissen, wenn mein Truck die Stadt verlassen hat. Ich wünschte, ich könnte dir etwas Genaueres sagen“, erklärt er.

Ich nicke mit dem Kopf, als ob er mich sehen könnte. „MawMaw hat alles geregelt. Ich habe Emily ihre Sachen letzte Woche gebracht und wir fahren heute auch wieder zu ihr“, erzähle ich ihm ein bisschen von meinem Alltag. „Isst du genug und kannst du etwas schlafen?“

Er lacht leise in sich hinein und mein Herz setzt bei diesem Geräusch einen Schlag aus. Bis zu diesem Moment ist mir nicht bewusst gewesen, wie sehr ich ihn wirklich vermisst habe. Seine Stimme umgibt mich wie eine warme, bequeme Decke. Weich und flauschig, und sie fühlt sich an wie ein Zuhause – mein Zuhause.

„Ich schlafe genug. Sei vorsichtig, wenn du heute zu Emily fährst, ja?“

„Das werde ich.“

Es herrscht einen Moment lang Stille, dann höre ich sein Gemurmel und weiß, dass er wahrscheinlich gehen muss. Ich will nicht, dass er geht. Ich wünsche mir, dass er einfach in der Leitung bleibt, selbst wenn er gar nichts sagen würde. Ich wünsche mir, ich könnte ihn einfach atmen hören. Mir ist klar, wie unheimlich das klingt, aber das ist mir egal. Ich bin unheimlich, wenn es darum geht, ihn zu wollen – ihn zu brauchen.

„Ich muss zurück an die Arbeit, Süße. Ich werde versuchen, dich heute Abend anzurufen, wenn ich fertig bin“, brummt er.

Ich atme tief ein und nicke, dann spreche ich, weil er mein Nicken nicht sehen kann. „Vielleicht können wir FaceTime machen?“, frage ich.

„Verdammt, was würde ich dafür geben, dein hübsches Gesicht zu sehen."

Lächelnd beiße ich mir auf die Lippen. „Okay, Wyatt. Wir reden bald wieder miteinander?"

„Auf jeden Fall, Süße."

Die Leitung ist tot, aber ich bewege mich nicht. Ich bin wie erstarrt. Ich schließe die Augen und stelle mir vor, wie er mich mit seiner rauen Stimme immer wieder *Süße* nennt. Ein kalter Schauer durchfährt meinen ganzen Körper. Ich lege mein Handy zur Seite, kuschle mich ein und starre an die Decke.

In ein paar Stunden muss ich wieder aufstehen, aber der Anruf, seine Stimme zum ersten Mal seit Tagen zu hören, ist den verpassten Schlaf wert gewesen.

Ich rolle mich auf die Seite, schnappe mir wieder mein Handy, rufe eine Suchmaschine auf und beschäftige mich mit dem, was ich seit Wyatts Abwesenheit vermieden habe. Ich schaue mir die Stürme an, die Schäden, die Nachrichtenberichte, einfach alles, und verliere mich in den Artikeln, in den Bildern, die auf dem Bildschirm meines Telefons aufblitzen. Es ist entsetzlich, alles davon.

Als ob die Bilder von den Kindern und Tieren, die durch die Fluten getragen werden, nicht schon schlimm genug wären, forsche ich, was es mit den Strommasten und den Hurrikans auf sich hat. Ich sehe neues Filmmaterial von den Männern, die ohne die Sicherheit ihrer hydraulischen Hebebühnen auf die Masten klettern. Ein Wimmern entweicht meinen Lippen, als ich in einem Video sehe, wie Elektrizität in einem hellblauen Bogen austritt.

Ich werfe mein Handy quer durch den Raum und beschließe, mir nie wieder Bilder oder Videos von Elektrikern anzusehen. Ich habe kein Verlangen, sie zu sehen und die Gefahr zu erkennen. Lieber lebe ich in einem Zustand der Verleugnung, als dass ich weiß, dass der Strom Wyatt in jedem Moment überwältigen und sein Leben beenden kann.

Ich schlüpfe aus dem Bett und begebe mich ins Badezimmer direkt unter die Dusche. Ich habe mich immer noch nicht an dieses Haus gewöhnt. Es ist so viel größer als alles, in dem ich bisher gewohnt habe. Es ist wie ein riesiges Herrenhaus. Mir ist schon klar, dass es das in Wirklichkeit für die meisten Leute nicht ist, aber für mich ist es gigantisch.

Nach dem Duschen flechte ich mein nasses Haar zu einem Zopf, denn ich möchte es heute nicht offen tragen. Ich lasse mein Gesicht ungeschminkt und ziehe mir Unterwäsche, eine lockere Jeans und mein weißes Lieblings-T-Shirt an. Mit einem Gähnen schlüpfe ich in ein Paar Sandalen, schnappe mir meine Handtasche und mache mich auf den Weg.

Als ich den ersten Schritt nach draußen mache, spüre ich, wie ein Schauer durch meinen Körper läuft. Ich spüre sofort, dass etwas nicht stimmt. Mit den Schlüsseln in der einen und dem Handy in der anderen Hand schließe ich die Haustür ab.

Mein Blick sucht die Gegend ab, in der Hoffnung, das zu erkennen, was mir ein ungutes Gefühl beschert. Es gibt nichts, was nicht an seinem Platz ist, nicht einmal der kleine Ast, der vor ein paar Nächten im Sturm abgebrochen ist. Er liegt genau da, wo er gelandet ist. Alles ist genau so, wie es gewesen ist, als ich mich das letzte Mal umgesehen habe.

„Sei nicht paranoid", flüstere ich mir zu.

Ich gleite auf den Vordersitz meines Autos, starte den Motor und fahre los. Ich brauche nicht länger als zwanzig Minuten, um zu MawMaws neuer Wohnung zu fahren. Wyatts Eltern haben ihr beim Umzug geholfen, zusammen mit Louis, Ford, Channing und mir, erst vor knapp einer Woche.

Sie liebt diesen neuen Ort, und ich bin froh, dass ich nicht versucht habe, sie zu überreden, bei mir zu bleiben, denn hier fühlt sie sich wirklich wohl. Sie ist jetzt sogar noch geselliger als vorher, und das bringt mich zum Lächeln. Sie soll die beste Zeit ihres Lebens haben, und es ist super, dass sie diesen Platz gefunden hat, an dem sie genau das erleben kann.

Als ich in ihre kleine Einfahrt einbiege, überprüfe ich noch einmal meine Umgebung. Das Gefühl, das irgendetwas nicht stimmt, hat nicht nachgelassen, aber es hat sich auch nicht verstärkt. Ich versuche, es abzuschütteln, und schreibe es dem Anruf von Wyatt am frühen Morgen zu. Es ist dumm gewesen, mir das ganze Videomaterial anzusehen. Ich habe mich selbst erschreckt, das ist passiert.

„Komm rein, Kind. Ich habe etwas Frühstück für uns. Es macht keinen Sinn, mit leerem Magen aufzubrechen“, ruft meine Oma hinter ihrer Fliegengittertür hervor.

Meine Füße tragen mich schnell zu ihrer Tür, dann hinein. Es riecht bereits nach ihr, der Geruch des neuen Anstrichs ist verschwunden und wurde durch ihren ersetzt, durch den Duft von MawMaw. Auf ihrem kleinen Esstisch steht ein Teller mit Speck, Eiern und Toast für mich bereit.

„Du hättest das nicht machen müssen“, sage ich, während ich mich setze.

Sie stellt jedem von uns eine Tasse Kaffee zum Teller, bevor sie sich mir gegenübersetzt. „Ich weiß, dass ich es nicht muss, Kind. Ich habe es gerne gemacht“, verkündet sie.

Lächelnd steche ich mit der Gabel in die Eier, und gemeinsam frühstücken MawMaw und ich, bevor wir zu Emily fahren.

Meine Gedanken schweifen zu meiner Cousine. Sie macht erstaunliche Fortschritte, und ehrlich gesagt hoffe ich, dass sie nie wieder nach Gallup oder in die Nähe von hier zieht. Sie muss heilen und weitermachen, sich ein neues Leben aufbauen, in dem sie nicht von den Erinnerungen an ihre Vergangenheit verfolgt wird, wie es bei mir der Fall zu sein scheint.

***

Wyatt

Rylan ist heute Morgen besonders schwungvoll unterwegs. Das sollte er auch sein. Er hat mit Channing reden können, genau wie ich mit Exeter. Ich werfe ihm eine Tüte mit Frühstückssandwiches zu, unsere erste warme Mahlzeit seit Wochen. Sie sind zwar nur von McDonald's, aber sie sind heiß, und verdammt, sie schmecken wie kleine Wurstsandwiches aus dem Himmel.

„Verdammte Scheiße, die sind so gut“, stöhnt Rylan.

Ich grunze zustimmend. „Wie geht es Channing? Dem Baby?“, frage ich.

Er nickt und schluckt einen Bissen herunter. „Alles gut. Sie hat nur über Exeter gesprochen und wie sehr sie ihr geholfen hat. Ich weiß das wirklich zu schätzen, Mann. Mehr, als du dir vorstellen kannst“, sagt er und fixiert mich. „Du hast verdammt viel für mich getan, was ich niemals zurückzahlen kann“, fügt er hinzu.

Kopfschüttelnd strecke ich meine Hand nach ihm aus, packe ihn an seiner Schulter und schüttle sie leicht. „Du musst mir nichts zurückzahlen, was ich sowieso nicht will. Die einzige Rückzahlung, die ich haben wollen würde, ist, dass ihr beide ein gutes, reines und glückliches Leben führt. Gebt dem Baby all die gottverdammte Liebe der Welt und macht noch mehr Babys."

Er gluckst und hebt sein Kinn. „Du weißt, dass wir das werden. Wirst du mir auch ein paar kleine Cousins schenken? Wird Exeter bald deinen Nachnamen tragen?", will er wissen.

Ich denke über seine Worte nach. Denke über das nach, was er mich ganz offen fragt. Ich möchte es bejahen. Es scheint die richtige Antwort auf die Frage zu sein. Ich will sie, ich will sie heiraten, aber Babys? Ich weiß nicht, ob das wirklich in meiner Zukunftsplanung vorkommt. Oder in ihrer.

Die einzige Erfahrung, die wir mit Kindern haben, besteht darin, sie nicht am Leben zu lassen. Ich verfluche mich dafür, so zu denken. Ich würde meine eigenen Kinder lieben, ein ganzes Haus voller Kinder, aber ist es das, was ich wirklich will? Ist es das, was die Zukunft wirklich für mich bereithält? Scheiße, ich weiß es nicht.

„Ich wünschte, ich könnte das beantworten", murmle ich.

Rylan schüttelt den Kopf, er greift in meinen Nacken, seine Finger drücken sacht zu und schütteln mich sanft, so wie ich es immer mit seiner Schulter mache.

„Du kannst es, Wyatt. Du hast nur Angst. Exeter ist nicht Sammi. Ich kann sehen, wie sie dich ansieht."

„Und wie?"

Rylan grinst. „Genauso wie ich Channing ansehe.“ Er zuckt mit den Schultern und lässt meinen Nacken los. Ich warte einen Moment und zum Glück fährt er fort. „Als gäbe es keine Möglichkeit, dass ein so guter, so reiner, so verdammt perfekter Mensch jemanden wollen könnte, der so kaputt ist wie ich. Exeter ist eine gebrochene Seele, sie verdient das Gute, das ein Mann wie du ihr geben kann. Und sie verdient auch die Liebe und das Lachen ihrer eigenen Familie.“

Seine Worte treffen mich wie eine gottverdammte Tonne Ziegelsteine. Sie verdient das, all das, aber ich bin mir nicht so sicher, ob ich dieser gute, reine Mann bin, der ihr das alles geben kann. *Ich bin auch kaputt.*

Rylan räuspert sich und mein Blick schweift zu seinem. „Du bist nicht gebrochen, Wyatt. Ein paar blaue Flecken, vielleicht etwas angeschlagen. Aber glaub mir, wenn ich dir sage, dass du nicht gebrochen bist. Nicht wie ich, nicht wie sie. Sie kann deine Prellungen heilen, so wie du ihre Brüche flicken kannst.“

Er sagt nichts weiter, dreht sich um und geht zu seinem Wagen. Wir müssen loslegen, je härter wir arbeiten, desto früher können wir diesen Ort verlassen. Aber ich bin wie erstarrt. Mein Kopf dreht sich um nichts anderes als um seine Worte.

Bin ich nur geprellt?

Mein Telefon klingelt in meiner Tasche. Ohne nachzudenken oder hinzusehen, nehme ich den Anruf an. „Hallo?“

„Ich habe die Nachrichten gesehen und wusste, dass du dort sein würdest. Ich wollte hören, wie es dir geht“, murmelt eine vertraute Stimme durch die Leitung.

„Bin ich kaputt?", frage ich und verlange eine Antwort.

In der Leitung ist es einen Moment lang still, dann höre ich, wie sie sich räuspert. „Das warst du nie, Wyatt. Du warst verletzt, und das zu Recht. Aber von einem dummen Teenagermädchen verletzt zu werden, bedeutet nicht, dass du jemals gebrochen warst. Du bist ein guter Mensch, das warst du immer, auch als du mich gehasst hast."

„Ich bin verliebt", platze ich heraus.

Es herrscht wieder einen Moment lang Stille, dann höre ich ihr leises Einatmen. „Das freut mich, aber ich bezweifle, dass sie alles verdient, was du bist, Wyatt."

„Wer sollte es dann verdienen?"

Sie brummt. Ich kann praktisch sehen, wie sich die Spitzen ihrer Lippen zu einem verschämten Lächeln verziehen. Keine Ahnung, wohin sie überhaupt gezogen ist, und ich frage auch nicht danach. Ich brauche es nicht zu wissen. Unsere gemeinsame Zeit ist vorbei, sie hätte eigentlich schon vor fünfzehn Jahren enden sollen.

„Niemand, Wyatt. Du bist einer der besten Männer, die ich kenne. Es gibt keine Frau da draußen, die dich verdient hätte. Ich hoffe nur, dass sie alles ist, wonach du suchst."

„Sie ist etwas Besonderes", gebe ich zu.

„Seid gut zueinander. Ich werde dich nicht mehr anrufen, nicht jetzt, wo du den Weg aus deinem eigenen Kopf gefunden hast."

„Woher willst du wissen, dass ich das habe?"

Sie lacht leise. „Ich kann es an deiner Stimme hören, Wyatt. Sei gut zu ihr."

Die Leitung ist tot. Ich überlege, ob ich durch meine Kontakte blättern und ihren Namen wiederfinden soll, aber ich tue es nicht. Sammi will in ihrem neuen Leben allein gelassen werden, genauso, wie sie mich in meinem allein lassen will. Das kann ich ihr nicht verübeln, niemals. Ich vergebe ihr sogar. Bei diesem Gedanken wird meine Brust leicht. Ich vergebe ihr wirklich.

„Wy, bist du startklar?“, ruft Rylan.

Ich hebe den Kopf und schaue zwischen den beiden Trucks hindurch, bis ich ihn entdecke, wie er sich aus dem Fenster lehnt. Ein Lächeln erscheint auf meinen Lippen.

„Ja. Das bin ich“, rufe ich zurück.

Allerdings rede ich nicht von der Arbeit, zumindest nicht nur. Ich bin bereit, mit meinem neuen Leben anzufangen. Wirklich verdammt bereit, und das schließt jeden Aspekt ein. Heirat, Babys, all das.

Es ist, als ob ich diesen Anruf von Sammi gebraucht hätte, diese stille Erlaubnis von ihr. Ich hätte sie gar nicht brauchen sollen. Gott, ich bin ein verfluchter Kerl, aber ich kann es zugeben, zumindest mir selbst gegenüber – ich habe die Erlaubnis gebraucht.

Kapitel 32

Exeter

Emily schlingt ihre Arme um mich und zieht mich in eine Umarmung. Ich erwidere die Geste und seufze, als ich das zusätzliche Gewicht spüre, das sie in den letzten Monaten zugelegt hat. Sie braucht es, jedes Gramm, dringend. Als ich sie loslasse, gehe ich einen Schritt zurück.

„Soll ich in ein paar Wochen wieder vorbeikommen?“, frage ich.

Sie hebt ihr Kinn an, ein zögerndes Lächeln erscheint auf ihren Lippen. Ihre Wangen sind rund, ihre Augen klar und hell, sie sieht aus wie in ihrer Kindheit. Sie sieht *besser* aus, als sie als Kind ausgesehen hat, sie sieht endlich gesund aus. Ich verabschiede mich winkend, nachdem sie sich bereit erklärt hat, dass wir uns in ein paar Wochen wieder treffen werden.

MawMaw geht einen Schritt auf sie zu, während ich zum Auto laufe, damit die beiden noch ein paar Augenblicke Zeit für sich haben. Sie pflegen eine besondere Bindung. Sie sind nicht blutsverwandt, aber ich weiß, dass sie sich trotzdem wie eine Familie fühlen.

Manchmal ist unsere Blutsverwandtschaft wertlos, aber die Menschen, die wir auf unserem Weg finden, bedeuten uns mehr, als es Blutsverwandtschaft je zu schaffen vermag. Das ist MawMaw für Emily und Emily für MawMaw.

Ein paar Minuten später sitzt MawMaw auf dem Beifahrersitz meines Autos. Die Fahrt zurück nach Hause ist ruhig. Es ist eine angenehme Stille, aber so ist es immer, wenn wir Emily verlassen. Wir sind beide in Gedanken und in der Vergangenheit versunken.

Ich versuche, nicht an meine Kindheit zu denken, und es gelingt mir immer häufiger, doch manchmal passiert es eben doch.

Tief einatmend fahre ich vor die Wohnung von MawMaw, und sie hält mich davon ab, den Motor abzustellen.

„Geh nach Hause, ich werde mich ausruhen“, murmelt sie.

„Du rufst an, wenn du mich brauchst?“, frage ich.

Sie sieht mich an und Traurigkeit schimmert in ihren Augen. Sie macht sich Vorwürfe, dass sie Emily all die Jahre, die sie gelitten hat, nicht hat retten können. Sie bedauert, dass ihr die Hände gebunden gewesen sind. MawMaw mag sich wie Emilys Großmutter fühlen, aber vom Gesetz her ist sie es eben nicht, deshalb hat sie sie nicht bei sich aufnehmen können wie mich.

Die Schuldgefühle, die sie empfindet, weil sie gezwungen gewesen ist, Emily so lange in dieser Umgebung zu lassen, zehren ständig an ihr. Ich weiß, dass es so ist.

Sie steigt leise aus dem Auto aus und geht langsam auf ihre Haustür zu. Sobald sie drinnen verschwunden ist, fahre ich weiter.

Auf dem Weg nach Hause drehe ich seufzend das Radio etwas lauter. *Zuhause.* Es ist auch mein Zuhause. Das von Wyatt und mir, aber auch mein eigenes. Ich bin nie davon ausgegangen, dass ich einmal ein richtiges Zuhause haben würde, einen Ort mit einem Mann, der mich wirklich liebt. Aber ich habe es gefunden.

Je näher ich komme, desto flauer wird es mir im Magen. Ich verdränge das Gefühl und weigere mich, es an die Oberfläche kommen zu lassen. Ich werde nicht erlauben, dass meine Ängste aus der Vergangenheit meine Zukunft beherrschen – ich weigere mich. Ich werde dagegen ankämpfen und am Ende werde ich siegen – wie immer.

Wyatt und ich werden ein wunderschönes Leben haben, ein Leben voller Liebe und Freude, und wenn wir Glück haben, werden wir auch Babys bekommen. Ich will sie, ein ganzes Haus voll. Ich möchte ihnen Liebe und Leben schenken, ein schönes Leben auf dem Land, umgeben von einer guten Familie und besseren Freunden. Sie werden Channing und Rylan, Ford und Louis haben, und sie werden echte Großeltern haben, die ein wahr gewordener Traum sind.

Gleichzeitig werden sie einen echten Vater haben, der sie auf die richtige Art liebt. Er kann den Jungen zeigen, wie man ein Mann ist, und den Mädchen, wie sie von den Männern in ihrer Zukunft behandelt werden sollten. Sie werden keinen Schmerz, keinen Missbrauch und keine Verletzungen erleiden wie ich. Sie werden sich nie so fühlen wie Emily und ich, keinen einzigen Tag in ihrem Leben. Und wenn irgendjemand sie jemals dazu bringt, sich so zu fühlen, werde ich ihn mit meinen bloßen Händen töten.

Als ich in den Carport einbiege, wünsche ich mir nicht zum ersten Mal eine geschlossene Garage. Leider gibt es keine, nur eben diesen überdachten Stellplatz. Ich werfe die Wagentür zu und mache mir nicht die Mühe, sie abzuschließen. Dann schlendere ich zur Eingangstür, lasse meinen Schlüssel ins Schloss gleiten und öffne langsam die Tür, während mich Grauen und Angst nahezu vollständig packen.

Mein Magen zieht sich zusammen, dreht sich herum und schmerzt. Einen Moment lang denke ich, dass ich mir eine Lebensmittelvergiftung zugezogen habe, so sehr tut es weh. Bis zu dem Moment, in dem ich eingetreten bin und die Tür hinter mir zugeworfen habe.

Kaum ist das Schloss eingerastet, meldet sich eine Stimme aus dem dunklen Wohnzimmer.

„Hallo, Tochter", schnurrt sie.

Ich öffne den Mund, aber bevor ich einen Ton herausbringen kann, ertönt eine zweite Stimme: „Du hast mir nicht gesagt, wie fett sie geworden ist", sagt die zweite Stimme.

Mein Vater. Mein Onkel. Die beiden Männer, die mir mein Leben zur Hölle gemacht haben. Das einzig Gute ist, dass Emily nicht hier ist. Es geht ihr endlich so gut, dass ich es hassen würde, wenn sie wieder zum Anfang zurückkehren müsste. Ich bin mir nicht einmal sicher, ob ich stark genug bin, um mit dem umzugehen, was gleich passieren wird.

Mein Telefon ist in meiner Handtasche verstaut, ich kann Ford oder Louis nicht diskret anrufen. Niemand wird in nächster Zeit vorbeikommen und ich muss erst morgen Abend wieder zur Arbeit. Volle vierundzwanzig Stunden, und niemand wird überhaupt bemerken, dass ich verschwunden bin. Diese beiden können mich in einem Viertel dieser Zeit völlig vernichten.

„Wie seid ihr hier hereingekommen?", frage ich.

Sie lachen beide. „Das hier ist ja keine Festung. Kein Alarm, einfache Fenster, einfache Türen", antwortet mein Onkel und gähnt gelangweilt. „Wo ist Emily?", fragt er im nächsten Atemzug.

Ich schüttle den Kopf. „Weg. Weit weg", hauche ich.

Er steht langsam auf. Ich ignoriere die Tatsache, dass er aussieht, als hätte er seit Tagen nicht geduscht. Ich konzentriere mich auf das böse Funkeln in seinen Augen.

Er hegt Absichten, die er mit mir verwirklichen will, auch wenn er meint, dass er sie mit Emily ausleben will.

Und ich? Ich akzeptiere alles, was er mir antut, solange er nicht hinter ihr her ist. Sie hat genug gehabt.

Ich bin stärker. Ich kann mehr aushalten.

Zumindest rede ich mir das ein.

„Wenn ich mit dir fertig bin, wirst du es mir sagen", spottet er.

Ich schnaube, meine gekünstelte Überheblichkeit ist laut und bestimmend. „Ich hätte nicht gedacht, dass erwachsene Frauen dein Stil sind." Mein Blick wandert zu meinem Vater, dann wieder zu meinem Onkel. „Von keinem von euch."

Mein Onkel sieht mich mit zusammengekniffenen Augen an und ist offensichtlich nicht begeistert, dass man ihn auf seine Perversion anspricht. Aber das ist mir egal. Er muss zur Rede gestellt werden. Ein Ass in der Hand ist ein verdammtes Ass in der Hand.

„Vorsicht", warnt mein Vater.

Ich schüttle den Kopf, zucke mit den Schultern und überlege, wie ich Zeit schinden kann, bevor sie ihr perfides Vorhaben in die Tat umsetzen. Wenn ich hier rauskomme, wenn ich mich einfach nur befreien könnte, kann ich vor den beiden davonlaufen. Ich weiß, dass ich das schaffe.

Ihre Körper sind gebrechlich, schwach vom jahrelangen Alkohol- und Drogenkonsum. Sie sind beide dünner als ich, aber wenn sie mich zu fassen kriegen, sind sie zu zweit immer noch stärker und können mich festhalten oder fesseln, da bin ich mir sicher.

Ich rühre mich nicht, denn mir ist klar, dass jede plötzliche Bewegung sie in einen Rausch versetzen könnte, und das würde die Dinge noch eine Million Mal schlimmer machen, als sie ohnehin schon sind. Ich räuspere mich und hebe mein Kinn als Zeichen des Trotzes.

„Das ist nur eine Beobachtung. Ihr zwei habt eure Kinder sexuell missbraucht, und ich dachte nicht, dass erwachsene Frauen euer Ding sind", sage ich und wiederhole meine Worte von vorhin, nur ein bisschen ausführlicher.

Mein Vater pfeift leise. „Ich bin mir ziemlich sicher, dass ich dir neulich das Gegenteil bewiesen hätte, wenn dein kleiner Freund nicht hereingeplatzt wäre", sagt er.

Ich schaudere nicht vor Ekel und schließe auch nicht die Augen bei der flüchtigen Erinnerung. Stattdessen bleibe ich mit ausdrucksloser Miene starr stehen. Ich werde keinem dieser Arschlöcher die Genugtuung geben, dass sie mich eiskalt erwischt haben, niemals.

Ich presse meine Lippen zusammen und warte darauf, dass Dumm oder Dümmer etwas anderes sagen. Je länger ich sie hinhalten kann, desto wahrscheinlicher kann ich entkommen.

Alles, was ich brauche, ist eine Sekunde, nur eine Chance.

***

Ich belade meinen *Gator,* und beschließe eine Rundfahrt um mein Grundstück zu machen. Ich vermisse einige meiner Tiere und manche meiner Rinder stehen kurz vor ihrem Gebärtermin. Nachdem ich den Motor gestartet habe, fahre ich zuerst in Richtung der Grundstücksgrenze, die ich mit Wyatt teile. Ich habe sein Areal ziemlich gut im Blick behalten, aber in den letzten Tagen bin ich nicht wirklich dazu gekommen, mir alles genau anzuschauen.

Sobald ich meinen Pferdezaun erreicht habe, bleibe ich stehen. Dort, hinter zwei großen Eichen, steht ein Pick-up. Ich habe ihn noch nie gesehen, und es sieht so aus, als wäre er absichtlich dort versteckt worden. Ich klettere über den Zaun und gehe bedächtig auf den Pick-up zu. Er ist blau, etwas älter und heruntergekommen.

Würde dieses Land irgendjemandem gehören, würde ich annehmen, dass es sich um einen verrosteten Wagen handelt, den derjenige einfach hier stehen gelassen hat. Nur weiß ich, dass die Besitzer vor Wyatt diesen Truck hier nicht gehabt haben. Und ich bin mir verdammt sicher, dass es nicht Wyatts Auto ist, denn seit er das Haus gekauft hat, ist er nicht einmal hier gewesen.

Als ich die Tür öffne, erkenne ich, dass der Truck zugemüllt ist mit Verpackungen von Süßigkeiten und Fast Food. Es gibt leere Dosen von Energydrinks, und dann sehe ich es. Da liegen ein paar Nadeln in der Mitte der Sitzbank, ein Feuerzeug und ein beschissener Löffel.

„Jesus“, fluche ich.

Ich hebe den Kopf und schaue zum Haus hinüber, dann zurück auf den Beifahrersitz. Das muss Exeters Vater sein und er ist nicht allein. Sosehr ich auch da reinstürmen möchte, ich darf nicht so dumm sein, das zu tun. Es wäre keine gute Idee, am Ende auch noch deren Geisel zu sein.

Deswegen drehe ich mich um und gehe zu meinem *Gator*. Ich verliere keine Zeit, ziehe mein Handy aus der Tasche und rufe Louis an. Er antwortet schnell. Ich bitte ihn, dass er alle seine Waffen zusammensucht und sich mit mir in meinem Haus trifft. Er stellt keine Fragen. Stattdessen beendet er das Gespräch.

Auf dem Weg nach Hause schreibe ich mir eine innere Notiz, dass ich zukünftig zumindest immer meine Handfeuerwaffe mit mir führen sollte. Normalerweise bin ich ziemlich nah an meinem Zuhause, also ist das keine große Sache, aber dieses Mal ist es keine normale Situation und ich hätte besser vorbereitet sein müssen.

Sobald ich an meinem Haus ankomme, schalte ich den *Gator* in den Parkmodus und springe schnell ins Haus. Ich schließe meine Waffen nicht so gut ein, wie ich müsste. Heute bin ich dafür dankbar. Ich schnappe mir zwei Handfeuerwaffen und mein ArmaLite-Gewehr und hänge es mir über die Schulter, bevor ich mich umdrehe und nach draußen gehe.

Louis steht bereits neben dem *Gator* und sieht ähnlich aus wie ich. Er hat zwei Handfeuerwaffen in seinen Schulterholstern und ein Jagdgewehr über seine Schulter gehängt.

„Ist das die beste Waffe, die du hast?“, frage ich und hebe mein Kinn in Richtung des Gewehrs.

Er zuckt mit den Schultern. „Mein ganzes gutes Zeug ist im Safe eingeschlossen, so wie es auch dein Zeug sein sollte“, sagt er.

„Touché“, brumme ich.

Wir steigen in den *Gator* und ich starte den Motor. Während wir zum hinteren Teil des Grundstücks fahren, sage ich ihm, warum wir bewaffnet sind. Er flucht ein paar Dutzend Mal, bis wir an die Zaungrenze herangefahren sind. Mir geht es verdammt noch mal genauso.

„Hast du Robby angerufen?“, fragt er.

Ich komme mir dumm vor, wirklich verdammt dumm. Den Sheriff anzurufen, ist mir gar nicht in den Sinn gekommen, ich habe nur daran gedacht, Exeter zu retten.

Louis grinst und schüttelt den Kopf, als er das Telefon an sein Ohr hält. „Robby?“

Ich blinzle, weil er offensichtlich seine private Nummer hat. Ich lebe schon mein ganzes Leben hier und habe sie nicht.

„Wir haben folgende Situation hier bei Wyatts Haus: blauer Pick-up. Drogenutensilien. Hinter dem Haus versteckt. Ich denke, Exeter wird gerade überfallen. Keine Garantie“, bellt er und beendet den Anruf.

„Und?“, will ich wissen.

„Er will, dass wir die Füße stillhalten und auf ihn warten.“

„Von wegen“, schnauze ich.

Louis feixt. „Ganz deiner Meinung. Du nimmst die Rückseite, ich die Vorderseite?“, fragt er.

Ich nicke, halte dann aber inne. „Seit wann bist du denn ein Militärstratege?“

Er grinst. „Bin ich nicht, ich habe *Call of Duty* gespielt, bevor du angerufen hast. Und fuck, aber ich bin immer noch total aufgedreht vom Spiel."

„Gottverdammt", stöhne ich.

Wir sagen nichts weiter. Wir trennen uns, und ich schließe die Augen und bete leise, dass wir nicht sterben und Exeter alles unversehrt übersteht. Das Mädchen verdient es, etwas Gutes in ihrem Leben zu haben. Wyatt ist in sie verliebt, und verdammt, er verdient sein eigenes Stück vom Glück.

Langsam öffne ich die Glasschiebetür. Sie macht nicht viel Lärm, aber jedes Geräusch, das sie macht, lässt mich erstarren. Ich kann Stimmen hören. Zwei männliche, dann Exeter, aber ich kann keine richtigen Worte herausdeuten. Es fühlt sich an wie ein Déjà-vu der Situation, als Channing entführt wurde.

Diese verdammten Arschlöcher, die Frauen einfach nicht in Ruhe lassen können! Was zum Teufel ist mit denen nur los?

„Du wirst betteln, wenn wir mit dir fertig sind, Mädchen", knurrt eine raue, abgehackte Stimme.

Ich höre das Stocken in Exeters Atem, dann das Geräusch von reißendem Stoff. Als Nächstes einen Aufprall und noch einen, bevor ein paar Grunzer zu hören sind. Ich zähle bis drei und mache einen Schritt in den Raum, just als Louis dasselbe tut. Wir haben beide unsere Waffen gezogen, aber wir brauchen sie verdammt noch mal nicht.

Exeter steht vor diesen Arschlöchern, eine Lampe in der einen Hand, beide Männer am Boden.

„Was zum Teufel …?", frage ich.

Exeter hebt ihren Kopf, ihr wilder Blick findet meinen. Ihr Shirt ist in der Mitte zerrissen und ihr BH liegt frei. Sie beginnt unkontrolliert zu zittern.

„Ich musste es tun", wimmert sie.

Einer der Männer stöhnt. Ich gehe rüber und schlage ihm mit dem Kolben meiner Handfeuerwaffe fester als nötig auf den Kopf, dann schlage ich den anderen Idioten zur Sicherheit auch noch. Louis nimmt Exeter in seine Arme und drückt sie an seine Brust.

Es klopft laut gegen die Tür und ich verdrehe die Augen. Robby kommt immer zu spät und seine Hilfe ist zu dürftig. Aber diesmal kann ich nicht meckern, denn Exeter hat sich selbst um ihr Problem gekümmert.

Ich blicke sie an. „Das hast du wirklich verdammt gut gemacht, Exeter", raune ich.

„Danke, Ford", haucht sie zurück.

Der Raum füllt sich umgehend mit Robby und seiner Verstärkung. Die Arschloch-Zwillinge werden in Handschellen gelegt und abgeführt. Ihr Truck wird abgeschleppt, und Exeter setzt sich hin, um Robby alles zu erzählen. Und ich meine alles. Auch was sie ihr und Emily als kleine Mädchen angetan haben. Einschließlich der Tatsache, dass ihr Vater vermutlich an ihrem Auto herumgepfuscht hat. Der Scheißkerl ist allerdings zu dumm gewesen, um es tatsächlich zum Liegenbleiben zu bringen. Mir wird fast schlecht bei der Aufarbeitung ihrer Vergangenheit.

Verfluchte Scheiße, sie hat einen gottverdammten Albtraum erlebt. Sie verdient alles Gute, was ihr je widerfahren könnte, *alles.*

Kapitel 33

Wyatt

Mein Vorarbeiter kommt mit einem breiten Lächeln im Gesicht auf mich zu. Nach Hause. Ich kann es in seinem Gesichtsausdruck bereits lesen. Wir fahren nach Hause. Ich weiß gar nicht mehr, wie viele Wochen wir eigentlich schon weg sind. Ich hebe meine Hand und schnipse mit den Fingern in seine Richtung, bevor ich mir durch die Haare fahre. Es ist mitten am Nachmittag, es ist schwül wie Sau und wir sind alle geistig und körperlich erschöpft.

Dies waren wahrscheinlich die schlimmsten Wirbelstürme, die ich je erlebt habe. Nicht wegen der Schäden, die angerichtet wurden, obwohl diese verdammt übel sind. Ich habe in keinem Bett geschlafen, ich habe eine einzige warme Mahlzeit von *McDonald's* gehabt und ich vermisse mein Mädchen.

„Morgen früh geht es los. Wahrscheinlich brauchen wir drei Tage, um nach Hause zu kommen", verkündet mein Vorarbeiter.

Ich höre Rylans erleichtertes Ausatmen irgendwo hinter mir, aber mein Blut rast vor Aufregung durch meine Ohren.

Fuck. Zuhause. Exeter. Meine Frau. Nach Hause.

„Wir beenden diese Station, dann sollten wir fertig sein", sagt er.

Er dreht sich um und geht zu seinem Pick-up. Ich massiere meinen Nacken und atme erleichtert aus. Verdammte Scheiße.

„Mein Gott, ich dachte, wir würden ewig hierbleiben", stöhnt Rylan.

„Es ist erst ein paar Wochen her“, murmle ich und weiß genau, dass ich Mist erzähle. Ich fühle genauso wie er, aber es laut zuzugeben ist etwas anderes.

Er schnaubt. „Lange genug.“

Ich nicke zustimmend mit dem Kopf.

Lange.

Genug.

Mein Handy summt in meiner Tasche, als ich mich gerade bücke, um meine Haken an den Stiefeln zu befestigen. So viele Masten bin ich seit Jahren nicht mehr hochgeklettert. Diese Hurrikans waren definitiv eine Herausforderung in mehr als nur einer Hinsicht. Ich schließe die Augen und stoße einen Seufzer aus, nachdem ich meine Haken befestigt habe.

Als ich nach meinem Handy greife, stelle ich fest, dass es Ford ist. Ich beschließe, ihn später zurückzurufen. Wenn es wichtig ist, wird er mir eine Nachricht hinterlassen. Er hat sich jeden zweiten Tag gemeldet, ich nehme an, das ist nur ein weiterer Anruf, um mir mitzuteilen, dass alles okay ist.

Er hatte nie etwas Neues zu berichten, und ich weiß auch schon, dass Exeter heute mit ihrer Großmutter Emily besucht hat. Sie hat mir bereits eine SMS geschickt, dass sie von dort aufgebrochen ist und sich auf dem Heimweg befindet.

Ich weiß, dass es ihr gut geht.

Ich verbringe den Rest des Nachmittags und den Abend mit der Arbeit. Mein Telefon klingelt noch ein paarmal, aber ich kann nicht abheben. Etwas schleicht sich in meinen Hinterkopf. Etwas Hässliches. Mein Herz beginnt in meiner Brust zu rasen und meine Konzentration lässt mich im Stich.

Meine Haken rutschen aus dem Mast, doch glücklicherweise hält mein Sicherheitsgurt und ich stürze nicht in den Tod. Mein Körper wird nach hinten gezogen, als ich das Gleichgewicht verliere. Rylan brüllt meinen Namen von unten, aber er klingt gedämpft, während ich nach vorne starre. Der mit Kreosot getränkte Mast scheint mich zu verhöhnen.

„Komm runter“, schreit mein Vorarbeiter.

Ich werfe einen Blick auf den Boden, auf die herumstehenden Männer. Rylan sieht mich an und ich konzentriere mich ganz auf meinen Cousin. Er sieht blass und verdammt besorgt aus, vielleicht sogar ein bisschen krank bei der Vorstellung, dass ich fast in den Tod gestürzt wäre. Sicherheit. Meine peniblen Sicherheitsvorkehrungen sind das Einzige, was mich gerettet hat.

Langsam steige ich den Mast hinunter. Den ganzen Weg über verfluche ich Exeter. Ich mache mir Sorgen. Die Telefonanrufe, die ständig das Handy in meiner Tasche zum Summen gebracht haben, und die Angst, dass etwas passiert sein könnte, haben mich beherrscht und ich bin in Panik geraten. Es ist ihre verdammte Schuld.

„Alles in Ordnung?“, fragt Rylan und eilt auf mich zu, als ich den Boden erreicht habe.

Ich löse mich von dem Mast, trete zurück, nehme meinen Schutzhelm ab und werfe ihn auf den Boden. Tief einatmend schließe ich die Augen, bevor ich sie öffne und laut ausatme. Ich greife in meine Tasche, ziehe mein Handy heraus und werfe das Gerät zu Rylan, der es behutsam auffängt.

„Wer auch immer mich anruft, sag ihm, er soll mich verdammt noch mal in Ruhe lassen“, knurre ich.

Rylan zuckt zurück, seine Augen weiten sich und er hebt sein Kinn an. Ich beobachte, wie er von mir weggeht, seine Schritte sind lang und schnell, dann erstarrt er und sein gesamter Rücken versteift sich. Langsam dreht er sich um, das Telefon immer noch an seinem Ohr. Er nickt ein paarmal, während er meinen Blick sucht.

Ich schüttle den Kopf, weil ich es nicht wissen will. Ich drehe ihm den Rücken zu und atme ein und aus, ein und aus.

Fuck. *Fuck*. Verdammt.

Ich lasse den Kopf sinken und schaue auf meine Stiefel, an denen noch die Haken befestigt sind. Ich sehe sie nicht. Stattdessen sehe ich Exeters Gesicht. Ihr dunkles Haar, ihre hellen Augen, ihre vollen Lippen, ihr kleines Lächeln.

„Wyatt."

Rylans Tonfall reißt mich aus meinen Gedanken. Er steht direkt vor mir und wann das passiert ist, weiß ich nicht. Ich war in Gedanken zu sehr auf meine Frau konzentriert. Ich hebe meinen Kopf und sehe zu ihm auf. Er sieht betrübt aus, seine Mundwinkel sind nach unten gezogen, sogar seine gottverdammten Augen sehen bekümmert aus.

Ich schlucke den Kloß hinunter, der sich sofort in meinem Hals gebildet hat. Was immer Rylan zu sagen hat, ich will es nicht hören, denn mir ist klar, dass es schlecht ist. Was auch immer es ist.

„Das war deine Mama", beginnt Rylan. „Sie und dein Vater sind gerade bei ihr …" Seine Worte verstummen oder zumindest der Klang seiner Stimme, denn seine Lippen bewegen sich noch immer, aber ich kann nichts mehr hören. In meinen Ohren dröhnt nichts als Blut.

„Hast du mich verstanden?", fragt er.

Ich schüttle den Kopf und räuspere mich. „Ich kann nicht. Was auch immer passiert ist, sie hat meine Eltern an ihrer Seite? Und Ford und Louis?“

„Wyatt“, blafft er. „Sie war …“

Ich halte meine Hand hoch, um ihn zu unterbrechen. Es ist mir bewusst, dass was auch immer er zu sagen hat, verdammt schlecht sein wird. „Ich muss mich auf meine Arbeit konzentrieren, ich kann jetzt an nichts anderes denken. Ich werde sie sehen, wenn ich nach Hause komme“, belle ich.

Rylan öffnet den Mund, dann schließt er ihn wieder, seine Lippen bilden eine dünne Linie. „Mach hier keinen Fehler. Ich habe einen mit Channing gemacht, als wir noch am Anfang standen, und du hast damals versucht, mir zu helfen. Und ich werde jetzt das Gleiche tun.“

Ich schüttle den Kopf und trete einen Schritt zurück.

„Ruf sie an“, fordert er und streckt mir das Telefon entgegen.

„Ich kann nicht“, flüstere ich.

„Du kannst. Es geht ihr gut, Wyatt. Sie atmet, es geht ihr gut.“

Ohne weiter darüber nachzudenken, greife ich wie ein verdammter Idiot nach dem Telefon, und sobald sich meine Finger um das Gerät schlingen, knicken meine Knie ein und ich lande im Dreck. Ich starre auf den leeren Bildschirm, Rylan über mir, aber ich scrolle nicht sofort zu meinen Kontakten.

Ich fühle mich … gottverdammt, ich fühle mich verflucht schwach.

***

Ich sitze im Wohnzimmer in Wyatts Elternhaus, umgeben von seinen Eltern, meiner MawMaw, Ford, Louis und Channing. Zum Teil freue ich mich, als ich all die Leute um mich herum sehe, und doch will ich keinen von ihnen hier haben. Der einzige Mensch, den ich brauche, ist nicht hier, er ist Hunderte von Kilometern entfernt und arbeitet.

Alle waren den ganzen Nachmittag am Telefon und haben versucht, ihn anzurufen. Ich selbst habe einmal nach seinem Namen gesucht, auf den Anrufknopf gedrückt, und das Telefon hat mehrmals geklingelt, aber er ist nicht rangegangen. Er ist beschäftigt. Er arbeitet und er kann sowieso nichts tun. Ich schließe die Augen und atme tief ein, bevor ich den Atem ausstoße.

Mein Vater ist verhaftet worden, mein Onkel ebenfalls. Ich überlege, ob ich Emily anrufen soll, um ihr mitzuteilen, wo ihr Vater sich befindet, und um ihr zu versichern, dass sie sich keine Sorgen mehr wegen ihm machen muss. Aber ehrlich gesagt, will ich kein Wort sagen. Ich will sie beschützen, will sie im Ungewissen lassen, damit sie weiter heilen kann.

Ich spüre, wie mein Handy in meiner Hand vibriert, und mein Atem stockt, als ich seinen Namen auf dem Display sehe. *Wyatt.* Ich gleite mit dem Daumen darüber und nehme den Anruf entgegen. Mein Herz beginnt in meiner Brust zu schlagen aus Unsicherheit, was er sagen wird und was ich sagen werde.

„Geht's dir gut?", fragt er. Er klingt anders, seine Stimme ist distanziert und fast losgelöst, selbst bei diesen drei kleinen Worten.

Ich räuspere mich und nicke, als ob er das sehen könnte. „Mir geht es gut", flüstere ich schließlich.

Er sagt nicht sofort etwas. „Gut", knurrt er schließlich.

Ich warte. Er wartet. Stille umgibt uns.

Ich spüre, dass mich alle im Raum beobachten.

Mein Blick konzentriert sich auf meine Füße, und ich warte darauf, dass Wyatt etwas anderes sagt – irgendetwas anderes.

Die Stille ist ohrenbetäubend und alles fühlt sich seltsam an. Mein Magen krampft sich zusammen, als das Gefühl der Furcht praktisch auf mich niederprasselt. Irgendetwas stimmt hier ganz und gar nicht.

„Ich muss los", sagt er, um das Gespräch zu beenden.

„Wyatt", rufe ich schwach.

In der Leitung ist es still, aber ich kann sein Atmen hören. „Sprich mit mir", flehe ich ihn leise an.

„Über?"

Seine Stimme wirkt kalt, fast gleichgültig. Ein Schauer durchströmt meinen Körper und ich richte mich bei dem Ton in seiner Stimme auf. Irgendetwas stimmt hier ganz und gar nicht.

„Was ist los?", frage ich und bringe meine Besorgnis zum Ausdruck.

„Ich wäre fast gestorben", sagt er einfach.

Erschrocken lege ich meine Hand auf meinen Mund und schnappe nach Luft. „Was? O mein Gott, geht es dir gut?", schreie ich.

„Ich bin okay. Ich bin in ein paar Tagen zu Hause."

Die Leitung macht ein Geräusch, und ich sehe, dass er den Anruf beendet hat. Als ich meinen Blick auf die Menschen um mich herum richte, trifft mein Blick auf Channing, und Tränen brennen hinter meinen Lidern. Ich flehe mich selbst an, diese Tränen nicht rauszulassen, aber ich bin schwach. Ich bin eine Niete. Sie fließen wie verdammte Flüsse über meine Wangen.

Channing eilt so schnell zu mir, wie ihre Schwangerschaft es erlaubt. Sie setzt sich nicht neben mich, sondern hält mir ihre Hand hin. Ich nehme ihre angebotene Hand an, ihre Finger schlingen sich um meine, und ohne ein einziges Wort zieht sie mich zur Haustür hinaus.

Hand in Hand gehen wir die ruhige Einfahrt zum Gehweg hinunter, dann biegt sie links ab und wir laufen schweigend die Straße entlang.

Das heißt, bis sie diese Stille mit ihrer sanften Stimme durchbricht. „Rylan hat versucht, mich wegzustoßen, als wir gerade frisch zusammen waren", murmelt sie. „Wyatt war derjenige, der ihn gedrängt hat, sich nicht wie ein Idiot zu verhalten. Schließlich hat er sich zusammengerissen, aber bevor er das tat, habe ich eine Weile bei Wyatt gewohnt", beginnt sie. „Ich habe in seinem Gästezimmer geschlafen."

„Okay." Ich nicke und schaue auf meine Füße, ohne zu wissen, warum sie mir das sagt.

Sie räuspert sich, ihre Finger drücken sanft meine. „Wyatt ist ein guter Mann. Er hat eine Vergangenheit mit Sammi, von der du sicher mehr weißt als ich. Aber ich glaube, im Moment könnte er Angst haben."

„Er sagte, er wäre fast gestorben", verkünde ich.

Channing nickt. „Rylan hat mich angerufen. Er hat auf dem Mast das Gleichgewicht verloren. Zum Glück war er gesichert und ist nicht gestürzt. Es hat alle erschreckt, anscheinend auch ihn selbst."

Ihre Worte lassen mein Herz in meiner Brust einen Schlag aussetzen. *Er hat sein Gleichgewicht verloren.* Ich ziehe meine Hand aus ihrer und bleibe wie angewurzelt stehen. Ich hebe meinen Kopf und schaue ihr direkt in die Augen. Die Traurigkeit, die ihre Gesichtszüge verdunkelt, sagt mir, dass es ihr Ernst ist. Er wäre fast gestorben.

„Was soll ich tun?", will ich wissen.

Sie schüttelt den Kopf. „Das kann ich nicht beantworten. Ich weiß nur, dass es absolut nichts mit dir zu tun hat, wenn er sich von dir distanziert, sondern damit, wie er sich fühlt. Wegen des Beinahe-Sturzes, wegen der Tatsache, dass er dich nicht beschützen konnte, all dem", verkündet sie ihre Einschätzung.

„Glaubst du, dass er sich von mir distanzieren möchte?", frage ich und klinge dabei defensiver als sonst.

Sie hebt mit einem wissenden Blick eine Augenbraue, während sich ihre Lippen verziehen.

„Er war so anders am Telefon", gebe ich zu.

„Hoffentlich zieht er den Kopf aus dem Arsch, wenn sie nach Hause kommen", sagt sie und klingt nicht gerade hoffnungsvoll.

Wir setzen unseren Spaziergang fort, aber unser Gespräch verstummt. Ich bin froh über die Pause. Ich will nicht mehr über Wyatt reden. Ich will nicht darüber nachdenken, dass er hätte sterben können, dass ich hätte sterben können. Das ist alles viel zu deprimierend.

Was für ein schrecklicher Tag. Es ist, als würde das Universum versuchen, uns etwas zu sagen, uns eine Warnung zu geben. Der Gedanke, nicht mit ihm zusammen zu sein, bereitet mir im ganzen Körper

Schmerzen, nicht nur in meinem Herzen oder im Magen, sondern in meinem ganzen Wesen.

Ich liebe ihn.

Kapitel 34

Wyatt

Das Werksgelände kommt in Sicht und ich kann nicht anders als aufatmen. Ich seufze vor Erleichterung. Obwohl ich nicht genau weiß, was mich erwartet, wenn ich nach Hause komme. Ich habe in den letzten Tagen ein paarmal mit meinem Vater, meiner Mutter, Ford und Louis gesprochen.

Mit wem ich noch kein Wort gesprochen habe, ist Exeter. Sie hat mich nicht angerufen, aber um fair zu sein, habe ich das letzte Gespräch, das wir geführt haben, nicht gerade freundlich beendet, und sie hat wahrscheinlich Angst, meine Nummer zu wählen. Ich kann es ihr nicht verdenken.

Ich parke meinen Pick-up und schließe für einen Moment die Augen, als Rylan neben mir parkt. Mit dem letzten bisschen Energie, die ich noch habe, schnappe ich mir meinen Kram und springe aus dem Wagen. Ich gehe zu meinem privaten Pick-up, werfe meine Sachen hinten auf die Ladefläche und warte auf Rylan.

Diesmal muss er seinen Gehaltsscheck nicht abholen, alles wird seit Monaten direkt überwiesen, genau wie bei mir. Er wirft ebenso sein Zeug hinten in meinen Pick-up und klettert mit einem Grunzen auf den Beifahrersitz.

„Bist du bereit?“, frage ich, ohne zu ihm hinüberzusehen.

Er räuspert sich, sagt aber nichts, als ich meinen Wagen starte. Ich fahre vom Hof, und obwohl ich spüre, dass ihm Fragen auf der Zunge liegen, bleibt

Rylan rekordverdächtige fünf Minuten lang still, bevor er zu sprechen beginnt.

„Du weißt, dass du dich wie ein Arsch benimmst. Da ich mich vor ein paar Monaten auch wie ein Arsch benommen habe und du mich auf meine Scheiße angesprochen hast, betrachte dies als Revanche", sagt er.

Ich beiße mir auf die Innenseite meiner Wange, mache ein finsteres Gesicht und ignoriere ihn. Ich bin verdammt erschöpft. Alles, was ich tun will, ist, in mein Bett zu fallen und mit dem Gesicht nach unten einzuschlafen. Ich will noch nicht einmal duschen, nur schlafen. Und vor allem will ich auf keinen Fall dieses verdammte Gespräch mit ihm führen, weder jetzt noch jemals.

„Sie wurde nicht verletzt, Wy. Ford und Louis waren rechtzeitig bei ihr. Und Robby tauchte auf, bevor etwas passierte. Es war knapp, aber nicht so knapp", erklärt er.

Meine Finger umklammern fest das Lenkrad, meine Knöchel werden weiß und der Kunststoff knirscht unter meinem Griff. Seine Worte erfüllen meinen ganzen Körper mit Wut. Es hätten nicht Ford und Louis sein sollen, die rechtzeitig zu ihr gekommen sind. Ich hätte es sein sollen. Und das war ich nicht, das hätte ich verdammt noch mal aber sein sollen.

Reue ist eine komische Sache. Ich sollte auf Exeter zulaufen, sie in die Arme nehmen und Gott danken, dass es ihr gut geht. Und nicht mit jedem Kilometer, den ich näher komme, ein schlimmeres Gefühl der Furcht verspüren. Aber das tue ich. Ich will Exeter nicht sehen. Ich möchte nicht die Enttäuschung in ihren Augen sehen, denn mir ist durchaus bewusst, dass ich sie im Stich gelassen habe, in mehr als einer Hinsicht.

Ich fahre meinen Wagen vor Rylans Haus und warte, dass er aussteigt.

„Willst du reden oder schweigend dasitzen wie ein Idiot?", fragt er.

Mit vor Wut geschwollenen Adern drehe ich mich zu ihm um. „Pass auf", warne ich.

Er schnaubt. „Cousin", beginnt er.

Ich schließe die Augen, als ich seine Hand auf meiner Schulter spüre und er sie drückt.

„Sei kein verdammtes Arschloch. Sie liebt dich, und ich weiß, dass du sie liebst. Sei gut zu ihr. Ich denke, sie hat schon genug Scheiße durchgemacht."

Langsam öffnen sich meine Augen und ich schaue direkt in seine.

Seine Lippen verziehen sich zu einem Grinsen. „Sei wirklich verdammt gut zu ihr. Vielleicht kannst du dich ihr öffnen, sobald du Sex mit ihr gehabt hast", feixt er.

„Ich sollte dir den Arsch versohlen", knurre ich.

„Diese Genugtuung würde ich dir nicht geben", scherzt er, als er die Tür aufschwingt und von meinem Pick-up herunterspringt. „Aber im Ernst, sei kein Idiot."

Mehr sagt er nicht. Das ist auch nicht nötig. Er weiß, was mir durch den Kopf geht, weil ihm derselbe Mist durch den Kopf gehen würde. Ich beobachte, wie seine Taschen auf den Boden fallen, sobald seine Haustür auffliegt. Channings blonde Haare flattern in alle Richtungen, als sie auf ihren Mann zustürmt, und ich wende mich ab, sobald sie anfangen, sich zu küssen.

Rylan und Channing sind unsterblich ineinander verliebt. Und ich? Ich bin immer noch verdammt eifersüchtig, obwohl ich auch unsterblich verliebt bin. Bei mir ist es anders – bei uns. Ich bin in Exeter verliebt, aber ich kann mich nicht so um sie kümmern, wie sie es von mir braucht. Es ist dumm von mir gewesen, zu glauben, dass ich das kann. Verdammt, ich kann sie nicht einmal beschützen.

Ich brauche nicht lange, um zu meinem neuen Haus zu fahren. Ich habe noch keine einzige Nacht hier verbracht und zucke zusammen, als ich das Auto von Exeter im Carport sehe. Kurz überlege ich, ob ich hinter ihr parken soll, aber ich entscheide mich dagegen und parke stattdessen an der Seite. Wahrscheinlich wird sie in Kürze abhauen und ich möchte ihr nicht den Weg versperren.

Ich lasse meine Taschen hinten auf der Ladefläche zurück, springe vom Fahrersitz und knalle die Tür zu. Langsam gehe ich auf die Vordertür zu. Ich weiß, was mich dahinter erwartet. Eine Frau, die wahrscheinlich geweint hat, eine Frau, die Küsse, Umarmungen und Erklärungen erwartet. Ich habe nichts von alledem für sie.

Der erste Schritt auf die Veranda fühlt sich gigantisch an. Als ich vor der Haustür stehe, stecke ich meinen Schlüssel ins Schloss und starre einfach nur vor mich hin. Ich kann umdrehen, zurück in meinen Truck springen und von hier verschwinden. Ich kann das alles um einen weiteren Tag verschieben. Ich kann versuchen, das Bedauern und den Schmerz wegzutrinken.

„Willst du weglaufen?“, fragt eine Stimme hinter mir.

Ich zucke erschrocken zusammen, mein Rücken spannt sich an und jagt mir eine Schmerzwelle bis in die Knie. Ich habe mir am Mast etwas gezerrt und seitdem ist mein Rücken empfindlich. Langsam drehe ich mich um und lasse den Schlüssel im Schloss stecken.

Ford steht vor mir, die Arme über der breiten Brust verschränkt und einen finsteren Ausdruck im Gesicht. „Komm runter von der Veranda“, fordert er und spuckt auf den Boden.

„Kaust du wieder Kautabak?“, frage ich ihn, während ich zögernd die Verandastufen heruntersteige.

„Nur, wenn ich sauer bin“, knurrt er.

Mit hochgezogener Augenbraue gehe ich zu ihm und bleibe etwa einen halben Meter vor ihm stehen.

Er starrt mich einen Moment lang an, dann schweift sein Blick zum Haus, bevor er wieder mich ansieht. „Willst du Schluss machen? Du weißt, dass sie ihre Sachen gepackt hat, nur für den Fall?“

Bei seinen Worten rutscht mir mein Herz in die Hose. Ich blinzle. „Warum sollte sie das tun?“, frage ich blöd.

Ich bin ihr seit Tagen aus dem Weg gegangen. Habe sie ignoriert. Ich habe ihr deutlich zu verstehen gegeben, dass etwas nicht stimmt.

***

Exeter

Ich sehe seinen Truck vorfahren und beobachte, wie Wyatt die Verandatreppe hinaufsteigt, als würde er zu seiner eigenen Beerdigung gehen. Etwas Schweres lastet auf ihm, und ich habe das Gefühl, dass ich weiß, was es ist – Schuld. Es ist kein einfaches Gefühl.

Schuld und Bedauern spüre ich jeden Tag, wenn ich an Emily denke. Wenn ich darüber nachdenke, dass ich unsere Väter nicht schon Jahre früher verraten habe, anstatt erst vor ein paar Tagen. Sie hätten im Gefängnis sitzen können, und dann hätten sie MawMaw nicht aus ihrem Haus vertrieben, und eine Million anderer Dinge im Leben wären nicht passiert.

„Warum sollte sie das tun?", fragt Wyatt.

Ford sieht mich nicht, als ich mich leise nach draußen begebe. Ich sauge den Anblick von Wyatt in mich auf. Sein Haar ist ein einziges Durcheinander, seine Kleidung zerknittert und zerknautscht. Ich bin mir sicher, dass auch sein Bart eine absolute Katastrophe ist. Für mich hat Wyatt trotzdem noch nie besser ausgesehen.

„Weil sie denkt, dass du wegläufst, jetzt, wo sie hoffnungslos in dich verliebt ist. Genau das wird passieren, oder?", frage ich und spreche von mir in der dritten Person.

Wyatt dreht sich um und versperrt mir die Sicht auf Ford, aber ich bezweifle, dass er hierbleibt und sich unsere Show ansieht. Ford ist einer der nettesten Männer, die ich je getroffen habe, aber er ist gut im Ausweichen. Genau wie Wyatt, genau wie Louis, genau wie jeder Mann.

„Du triffst also Entscheidungen für mich?", will er mit rauer Stimme wissen.

Die Fäuste in die Hüften gestemmt, schließe ich für einen Moment die Augen und atme tief ein, bevor ich den Atem hastig ausstoße. Als ich die Augen wieder öffne, sehe ich ihn an und mein Blick trifft sich mit seinem.

„Ich tue nichts, ich bin erreichbar, aufgeschlossen und warte. Du bist derjenige, der mich ignoriert“, erwidere ich.

Wyatts Augen verengen sich, bevor er einen Schritt auf mich zu macht. Seine Hände ballen sich zu Fäusten, und ich halte den Atem an, während ich darauf warte, was er als Nächstes tun oder sagen wird. Seine Augen blicken zur Seite, dann wieder zu mir.

„Wer hat dich beschützt?“, fragt er.

„Das hast du“, sage ich und hebe mein Kinn.

Er schnaubt. „Habe ich nicht. Ich war vier Staaten entfernt“, antwortet er.

Zögernd hebe ich meine Hand und gleite mit zittrigen Fingern durch seinen unordentlichen Bart, um seine Wange zu streicheln.

Seine Augen schließen sich kurz, dann öffnen sie sich wieder und er konzentriert sich wieder auf mich.

„Du hast Ford und Louis gebeten, auf mich aufzupassen. Das haben sie getan, für dich. Weil sie deine Freunde sind. Sie haben das getan, um dir zu helfen, mich zu beschützen, und Gott sei Dank haben sie das getan. Denn durch sie hast du mich gerettet“, hauche ich.

Ich spüre, wie sich sein Kiefer unter meiner Berührung anspannt und wie er die Zähne zusammenbeißt. Ein unleserlicher Ausdruck schimmert in seinen Augen.

„Mach den Mund nicht auf, wenn du etwas Beschissenes sagen willst“, rate ich ihm.

Er blinzelt, sein Kiefer lockert sich und seine Lippen verziehen sich zu einem breiten Lächeln. „Ich wollte … woher wusstest du das?“, murmelt er.

Ich zucke mit den Schultern und meine Lippen verziehen sich ebenfalls zu einem Grinsen. „Du hast ausgesehen, als wolltest du etwas Beschissenes sagen."

„Wie kannst du nur denken, dass ich dich wirklich beschützt habe, ganz ehrlich? Du wärst fast verletzt worden, schon wieder."

Mein Blick sucht seinen, während ich mich auf die Ballen meiner Füße stelle. Meine Lippen sind so nah an seinen, dass sein Bart mein Gesicht kitzelt. „Weil du mich liebst. Und diese Männer haben das getan, weil sie dich lieben und weil sie wussten, dass du nicht hier sein kannst. Sie sind deine Familie", flüstere ich.

Ich erkenne den Moment, in dem er nachgibt. Den Moment, in dem das Bedauern verschwindet. Die Schuldgefühle sind immer noch da, sie werden wahrscheinlich noch eine ganze Weile in seinen Augen lauern, aber damit kann ich umgehen. Ich habe meine eigenen. Es ist das Bedauern, welches mein Herz schmerzt. Ich möchte nicht, dass er auch nur eine einzige Sache mit mir bereut, nicht einmal die Tatsache, dass er hat arbeiten müssen, als etwas passiert ist.

Wyatt greift nach mir, seine Hand umschließt meine Taille und er zieht mich an sich. Ich falle nach vorne, meine Handflächen landen auf seiner Brust und geben mir Halt. Sein Mund trifft stürmisch auf meinen. Mein Atem stockt, als sich meine Lippen öffnen, und das ist die einzige Ermutigung, die er braucht.

Seine Zunge füllt meinen Mund. Er schmeckt mich. Er nimmt von mir. Er fordert seine Besitzansprüche auf mich ein. Alles in einem einzigen Kuss. So wie wir immer füreinander bestimmt gewesen sind und zusammengehören. Verschmolzen zu einem. Es gibt nicht ihn und mich, es gibt nur uns.

Mit einem Knurren dreht er uns um, sodass ich mit dem Rücken zum Haus stehe, und beginnt vorwärtszugehen. Rückwärts stolpernd steige ich die Stufen hinauf, aber er geht nicht ins Haus hinein. Er geht weiter, bis ich mit dem Rücken an der Außenwand ankomme.

„Wyatt", wispere ich ausatmend.

Sein Kopf senkt sich, während seine Lippen über meinen Kiefer und meinen Hals wandern und dann an meinem Brustansatz Halt machen. Mein Atem stockt, als ich seine Hände an meiner Jeans spüre. Gekonnt knöpft er sie auf, zieht am Reißverschluss und schiebt sie so weit wie möglich an meinen Beinen hinunter, zusammen mit meinem Höschen.

Die kühle Brise trifft meine warme Mitte, und ich stöhne, während ich schnell meine Beine von der Jeans befreie. Wyatts Hände greifen nach dem Saum meines Shirts, bevor er es mir vom Leib reißt und irgendwo hinter sich in den Dreck wirft. Er öffnet meinen BH und zieht die Träger an meinen Armen herunter. Und da stehe ich nun an der Hauswand, mitten am Tag, völlig nackt.

Wyatt starrt mich an. Sein Blick ist wild und ungezähmt.

Ich greife nach seiner Jeans, meine Finger finden die obersten Knöpfe und öffnen sie. Dann, während seine Lippen meine verschlingen und seine Zähne mich beißen, ziehe ich langsam den Reißverschluss herunter.

„Fuck, nimm meinen Schwanz raus, Süße", stöhnt er.

Bei dem Wort *Süße* schließe ich die Augen. Ich habe es gefühlt ein Leben lang nicht mehr gehört. Ich schiebe seine Jeans und seine Shorts so weit herunter, wie es meine Hände vermögen, dann schlinge ich meine Finger um seinen Schwanz. Jetzt bin ich an der Reihe und stöhne auf, als ich seine harte Länge spüre, die nur auf mich wartet.

Er lässt meine Taille los und ich schreie auf. Meine Hand löst sich von seinem Schwanz, als er mich an den Rückseiten meiner Oberschenkel hochhebt. Meine Hände legen sich um seine Schultern, während meine Beine dasselbe an seiner Taille tun. Ohne auch nur zu ächzen, hält er mich fest und stützt mich mit dem Rücken gegen die Wand. Seine Hüften bewegen sich, und ich spüre, wie sein Schwanz durch meine feuchte Mitte gleitet und die Spitze meinen Kitzler berührt.

„Wyatt“, hechele ich.

Er grinst, ich kann seine weißen Zähne unter dem Bart sehen.

„Heißt das, du liebst mich noch?“, frage ich schüchtern.

Sein Lächeln erstirbt, und ohne ein Wort bewegen sich seine Hüften und er treibt seinen Schwanz tief in mich hinein. „Ich hab nie aufgehört, Süße“, raunt er.

„Du hast gezögert“, flüstere ich.

Er schüttelt den Kopf, der Ausdruck in seinen Augen ist ernst, als er in meine starrt. Er bewegt sich nicht, sein Schwanz ist immer noch bis zum Anschlag in mir vergraben, seine Brust drückt gegen meine, sein Gesicht ist so nah an meinem, dass wir uns fast berühren. Eine seiner Hände hält einen meiner Oberschenkel, die andere liegt neben meinem Kopf. Er atmet tief ein, dann lässt er alle Luft in einem schnellen Atemzug heraus.

„Nicht einmal für eine Sekunde. Ich will nur sicherstellen, dass du den besten Mann bekommst, den du haben kannst. Den Mann, den du verdienst. Einen Mann, der dich immer so beschützen kann, wie du beschützt werden musst.“

„Den habe ich, Wyatt. Er ist jetzt gerade in mir – überall“, sage ich mit zitternden Lippen.

Er antwortet nicht, nicht mit Worten. Stattdessen fickt er mich gegen die Außenwand unseres Hauses. Seine Lippen verlassen nie meine Haut, sie wandern von meinen Lippen zu meinem Hals und wieder zurück. Bis ich komme.

Er hebt den Kopf, um mich zu beobachten, seine Augen kleben an meinen eigenen.

Er bleibt einfach so, bis er kommt.

Unsere Blicke sind eingefroren.

Unsere Atemzüge kommen keuchend.

Unsere Herzen sind miteinander verbunden.

Kapitel 35

Exeter

Wir lassen meine Kleider mitten im Hof liegen. Wyatt hält mich weiterhin um seine Taille geschlungen oder vielleicht klammere ich mich auch an ihn, meine Brust gegen seine gepresst. Er trägt mich direkt ins Haus. Als er sich umschaut, erwartet er wahrscheinlich gepackte Kisten, Koffer oder sogar Müllsäcke mit meinen Sachen darin.

„Ich habe nicht gepackt", murmle ich.

Er blickt mich an und neigt seinen Kopf fragend zur Seite. Ich schüttle einmal den Kopf und löse mich von seinem Körper. Er lässt mich auf meinen eigenen Füßen stehen und ich gehe einen Schritt zurück.

„Warum hast du mich in dem Glauben gelassen, du hättest deinen Scheiß gepackt?", fragt er und sein Gesicht färbt sich merkwürdig rot.

Ich beiße mir auf die Innenseite meiner Wange und schaue zur Seite, weil ich mich in meinem nackten Zustand extrem verletzlich fühle. „Du wolltest mit mir Schluss machen, als du nach Hause gekommen bist, richtig?", frage ich.

Als ich meinen Blick wieder auf ihn richte, beobachte ich, wie er von einem Fuß auf den anderen tritt. Er ist vollständig bekleidet, seine Jeans sind noch offen, aber er hat sie über die Hüften gezogen, und alles, was ich sehen kann, ist die dunkle Haarlinie unterhalb seines Bauchnabels. Ich hasse es, dass ich mir bei diesem Anblick über die Lippen lecke.

Wyatt räuspert sich und ich schaue wieder zu ihm auf. Er hat ein eingebildetes Grinsen auf den Lippen, seine Augen glitzern wissend. Er weiß verdammt gut, was er in mir auslöst, und wenn er es nicht an der Hitze in meinem Blick erkannt hat, dann daran, dass meine Nippel so hart sind, dass sie schmerzen.

Ich will ihn wieder. Ich hasse das. Ich liebe es. Ich bin so verwirrt.

Er stößt einen Seufzer aus, als ich nichts sage, als ich darauf warte, dass er spricht.

„Das wollte ich", gibt er zu, hebt die Hand und fährt sich mit den Fingern durch seine Haare.

Wyatts Frisur ist wirr, seine Augen haben dunkle Ringe und er sieht völlig erschöpft aus. Es juckt mich in den Fingern, ihn wieder zu berühren, seinen Bart unter meinen Fingerspitzen zu spüren, mit meiner Hand über seine nackte Brust zu fahren.

Mein ganzer Körper schmerzt vor dem Bedürfnis, seine ganze Wärme an mir zu spüren. Ich habe ihn vermisst. Sogar jetzt, wo er vor mir steht, vermisse ich ihn.

„Und jetzt?", frage ich, als er nicht weiterspricht.

Seine Augen verdunkeln sich und seine Nasenlöcher blähen sich auf. Er ballt seine Hände zu Fäusten und seine Fingerknöchel treten weiß hervor.

Ich warte. Ich beobachte und warte. Er führt einen Krieg in seinem Kopf, aber es ist nicht mein Krieg, den er führt. Es ist seiner.

Ich warte auf ihn. Ich werde immer auf ihn warten, so wie er mich immer von meinen Dämonen befreien wird. Immer.

„Ich liebe dich, verdammt noch mal, Süße", raunt er. „Ich hasse mich selbst, aber ich liebe dich, verflucht noch mal."

So schnell, wie meine Füße mich tragen, stürze ich mich an seine Brust. Er schlingt seine Arme um mich und zieht mich an seinen Körper. Der raue Stoff seines Hemdes reibt an meinen steifen Brustwarzen, und ich kann nicht verhindern, dass ein Wimmern meine Lippen verlässt.

Wyatts Hände legen sich um meine Taille, sie drücken zu, und ich lasse meinen Kopf zurückfallen, während sich mein Blick mit seinem verbindet. „Ich liebe dich, Wyatt. Hasse dich nicht, hasse dich niemals, besonders nicht wegen mir."

Seine Finger schmiegen sich an meine Hüften, sein Kopf senkt sich und er lehnt seine Stirn an meine. „Ich hätte hier sein sollen", dröhnt er. „Sie hätten dich verletzen können."

„Wenn du mich verlassen hättest, wäre ich gestorben", beichte ich ausatmend.

Sein ganzer Körper zuckt, und bevor ich begreife, was passiert, hebt er mich hoch. Er lässt seinen Arm unter meine Knie gleiten und trägt mich wie eine Braut in unser Schlafzimmer. Behutsam lässt er mich auf das Bett sinken, dann entledigt er sich seiner Kleidung und klettert neben mich.

„Niemand verlässt irgendjemanden. Ich war ein verdammter Idiot. Ich hatte Angst", gesteht er.

Ich drehe mich auf die Seite, um ihm ins Gesicht zu sehen, hebe meine Hand und lege sie auf die Mitte seines Oberkörpers. „Ignorier mich nie wieder", flüstere ich.

Wyatt schlingt seine Finger um mein Handgelenk und hält mich an sich gedrückt. „Niemals. Das ist neu für mich. Du hättest verletzt werden können und ich war nicht da. Ich fühlte mich wie ein Versager, schon wieder."

„Du hast mich nie enttäuscht, Wyatt. Das könntest du gar nicht. Du bist mein Held", gebe ich zu.

Er schüttelt einmal den Kopf. „Ich bin niemandes Held, Süße. Ich habe Sammi enttäuscht. Ich habe mein Kind enttäuscht. Ich habe viele enttäuscht“, flüstert er.

Jetzt schüttle ich den Kopf und drücke meine Hand gegen seine Brust. Er sinkt auf den Rücken, und ich klettere über seine Hüften und schaue auf ihn herab, meine Hand immer noch gegen seine Brust gedrückt, seine Finger immer noch um mein Handgelenk geschlungen.

„Du. Bist. Mein. Held“, schnauze ich.

Seine Augen weiten sich, und er presst die Lippen aufeinander, als ob er sich ein Lachen über meine Verärgerung verkneifen will.

„Du hast weder Sammi noch das Kind im Stich gelassen. Ihr wart beide jung. Du musst dir selbst verzeihen. Du musst ihr verzeihen. Du musst weitermachen“, flehe ich ihn an.

Wyatt lässt mein Handgelenk los, und ich spüre, wie seine Hand sich um meine Hüfte legt, seine andere Hand tut dasselbe. Er hält mich fest, sein Blick ist auf mein Gesicht gerichtet. Er denkt nach. Ich kann in seinen Augen sehen, wie es in ihm arbeitet, aber ich kann ihn nicht lesen. Ich weiß nicht, was er denkt, und ich habe keine Ahnung, was er sagen will.

„Ich vergebe ihr. Ich vergebe mir selbst. Ich bin bereit für ein neues Leben. Mit dir“, krächzt er. „Aber ich bin niemandes Held, Süße. Ich bin nur ein Mann.“

„Du bist *mein* Mann.“

Seine Lippen verziehen sich zu einem kleinen Lächeln. „Verdammt, ja, das bin ich. Ich bin dein Mann“, knurrt er, bevor er mich auf den Rücken wirft. Ohne ein weiteres Wort stößt er tief in mich hinein.

Er macht Liebe mit mir.

Es ist achtsam und süß.

Es ist perfekt.

Ganz gleich, was er sagt. Er ist ein Held. Mein Held. Er hat mich gerettet, nicht vor meinem Vater und meinem Onkel, sondern vor mir selbst.

Er rettet mich jeden Tag.

***

Wyatt

Ich rolle mich auf die Seite, lege meinen Arm um Exeters Mitte und ziehe sie an meine Brust. Sie wackelt mit ihrem Arsch gegen meinen Schwanz, und ich kann nicht verhindern, dass er zuckt. Wir haben letzte Nacht noch ein weiteres Mal Sex miteinander gehabt. Drei Mal innerhalb von sechs Stunden. Ich bin zu alt für diesen Scheiß. Mein Schwanz hat das Memo, dass ich eine verdammte Pause brauche, allerdings nicht bekommen.

„Wyatt", murmelt sie.

Ich brumme und drücke meine Lippen auf ihre Schulter, dann beiße ich sanft hinein. „Ja, Süße?"

Sie wälzt sich in meinen Armen herum, ihr Blick trifft meinen und ein träges Lächeln erscheint auf ihren Lippen. Sie hat noch nie so schön ausgesehen wie in diesem Moment. Ihr dunkles Haar ist durcheinander, ihre blauen Augen sind müde und ihre Lippen zu einem zufriedenen Lächeln verzogen.

Das ist meine Frau.

Meine.

Das ist die Person, die zu mir gehört.

„Ich bin froh, dass du zu Hause bist“, haucht sie.

Ich knurre. Scheiße. Sie wird immer besser. Jedes Mal, wenn sie ihre hübschen vollen Lippen öffnet, strömt etwas noch Schöneres aus ihnen heraus.

„Zieh dich an, ich habe meinen Eltern versprochen, dass wir zum Mittagessen vorbeikommen. Wir holen auch MawMaw ab“, sage ich.

„Du wolltest mit mir Schluss machen, und jetzt gehen wir zum Mittagessen?“, fragt sie und blinzelt mit den Augen.

Ich rolle mich auf sie und drücke ihren Körper auf die Matratze. „Genug von dieser Scheiße. Glaubst du wirklich, ich hätte auch nur einen Moment ohne dich verbringen können?“, frage ich.

Sie sagt nichts, sie starrt nur zu mir hoch.

„Ich liebe dich mehr, als ich mich selbst liebe, Exeter. Es gibt nur dich für mich. Ich war tagelang in mir selbst verloren. Das war kein guter Ort, aber als Ford mir sagte, dass dein Zeug gepackt ist, bin ich in Panik geraten. Ich kann ohne dich nicht leben.“

Ich lasse meine Nase neben ihre gleiten, neige meinen Kopf zur Seite und nehme ihre Lippen in Besitz. Ich koste von ihnen, schiebe meine Zunge in ihren warmen, wartenden Mund und ficke sie dort. Mein Schwanz verhärtet sich an ihrem Bauch, und ich stöhne auf, als sich ihre Beine bewegen und sich für mich öffnen.

Uns fehlen die Worte, unsere Körper sprechen – wieder einmal. Ich zeige ihr mit meinem Körper, dass sie zu mir gehört, dass ich sie liebe. Dann flüstere ich ihr diese Worte der Liebe wieder und wieder zu, bis wir beide keuchend und dicht davor sind. Erst als wir springen, als unsere Körper ihre Erlösung finden, bin ich wieder still.

Wir halten uns gegenseitig fest, keiner von uns spricht. Das heißt, bis sie schließlich das Schweigen zwischen uns bricht. „Ich werde es nicht mehr erwähnen. Solange du nicht die Tatsache erwähnst, dass du nicht hier warst, als mein Vater und mein Onkel aufgetaucht sind“, murmelt sie.

Ich knurre. Es ist ein Versprechen, das ich eigentlich nicht geben will, aber ich tue es trotzdem. Ich gebe dieses Versprechen. Ein Neuanfang sozusagen. Für sie ist es das, weil ihre Dämonen jetzt hinter Gefängnisgittern eingesperrt sind, und hoffentlich bleiben sie dort für eine ganze Weile.

Ich vergebe Sammi und ich vergebe mir endlich selbst. Es ist ein langer Weg gewesen, aber er war es wert. Wenn es bedeutet, dass ich diesen Weg gehen musste, um diese Frau in meinen Armen zu halten, sie ein Leben lang an meiner Seite zu haben, dann war es verdammt noch mal den Schmerz, die seelische Qual und die Einsamkeit wert.

Jede verdammte Sekunde von allem.

Epilog

Wyatt

Vier Monate später

Ich schaue auf mein Handy. Neben der Textnachricht steht „gelesen“, aber ich habe keine Antwort erhalten. Beaumont ist in der Reha, er hat ein Alkoholproblem. Ich schließe die Augen und denke über die Vergangenheit nach, über die Art, wie er ist, wenn er in die Stadt kommt. Er wirkt entspannt, glücklich und einfach verdammt ruhig, wenn er hier ist. Er scheint sich um nichts in der Welt kümmern oder sorgen zu müssen.

„Wyatt?“, ruft eine süße Stimme.

Ich öffne die Augen und hebe meinen Blick zu Exeter. Das Licht im Raum lässt den Diamanten an ihrem Finger glitzern. Ich habe ihr den Ring letzte Woche übergestreift. Ich habe ihn schon seit Monaten und habe auf den perfekten Zeitpunkt gewartet, um ihn ihr zu schenken. Eigentlich hatte ich vor, einen ganzen Abend dafür einzuplanen, aber dann hat es mich überkommen und ich konnte plötzlich nicht mehr warten. Tief in ihr vergraben, habe ich ihn ihr an den Finger gesteckt und sie gebeten, meine Frau zu werden.

„Ich denke nur an Beau“, gebe ich zu.

„Ich habe das Interview gesehen“, sagt sie, während sie ihre Hand hebt, um ihr Gähnen zu verbergen. Sie hat den ganzen Tag gearbeitet, ihr Körper ist erschöpft, aber wie immer nimmt sie sich Zeit für mich. Ihre Füße tragen sie zu meinem Stuhl und sie lässt sich auf meinen Schoß sinken. „Du riechst nach

Baby“, raunt sie, als sie an meinem Hals meinen Duft einatmet.

„Du auch“, knurre ich.

„Sind Rylan, Channing und Reese vorbeigekommen?“, fragt sie und setzt sich ein wenig auf.

Ich hebe mein Kinn, mein Blick sucht ihren, während ich meine Hand um ihre Hüfte lege, um sie an mich zu drücken. „Das sind sie.“

„Und du warst wieder babyverrückt?“

Ich schnaube. „Er ist mein Cousin, eher ein Neffe“, erkläre ich.

Sie brummt, senkt ihr Gesicht und streift mit ihren Lippen über meine. „Du siehst so sexy aus mit einem Baby im Arm. Schade, dass ich es verpasst habe“, haucht sie gegen meinen Mund.

Meine Finger schieben sich auf ihren Oberschenkel, dann gleite ich mit meiner Hand über ihren Hebammenkittel die Wirbelsäule hinauf und schlinge meine Finger um ihren Nacken, um sie an mich zu drücken.

„Lass mich in dir versinken und du kannst mich unser Baby halten sehen, wann immer dein Herz es begehrt“, murmle ich gegen ihre Lippen.

Sie stöhnt, ihre Hände gleiten meine Arme hinauf und legen sich um meinen Nacken, verheddern sich in meinen Haarsträhnen. Ihr Mund berührt meinen, ihre Zunge gleitet hinein und schmeckt mich, mich ganz und gar, so, wie sie weiß, dass ich es verdammt noch mal liebe.

Langsam löst sie den Kuss, leckt sich keuchend die Lippen und sieht auf mich herab. „Wir sind noch nicht einmal verheiratet“, sagt sie.

Ich knurre. „Ich will nichts Großes. Beaumont ist unpässlich, Rylan und Channing können mit dem Baby nirgendwo hingehen. Louis kämpft dieses

Wochenende, aber danach wird er sich eine kleine Auszeit nehmen. Lass es uns einfach tun, verdammt", schlage ich vor.

Sie blinzelt. „Okay", sagt sie und ihre Lippen verziehen sich zu einem Lächeln.

„Okay?"

Exeter nickt. „Ja, okay. Mrs. Exeter Johnson hört sich einfach umwerfend an, ich habe mich so sehr danach gesehnt, das endlich zu sein", gibt sie zu.

Ich stöhne, werfe mein Handy zur Seite und hebe sie hoch. Behutsam trage ich sie die Treppe hinauf. Dies ist ein Moment, in dem man sie genießen sollte, langsam. Ich weiß, dass sie von einer langen Schicht müde ist und sich nichts sehnlicher wünscht, als einzuschlafen. Aber zuerst wird sie ein paar Orgasmen genießen, dann kann sie einschlafen und hoffentlich von einer Hochzeit in ein paar Wochen träumen.

***

Beaumont

Rylan: *Ich stehe hinter dir. Bin für dich da.*
Louis: *Ruf mich an.*
Ford: *Was immer du brauchst. Ich besorge es dir.*
Wyatt: *Komm heim. Wir sind hier.*

Vier Textnachrichten von vier Menschen, denen ich wirklich am Herzen liege, befinden sich auf meinem Telefon. Unbeantwortet. Nicht, weil sie mir scheißegal sind, sondern weil ich ein beschissener Betrüger bin. Ich habe mich vor ihnen versteckt, vor der Welt. Ich habe nichts anderes getan, als mich zu verstecken.

Eine Reha ist das, was ich brauche. Ich weiß, dass ich sie brauche. Leider hält das sonst niemand in meinem Team für eine gute Idee. Gut, dass ich mich um ihren Scheiß kümmere, sodass sie sich nicht wirklich mit mir anlegen können. Im Moment ist es ein Bedürfnis, kein Wunsch.

Ich fühle mich völlig außer Kontrolle geraten.

Ich brauche Hilfe.

Ich schließe die Augen und stoße einen Seufzer aus. Ich stelle mir vor, wie sich alle meine Freunde in Wyatts Wohnzimmer versammeln und sich darauf vorbereiten, Louis beim Boxen zuzusehen. Genau das werden sie in ein paar Tagen tun. Wyatt hat mich eingeladen. Er will, dass ich offiziell sein Mädchen kennenlerne, offiziell Rylans Baby kennenlerne.

Ich sollte dorthin gehen, bevor ich mich selbst einweise. Es ist wichtig, Zeit mit der Familie zu verbringen. Das sind sie ja auch. Meine Familie. Ich schüttle den Kopf und stoße ein Zischen aus. Wenn ich gehe, dann schiebe ich den Scheiß nur auf. Und das ist genau das, was ich nicht tun darf.

Ich muss besser werden.

Zurück zu meinen Wurzeln.

Zurück zu meinem verdammten Ich.

***

Exeter

Ich liege im Bett und beobachte den Kampf. Wyatt schaut ihn zusammen mit Rylan auf der anderen Seite des Feldes bei Ford. Ich will ihre Kampfnacht nicht stören, aber ich habe auch unbedingt sehen wollen, wie Louis diesen Kerl windelweich prügelt. Sie sticheln schon seit Wochen gegeneinander.

Louis' Lächeln taucht in meiner Erinnerung auf. Seit dem Beginn dieses Kampfes ist er voll auf Großspurigkeit eingestellt. Ich habe diese öffentliche Seite von ihm noch nie gesehen und ich liebe sie.

Ich beobachte, wie Louis seine Faust gegen die Wange des anderen Mannes boxt. Dessen Kopf wirbelt zur Seite und sein Mundschutz fliegt raus. Der Gegner stolpert, richtet sich dann auf, und es sieht aus, als würde ein Dämon von ihm Besitz ergreifen.

„O Scheiße", flüstere ich.

Mein Handy summt, und ich schaue für den Bruchteil einer Sekunde nach unten, nehme es in die Hand und gehe ran. Ich knie in der Mitte des Bettes und lehne mich nach vorne.

„Hast du das gesehen?", kreischt Channing.

„O mein Gott. Der Typ ist besessen", stelle ich fest.

Sie brummt ihr Einverständnis. So verbringen wir unseren Abend, telefonieren miteinander, während wir Louis' Kampf in Vegas verfolgen. Als der Kampf endlich zu Ende ist, atmen wir beide auf und beginnen, über etwas anderes zu reden, na ja, ich erzähle meine Neuigkeiten.

„Wyatt will heiraten, in ein paar Wochen", sage ich.

Channing lacht, ihre Stimme ist zuckersüß. „Rylan konnte nicht einmal ein paar Wochen warten. Ehrlich gesagt, bin ich überrascht, dass Wyatt bereit war, so lange zu warten."

„Ich sollte ihn wahrscheinlich vertrösten und eine richtige Hochzeit planen, seinen Eltern und meiner Großmutter zuliebe", sage ich.

Channing antwortet nicht, sie wartet ab, weil sie weiß, dass ich alles in meinem Kopf durchspiele.

„Aber ich möchte ihn am liebsten gestern schon geheiratet haben. Er ist mein Held, weißt du?“

Ich kann ihr Lächeln praktisch durch das Telefon hindurchsehen. „Ich weiß, dass er das ist. Ich erkenne das daran, wie du ihn ansiehst, weil ich Rylan genauso ansehe. Er ist auch mein Held. Alle diese Männer sind absolut zum Verlieben“, sagt sie.

„Das sind sie wirklich“, stimme ich zu. Ich halte inne, als ich höre, wie die Haustür geöffnet und wieder geschlossen wird. „Ich muss Schluss machen, Wyatt ist gerade zur Tür hereingekommen.“

„Komm morgen vorbei, wenn du frei hast, und wir besprechen die Hochzeitsvorbereitungen. Vielleicht nehmen wir das Baby mit zu MawMaw, du weißt doch, dass sie mich angerufen hat und wissen wollte, wann er seine erste Impfung bekommt, damit sie sich um ihn kümmern kann.“

„Es macht dir nichts aus, ihn mitzunehmen, bevor er sie bekommen hat?“, frage ich.

Channing macht ein Geräusch. „Wir nehmen ihn überall mit hin. Rylan weigert sich, uns zu Hause zu lassen. Wenn er an seinem freien Tag irgendwo hinmuss, gehen wir zusammen“, sagt sie.

„Er ist so verliebt in euch beide.“

„Das ist er“, entgegnet sie und seufzt.

Ich spüre den Blick von jemandem auf mir, und als ich aufblicke, sehe ich Wyatt in der Tür zu unserem Schlafzimmer stehen. „Ich leg jetzt auf. Ich habe morgen frei, ich komme vorbei und bringe Kaffee und Frühstück mit“, verkünde ich und beende den Anruf, bevor sie protestieren kann.

„Hast du den Kampf mit Channing gesehen?“, fragt er und ein Grinsen umspielt seine Lippen.

Ich werfe mein Handy auf den Nachttisch und nicke, während ich mich wieder in die Mitte des Bettes knie.

Wyatts Nasenlöcher blähen sich auf. Er bewegt sich nicht, lehnt mit der Schulter am Türrahmen, seine Augen verfinstern sich leicht und er hat die Arme vor der breiten Brust verschränkt.

„Zieh alles für mich aus, Süße“, fordert er sanft.

Ich beiße mir auf die Lippen. „Alles?“, frage ich, während ich neckisch mit dem unteren Teil meines kurzen Babydoll-Nachthemds spiele.

Er stöhnt, und sein Blick wandert nach unten, wo meine Hände immer noch über den Spitzenbesatz gleiten. Ich hebe es leicht an und zeige ihm den passenden Slip. Er atmet scharf ein, und bevor ich ihn auch nur eine Sekunde länger reizen kann, ist er auf mir.

Wyatt streckt seine Hände aus, legt sie um meine Oberschenkel und zieht mich mit einem schnellen Ruck auf den Rücken. Seine langen Finger fahren an der Innenseite meiner Oberschenkel hinauf, bis sie die Mitte meines Höschens erreichen.

„Fuck“, zischt er, sobald er meine feuchte Mitte berührt.

Ich schiebe mein Höschen zur Seite und schließe die Augen, als seine Finger durch meine Spalte gleiten. Sobald er meinen Kitzler berührt, zucken meine Hüften, und ein Stöhnen entweicht meiner Kehle. Wyatt schwebt über mir, sein sanfter Atem streichelt mein Gesicht. Sein Blick ist nirgendwo anders hin als auf mich gerichtet.

„Ich liebe dich, Süße“, murmelt er. „Kann es kaum erwarten, bis du meinen Verlobungsring gegen den Ehering tauschst.“

Ohne dass ich reagieren kann, ist sein Mund auf meinem. Seine Zunge schiebt sich zwischen meine Lippen, während gleichzeitig zwei Finger in mich eindringen. Meine Augen fallen zu, als seine Finger in mir kreisen. Er bewegt sich in mir, und obwohl ich mir wünsche, sein Schwanz würde seine Finger ersetzen, gibt es nichts Besseres als das Gefühl, wie er tief in mich stößt – absolut nichts. Außer vielleicht, wenn er kommt. Dieses leise Brüllen, das seinen Lippen entweicht. Ich erschaudere bei dem Gedanken. Ich möchte es wieder hören, möchte diejenige sein, die es aus seinem Inneren herauskitzelt.

„Wyatt", wimmere ich.

Er muss wissen, wonach ich mich sehne. Er lässt seine Finger sanft aus meinem Inneren gleiten und dann höre ich das Rascheln seiner Jeans. Ich öffne die Augen und hebe meinen Kopf gerade noch rechtzeitig, um zu sehen, wie er sich in mich hineinbewegt. Er hat mein Höschen zur Seite geschoben und vergräbt sich mit einer einzigen fließenden Bewegung bis zum Anschlag in mir. Es ist die Perfektion.

„Ich liebe dich auch", murmle ich.

Er hält inne, tief vergraben, und sieht mich an, dann senkt er den Kopf, und seine Lippen berühren meine. Ohne unseren Kuss zu unterbrechen, macht er Liebe mit mir. Es spielt keine Rolle, dass wir immer noch größtenteils angezogen sind, es ist genauso intim, als ob wir nackt nebeneinanderliegen würden.

Wyatts Herz ist das, wonach ich mich sehne, und er hat es mir ganz und gar geschenkt. Wenn wir allein sind, wenn wir in einem überfüllten Raum sind, fühle ich mich wie die einzige Frau auf dem Planeten. Er gibt mir dieses Gefühl. Bei ihm fühle ich mich schön, wertgeschätzt und geliebt.

Nie im Leben bin ich davon ausgegangen, dass ich einen Mann wie ihn finden würde. Einen Mann, der mein Held, mein Sieger sein würde, so wie er es ist. Nicht nur für mich, sondern auch für Rylan und Channing, Ford und Louis, sogar für MawMaw – er ist auch ihr Held.

Wyatt ist ein absoluter Held, und er gehört zu mir, zu mir ganz allein.

Ich werde ihn nie wieder loslassen.

Ich werde niemals weggehen.

Mit ihm an meiner Seite habe ich alles, was ich jemals brauche.

Alles, was ich mir jemals wünschen kann.

SAVIOR

EINE AUßERGEWÖHNLICHE HELDEN-KURZGESCHICHTE (EMILY & ROBBY)

Kapitel 1

Emily

Ich beobachte, wie er die Stufen der Veranda hinaufgeht. Er nimmt diesen Weg einmal pro Woche, jede Woche, seit ich in diese Wohnung eingezogen bin. Das heißt, er fährt eine Stunde, um mich zu sehen, geht die Verandastufen hinauf und klopft an die Tür.

Früher habe ich seine Besuche ignoriert. Selbst jetzt zucken meine Beine, um umzudrehen und wegzulaufen. Dieser Mann hat mich in meiner absolut schlimmsten Phase gesehen. Es ist mir peinlich, mit ihm auch nur Augenkontakt aufzunehmen.

Ich hebe meine Hand, drehe den Knauf der Haustür, öffne sie und trete auf die Veranda hinaus. Er steht da, trägt Jeans und ein enges weißes Baumwollhemd, das sich über seine breite Brust spannt. Er hält einen weißen Cowboyhut aus Stroh in der Hand, seine Finger knubbeln an der Krempe, während sich sein Blick mit meinem verbindet.

„Emily", grollt seine tiefe Stimme.

Ich beiße mir auf die Unterlippe und hebe mein Kinn. „Sheriff", flüstere ich.

Seine Lippen verziehen sich zu einem kleinen Lächeln, er schüttelt einmal den Kopf und macht einen zaghaften Schritt auf mich zu. „Ich habe dir gesagt, du sollst mich Robby nennen", sagt er, seine Stimme ist weich wie frische Butter.

Mein Atem stockt, als er einen weiteren Schritt auf mich zu macht, dann noch einen, bis sein Hut meinen Bauch berührt und dieser das Einzige ist, was uns trennt. Seine dunkelbraunen Augen blicken auf mich herab, seine Lippen öffnen sich leicht und betteln leise um meinen Mund. Ich widerstehe der Verlockung. Es ist schwer, aber ich widerstehe.

„Warum bist du hier?“, flüstere ich.

Er neigt den Kopf zur Seite und lässt seinen Blick über mein Gesicht schweifen. „Ich komme seit Monaten einmal pro Woche, jede Woche“, sagt er.

„Warum?“, frage ich erneut.

Seine Lippen verziehen sich langsam zu einem Lächeln. „Du hast das noch nicht herausgefunden?“, will er wissen.

Ich könnte raten. Aber wenn ich das tun und mich irren würde, würde das mein Ego zerstören. Und er kann nicht. Er kann mich nicht so sehr mögen. Er ist hier, weil er ein netter Kerl ist, ein guter Mann. Er ist hier, um dafür zu sorgen, dass die verrückte Schlampe niemandem mehr wehtut. Das ist der Grund, warum er hier ist.

„Du bist ein netter Kerl. Du willst sichergehen, dass es mir gut geht, und du willst sichergehen, dass ich nicht in die Stadt zurückkomme, damit ich niemandem mehr wehtue.“

Er zuckt zusammen. Das war nicht die Antwort, die er gewollt hat. Ich trete einen Schritt zurück, blicke zu Boden und dann wieder zu ihm hoch, als ich seine Fingerspitzen auf meinem Arm spüre. Das Gefühl jagt mir einen Schauer über den ganzen Körper. Ich will mehr als eine einfache Berührung, ich will seine rauen Finger überall auf mir spüren.

„So nett bin ich nicht, Emily“, dröhnt er.

„Robby“, flüstere ich, nenne ihn beim Namen. Er fühlt sich fremd auf meiner Zunge an, aber ich mag es, wie er klingt. Mir gefällt auch, wie sich Robbys Nasenlöcher aufblähen, wenn ich ihn laut ausspreche. Ich schaue erwartungsvoll zu ihm auf und warte darauf, dass er etwas anderes tut oder sagt. Stattdessen tritt er einen Schritt zurück, blickt auf seine Stiefel und hebt dann den Blick wieder, um mir in die Augen zu schauen.

„Ich komme nächste Woche wieder. Du siehst wirklich gut aus, Emily."

Ohne ein weiteres Wort wendet er sich von mir ab, und ich sehe zu, wie er weggeht. Ich betrachte seinen Hintern in den engen Bluejeans, die über den Stiefeln leicht ausgestellt sind. Seine kräftigen Oberschenkel, seine schlanke Taille und seinen breiten Rücken. Ich frage mich, warum. Warum ist er hier? Warum interessiert er sich so sehr für ein wertloses Stück Dreck wie mich?

***

Robby

Mein Telefon klingelt, als ich meinen Pick-up starte. Bevor ich rangehe, schaue ich noch einmal zu der Frau, die auf der Veranda steht. Unter anderen Umständen würde ich sie einfach als irgendein Mädchen wahrnehmen, aber Emily ist kein Mädchen.

Emily ist eine Frau.

Sie hat mehr Scheiße durchgemacht, als ein Mensch jemals durchmachen sollte. Aber sie hat es getan, sie heilt und sie ist immer noch stark – stark und verdammt gut aussehend.

Ich streiche mit dem Daumen über den Bildschirm meines Telefons, schalte den Wagen in den Fahrmodus und fahre auf die Straße.

„Hallo", grüße ich.

„Hier ist Chelle“, verkündet meine Schwester am anderen Ende der Leitung.

Innerlich stöhne ich auf. Meine Schwester nervt mich, seit wir Kinder gewesen sind. Dann hat sie vor Jahren irgendeinen dummen Scheiß mit Beaumont Griffin abgezogen und ich bin nie darüber hinweggekommen. Er auch nicht. Ich bin froh, dass sie nicht zurück in die Stadt gekommen ist, sie muss weit wegbleiben mit ihrem Verlierer von Ehemann.

„Ich weiß, wer dran ist, ich habe deine Nummer auf meinem Handy gesehen“, sage ich und grunze.

Sie stößt laut Luft aus, offensichtlich verärgert über mich. Es ist mir ziemlich egal, ob sie das ist. Sie ruft nur an, wenn sie etwas will. Beaumont mag immer noch wütend auf sie sein, aber er ist rechtzeitig einem verdammten Todesgeschoss ausgewichen.

„Ich überlege, Charlie zu verlassen. Kann ich bei dir pennen?“, fragt sie.

Ich rolle mit den Augen, fahre an die Ampel und atme aus. „Nein“, sage ich entschlossen.

„Nein?“, kreischt sie.

„Hast du Mom und Dad angerufen?“, frage ich.

Sie ärgert sich. „Du weißt, dass sie Nein gesagt haben.“

Ich weiß es nicht, aber ich habe vermutet, dass sie sofort abgelehnt haben. Genau wie ich geben sich unsere Eltern nicht mehr mit ihrem Scheiß ab. Sie ist pures Drama, eine Nervensäge und bereitet Kopfschmerzen, seit sie ein Kind gewesen ist. Ich glaube, meine Eltern haben gedacht, sie würde irgendwann erwachsen werden, aber das wurde sie nie. Ihre Eskapaden werden immer schlimmer, je älter sie wird.

„Du wolltest ihn heiraten. Du hast ein großes Problem verursacht und mir jemanden genommen, den ich für einen Freund hielt. Also nein, ich werde dir mein Zuhause nicht zur Verfügung stellen!"

„Du bist so ein Arschloch. Du warst schon immer ein Arschloch!", kreischt sie.

Vorsichtig drücke ich meinen Fuß auf das Gaspedal und fahre weiter die Straße hinunter, sobald die Ampel grün wird. Chelle schreit mich weiter an, dass ich ein Arschloch sei, aber ich ignoriere sie. Ich beschließe, das Gespräch zu beenden, und werfe mein Handy auf den Beifahrersitz des Trucks.

Scheiß auf sie.

Wenn sie eine wütende Schlampe sein will, ist sie nicht meine verdammte Sorge. Nicht mehr. Ich habe vor Jahren mit ansehen müssen, wie Beaumont mit den Folgen ihres Schwachsinns konfrontiert wurde. Damals habe ich mir geschworen, mit ihr fertig zu sein, und das bin ich auch. Sie ist meine Schwester und ich werde sie immer lieben, aber ich muss sie nicht mögen.

Kapitel 2

Emily

Eine Woche später

Diese Woche warte ich auf ihn auf der Veranda. Ich frage mich, ob er kommen wird, aber ich muss nicht lange rätseln. Wie ein Uhrwerk fährt sein Pick-up an den Gehweg heran. Er dreht den Kopf und durch seine Brille hindurch findet, sein Blick meinen. Ich spüre, wie meine Haut heiß wird, als er zu mir herüberschaut. Ich beobachte ihn und mein Atem stockt, als sich seine Lippen zu einem Lächeln verziehen.

Seine Tür schwingt auf, er klettert hinaus und knallt sie zu. Dieses kleine Haus teile ich mit drei anderen Frauen. Alles Frauen wie ich, mit Problemen. Alles Frauen, die mich eine Million Mal über unsere Beziehung ausgefragt haben. Alles Frauen, die jedes Mal, wenn er auftaucht, in ihn vernarrt sind. Ich kann es ihnen nicht verübeln, ich verzehre mich auch nach ihm, aber ich tue es leise, innerlich.

„Emily." Seine tiefe Stimme vibriert, als er die kurzen Stufen hinaufjoggt.

„Robby", murmle ich, mein Gesicht fühlt sich heiß an und wird zweifellos knallrot.

Ohne eine Stufe ausgelassen zu haben, setzt er sich direkt neben mich auf die Verandaschaukel. Mein Atem stockt, als er sofort meine Hand in seine nimmt und seine Finger mit meinen verschränkt. Mein Blick fällt auf unsere ineinander verschlungenen Hände, dann blicke ich auf, um in sein Gesicht zu sehen.

„Ist das okay?", fragt er.

Ich beiße mir auf die Unterlippe und nicke einmal.

„Gut. Ich habe vor, noch mehr zu machen, aber wir können mit dem hier anfangen."

„Warum?", frage ich noch einmal. Ich erwarte nicht, dass er antwortet, aber als er es tut, atme ich tief ein.

„Warum nicht? Du bist wunderschön. Dein Lächeln bringt mein Herz zum Stillstand. Und der Ausdruck in deinen Augen, wenn du dich endlich entspannst und die Nervosität von dir abfällt … Wenn du mich so ansiehst, wird mein Schwanz steinhart!"

„Robby", hauche ich.

„Oder wenn du meinen Namen hauchst. Ich stelle mir vor, dass du ihn genau so sagst, wenn ich in dir bin."

Ich schüttele den Kopf, schließe die Augen und atme durch die Nase ein. Seine Finger lösen ihren Griff um meine und wandern gelassen meinen Arm hinauf, bis sie sich seitlich an meinen Hals schmiegen.

Langsam öffnen sich meine Augen und ich sehe zu ihm hinüber. „Wie kannst du mich wollen?"

„Wie könnte ich das nicht?", fragt er und lehnt sich etwas näher an mich heran.

„Du hast mich gesehen, nackt, missbraucht, benutzt, und trotzdem bist du hier."

Robbys Kopf ruckt zurück, seine Augen verengen sich und er schüttelt ein Mal den Kopf. „Ich habe eine Frau gesehen, die ihr ganzes Leben lang manipuliert worden ist. Eine Frau, die ihren Wert nicht gekannt hat. Bist du die gleiche Frau?", fragt er.

Ich antworte sofort. „Auf keinen Fall."

„Das habe ich mir gedacht. Ich sehe eine Überlebende. Ich sehe eine Schönheit, die sich aus der Asche ihrer Vergangenheit erhoben hat. Ich sehe eine starke, unabhängige, schöne Frau, die es verdient, geliebt zu werden."

Schluckend hebe ich mein Kinn und schaue ihn durch meine Wimpern an. „Wie kannst du das nur so sehen? Wie?"

Seine Finger lösen sich von meinem Hals und er steht gemächlich auf.

„Wo gehst du hin?", frage ich ihn fast schon in flehendem Ton.

„Solange du nicht siehst, was ich sehe, kann das hier nicht weiter gehen, als auf der Veranda zu sitzen", sagt er, und seine Stimme klingt so traurig, dass mir das Herz ein wenig bricht.

Ohne ein Wort und ohne einen Blick zurückzuwerfen, verschwindet er. Er ist über eine Stunde gefahren, um weniger als zehn Minuten mit mir auf der Veranda zu verbringen. Ich kann ihn nicht verstehen. Aber ich will mehr von ihm. Mehr Zeit, mehr Berührungen. Und ich will wissen, wie er sich anhört, wenn er kommt. Ich will das alles.

***

Robby

Jeder Tag, der vergeht, ist unerträglich. Ich will sie. Ich will alles von ihr. Ich weiß nicht, warum sie diejenige ist, nach der ich mich sehne, aber ich hinterfrage nicht, was ich fühle. Ich habe noch nie in meinem Leben ein so starkes Verlangen nach einem anderen Menschen gehabt.

Nicht einmal nach meiner ersten Liebe. Ich habe noch nie so für jemanden gefühlt. Das ist der Grund, warum ich immer wieder zurückkehre, Woche für

Woche. Plus die Tatsache, dass sie jedes Mal, wenn ich sie sehe, ein wenig aufrechter steht, ihre Augen ein wenig heller strahlen und ihr Lächeln ein wenig echter wirkt.

Es wird immer schwieriger, von ihr wegzugehen, besonders jetzt, wo ich kein Geheimnis daraus gemacht habe, dass ich sie will. Zu sehen, wie sich ihr Mund vor Überraschung öffnet und sie praktisch um meinen Kuss bettelt … *verdammt!* Ich weiß nicht, wie lange ich mich noch zurückhalten kann, sie nicht zu küssen, sie nicht als mein Eigentum zu beanspruchen.

Sobald mein Truck die erste Ampel in der Stadt passiert, klingelt mein Handy. Ich hebe es von seinem Platz in der Mittelkonsole hoch und gehe mit dem Daumen ran.

„Debra?“, frage ich.

„Ich brauche Sie auf dem Revier, wir haben einen Anruf wegen eines Unfalls auf der Farm-to-Market-Road 2147 erhalten.“

Ich frage sie nicht, warum die diensthabenden Beamten nicht reagieren. Ich frage sie nicht, weil ich weiß, warum. Hier geht es um einen Todesfall, und sie brauchen alle Beamten am Tatort, auch die, die nicht im Dienst sind.

„Ich bin auf dem Weg“, knurre ich und beende den Anruf.

Das vervollständigt die großartige Woche, die ich gerade habe. Der Besuch bei Emily verlief nicht wie geplant.

Sie ist noch nicht bereit. So sehr ich mir das auch wünsche, sie ist es nicht. Sie braucht noch etwas Zeit. Zeit, die ich ihr nicht geben will.

Ich bin bereit.

Ich bin bereit für meine Zukunft.
Ich bin bereit für sie.
Ich werde warten, aber es ist verdammt schwer.

Kapitel 3

Emily

Exeter und MawMaw gehen wieder und ich winke ihnen mit einem Lächeln auf den Lippen zu. Ich genieße ihre Besuche, und ich freue mich auf sie, fast so sehr wie auf die von Robby. Letzte Woche ist er länger als zehn Minuten geblieben, aber nicht viel.

Die sexuelle Spannung zwischen uns ist sprunghaft angestiegen und ich kann die Ungeduld in seinem Gesicht sehen. Ich spüre es in mir, also ist es mir nicht gleichgültig.

Ich will ihn. Ich will ihn so sehr.

Nur habe ich keine Ahnung, wie ich ihn um mehr bitten kann, wie ich ihm zeigen kann, dass ich ihn will, ohne wie eine Hure zu wirken. Mich wie eine Schlampe zu verhalten ist alles, was ich kenne – benutzt zu werden, missbraucht zu werden.

Anstatt wieder ins Haus zu gehen, wo es laut und unordentlich ist, beschließe ich, einen Spaziergang zu machen. Die Sonne scheint auf mich herab, als ich mich auf den Weg zum Park am Ende der Straße begebe.

Bald wird es unerträglich werden, die Hitze wird zu groß sein, um mitten am Nachmittag herumzulaufen, aber jetzt ist es nur leicht unangenehm.

Der Park ist leer und ich bin froh über die Stille und Einsamkeit. Ich steuere die Schaukel an, setze mich hin und beginne gemächlich hin und her zu schaukeln.

Ich spüre seine Anwesenheit, bevor ich ihn sehe. Er steht am Rande des Parks und beobachtet mich. Ich hebe den Blick und sehe zu ihm auf, neige den Kopf zur Seite und warte. Sein Körper zuckt, und er beginnt, auf mich zuzugehen, als ob sich seine Füße gerade erst vom Boden gelöst hätten.

„Was machst du allein hier draußen?", fragt er und sein Blick wandert von einer Seite zur anderen.

Ich sehe zu ihm auf und bin von seinem barschen Tonfall überrascht. „Es ist mitten am Tag, Robby", erkläre ich.

Er grunzt, seine Füße bleiben nicht stehen, bis er direkt vor mir hält. Er ist so dicht vor mir, dass sein Körper das Sonnenlicht blockiert und einen Schatten auf mich wirft.

„Ich mag es immer noch nicht, wenn du allein unterwegs bist."

Langsam erhebe ich mich. Ohne nachzudenken, ohne das Für und Wider abzuwägen, ohne mir über mein Handeln im Klaren zu sein, lege ich meine Handflächen auf seine Brust. Ich lehne mich an ihn, rolle mich auf die Fußballen und streiche mit meinen Lippen über seine Kieferpartie.

Robbys Hände finden sofort meine Taille, seine Finger umklammern mich fest. Er neigt sein Kinn, und seine Lippen finden meine. Sein Kuss ist nicht süß und sanft, wie ich es erwartet habe, er ist hart und fordernd. Er ist perfekt. Meine Augen fallen zu, mein Mund öffnet sich, und ich drücke mich noch näher an ihn, meine Brüste pressen sich gegen seine Brust.

Seine Zunge gleitet in meinen Mund, er schmeckt mich, dann knabbert er an meiner Unterlippe und beißt hinein, bevor er sich zurückzieht. Sein Atem geht schwer, meine Augen öffnen sich langsam, und ich lege meinen Kopf in den Nacken, während ich ihn ehrfürchtig anschaue.

„Robby", sage ich, und sein Name ertönt mit einem berauschenden Klang, den ich nicht ganz einordnen kann.

Er stöhnt und senkt sein Kinn erneut, um seine Lippen für einen kurzen Moment auf meine zu pressen. Dann wandern seine Lippen über meine Wange, bis sie mein Ohr erreichen.

Sein Atem ist warm, als er mit ihnen über mich streicht, und das jagt mir einen Schauer über den ganzen Körper.

„Ich will dich", gebe ich mit einem Ausatmen zu.

***

Robby

Ich dachte, mein Name auf ihren Lippen wäre das süßeste Geräusch, das ich je gehört habe. Ich habe falschgelegen. Dass sie mir sagt, sie wolle mich, verdammte Scheiße, *das* ist das Süßeste, was es auf der ganzen Welt gibt!

Meine Finger schmiegen sich an ihre Taille, ich ziehe sie noch näher an mich heran und wünsche mir, wir wären irgendwo anders als mitten in einem Park unter der heißen Sonne von Texas.

„Ich will dich auch, Baby", gebe ich zu.

Sie beißt sich auf die Unterlippe, was sie immer tut, wenn sie nachdenkt, und neigt dann den Kopf zur Seite. „Ist das real?", fragt sie.

Stirnrunzelnd löse ich eine meiner Hände von ihrer Taille und lege sie in ihren Nacken. Ihr Haar ist weich und meine Finger zucken. Ich würde mir wünschen, ihre Strähnen fest zu greifen und ihren Nacken ein wenig zurückzuziehen, um ihren Hals perfekt zu wölben.

„Welcher Teil?“, frage ich und meine Zunge fühlt sich schwer an. Ich will sie schmecken, alles von ihr. Ich brauche sie. Es kommt mir vor, als hätte ich ein Leben lang auf diesen Moment gewartet.

Sie atmet tief ein, dann leckt sie sich die Lippen. „Du und ich, das hier. Es liegt nicht daran, dass ich einfach zu haben bin, oder?“

Fast schnaube ich, aber ich tue es nicht. Stattdessen schüttle ich einmal den Kopf, mein Blick ist auf ihre Augen gerichtet. Sie ist verängstigt – und wie könnte es anders sein? Jacob hat sie als Fickpuppe benutzt. Dann hat er sie bezüglich Jennifer benutzt und wer weiß, mit welchen anderen kranken Wichsern noch dazu.

Ich will gar nicht erst in ihre Kindheit eintauchen, denn Exeter hat mir mehr erzählt, als ich je wissen wollte, als ich ihren und Emilys Vater verhaftet habe. Nein, ich kann sicher sagen, dass ich Emily nicht will, weil sie einfach zu haben ist. Das ist sie nicht.

Ich mache mir keine Illusionen, dass es einfach werden wird, mit ihr zusammen zu sein und sie an meiner Seite zu haben. Ich bin jedoch vollkommen zuversichtlich, dass es sich lohnen wird. Jede verdammte Sekunde. Wenn sie die Frau ist, von der ich glaube, dass sie es ist.

„Nichts an dir wird einfach zu haben sein, Emily“, murmle ich und streiche mit meinen Lippen über ihre, bevor ich meine Stirn gegen ihre lehne. „Aber alles an dir wird es wert sein“, sage ich und wiederhole meine Gedanken.

Sie brummt, ihre Hände gleiten von meiner Brust und legen sich um meinen Nacken. „Was passiert jetzt?“, haucht sie.

Ich grunze. Ich möchte ihr sagen, dass ich sie jetzt mit nach Hause nehmen und für ihr restliches Leben ficken möchte. Aber das ist ein Gedanke, den ich besser für mich behalte, zumindest im Moment.

„Hast du morgen Abend Zeit?“, frage ich.

„Ja“, flüstert sie.

Ich hebe meinen Kopf leicht an und schaue in ihre hübschen blauen Augen. „Wie wäre es, wenn ich dich um sieben abhole?“

„Wofür?“, fragt sie und zieht verwirrt die Stirn in Falten.

„Ein Date.“

Sie blinzelt, ihre Augen weiten sich, dann kräuselt sie die Lippen. „Ich hatte noch nie ein Date“, gibt sie zu.

Ich nehme ihr Geständnis mit Fassung auf. Das habe ich mir schon gedacht. Es macht mich traurig, dass niemand sie jemals so behandelt hat, wie sie es verdient gehabt hätte, aber vielleicht hat sie die ganze Zeit darauf gewartet, dass ich erscheine.

„Dann ist morgen Abend dein erstes Date“, sage ich und grinse.

Sie lächelt ein wenig und umarmt mich intensiver. „Dann ist morgen Abend mein erstes Date“, wiederholt sie flüsternd, bevor sie ihren Mund auf meinen legt.

Ich erlaube ihr, die Kontrolle über den Kuss zu übernehmen, dieses eine Mal. Ihre Bewegungen sind zaghaft, schüchtern und ungeübt. Als ob sie noch nie etwas initiiert hätte, und ich schätze, genau so ist es auch. Ich gebe ihr das, meine Finger zucken mit dem

Bedürfnis, ihr Haar und ihre Taille fester zu greifen, sie hart zu küssen und ihren Körper zu kontrollieren, ihn meinem Willen zu unterwerfen. Ich tue es nicht. Noch nicht. Aber bald.

Kapitel 4

Emily

Ich stehe vor dem kleinen Spiegel im Wohnzimmer und begutachte mich von oben bis unten. Ich trage eine dunkel verwaschene Röhrenjeans, ein weißes Tanktop und an meinen Füßen goldene flache Sandalen. Meine kastanienbraunen Haare habe ich zu einem straffen Pferdeschwanz gebunden und mein Make-up ist etwas dunkler als sonst.

„Seid ihr sicher, dass *so* ein Outfit für ein Date aussieht?", frage ich zwei meiner Mitbewohnerinnen.

Sie nicken beide, ihre Augen leuchten und sind voller Aufregung. Ich bin die Erste von uns, die wirklich ausgeht, seit wir hier eingezogen sind. Wir befinden uns alle in unterschiedlichen Lebensphasen. Ich bin die Jüngste, aber mein Hintergrund ist der abgefuckteste.

„Und bist du sicher, dass du ihm vertrauen kannst?", fragt Harlow mich. Sie ist misstrauisch, sie ist bei jedem Mann misstrauisch, und das muss sie auch sein. Ich mache ihr keinen Vorwurf. Nicht im Geringsten.

Ich denke über ihre Frage nach und lasse meinen Blick über mein Spiegelbild schweifen. Mein Gesicht ist gerötet vor Aufregung, meine Beine sind unruhig und zucken. Innerlich bin ich ein nervöses Bündel aus Verlangen. Aber ich weiß tief in meiner Seele, dass ich diesem Mann vertrauen kann. „Ich kann."

Ihre Augen verengen sich, als sie mich ansieht. „Du rufst mich an, wenn du Hilfe brauchst?", fragt sie und hebt ihr Kinn in Richtung des Telefons, das ich in der Hand halte.

„Das werde ich“, sage ich, als es an der Haustür klopft.

„Lass das Mädchen doch ein bisschen Spaß mit dem heißen Sheriff haben“, sagt Eve von ihrem Lieblingsplatz in der Sofaecke aus.

Ich drehe mich um und blende beide aus, während ich langsam zur Tür gehe. Ich schließe ein Auge und schaue mit dem anderen durch den Türspion.

Er ist da. Er trägt seinen weißen Stetson-Cowboyhut, ein blau kariertes, perlenbesetztes Button-Down-Hemd, Jeans, die sich an seinen Körper schmiegen, und eine glänzende Gürtelschnalle an seiner Taille. An den Füßen trägt er seine Cowboystiefel mit eckiger Spitze. Er sieht sündhaft toll aus.

Ich atme tief durch die Nase ein und lasse die Luft vollständig ausströmen, bevor ich die Tür öffne. Er hebt den Kopf, sobald sie aufschwingt, und sein Blick ist sofort auf mich gerichtet.

„Emily“, dröhnt er.

Ich versuche zu lächeln, obwohl meine Lippen vor lauter Nervosität zittern.

„Bist du bereit?“, fragt er.

Ich nicke und trete einen Schritt vor. Harlow und Eve verabschieden sich lautstark, als ich die Tür hinter mir schließe. Robby legt seine Hand um meine Taille und zieht meinen Körper sanft an seinen heran. Meine Brust drückt gegen seine, während mein Kopf nach hinten kippt.

Er neigt seinen Kopf, sein Mund berührt meinen. „Lass mich dich zum Essen ausführen, dann sehen wir weiter“, murmelt er gegen meine Lippen.

„Okay“, hauche ich.

***

Es ist eine Qual, ihr gegenüber zu sitzen und ihr beim Essen zuzusehen. Zu beobachten, wie sich diese köstlichen Lippen bewegen, wenn das Essen hineinrutscht. Zu sehen, wie sich ihre Brüste bei jedem Atemzug anheben. Verflucht! Ich fühle mich wieder wie ein verdammter Teenager. Was wahrscheinlich angemessen ist, wenn man bedenkt, dass sie tatsächlich noch ein Teenager ist – theoretisch gesehen.

„So, und wie lange wirst du in diesem Haus wohnen?“, frage ich und versuche, mich davon abzulenken, dass ich mir ihren nackten Körper vorstelle, der vor mir ausgebreitet liegt.

Sie beißt sich auf die Lippe und zuckt dann mit den Schultern. „Ich weiß es nicht. Ich darf noch ein Jahr bleiben“, gibt sie zu. „Danach habe ich noch keine weiteren Pläne.“

Ich nicke und beiße mir auf die Wange, um nicht etwas Dummes zu sagen. Wie sie anzuflehen, bei mir einzuziehen – morgen.

„Hast du schon eine Vorstellung davon, was du beruflich machen möchtest?“, will ich wissen und versuche, das Gespräch in Gang zu halten.

In Wirklichkeit will ich nur in ihr sein. Aber das kann ich ihr nicht antun, zumindest jetzt noch nicht. Ich muss sie so behandeln, wie sie es verdient, mit ihr ausgehen, sie umwerben.

Sie zuckt erneut mit den Schultern, dann nickt sie. „Es ist dumm“, murmelt sie.

„Nichts ist dumm“, sage ich.

Emily schaut zur Seite, dann wendet sie ihren Blick wieder zu mir. „Im Moment arbeite ich in einem Büro als Sachbearbeiterin, aber ich will Friseurin werden. Das wollte ich schon immer machen. Nicht sehr ehrgeizig, oder?“

Ich schüttele den Kopf, meine Lippen verziehen sich zu einem breiten Lächeln. Ich greife über den Tisch und nehme ihre Hand in meine, halte ihre kühlen Finger mit meiner warmen Hand. „Das ist überhaupt nicht dumm. Es ist bewundernswert. Es ist ein guter, respektabler Beruf.“

Sie schnaubt. „Du bist Polizeibeamter, wie kannst du denken, dass es bewundernswert ist, Haare zu schneiden?“, fragt sie.

Ich drücke ihre Hand mit meiner und warte, bis sie ihren Blick hebt, um mich anzusehen. Es dauert einen Moment, aber sie tut es, und ich sehe, dass etwas in ihren Augen lauert. Zweifel. Ich hasse es. Sie soll niemals an sich selbst zweifeln.

„Baby“, krächze ich. „Einfach zu leben, zu atmen, einen weiteren Tag zu überstehen, ist bewundernswert, besonders nach der Scheiße, die du erlebt hast. Dass du dich verbessern willst, dass du weißt, was du beruflich machen willst, finde ich geradezu atemberaubend.“

„Robby“, flüstert sie und ihre Stimme stockt.

„Du gehst hier zur Schule und kommst dann nach Hause, zu mir.“

Emilys Augen weiten sich vor Überraschung. Ich merke, dass auch ich von meinen Worten überrascht bin. Aber ich bereue nicht, dass ich sie gesagt habe. Ich habe sie ernst gemeint. Ich meine sie ernst. Jeden einzelnen Satz. Ich will sie da haben, wo sie hingehört. In der Nähe ihrer Cousine, in der Nähe von MawMaw. Und in meiner Nähe.

Kapitel 5

Emily

Es ist eine Woche seit unserem ersten Date vergangen. Robby hat mir jeden einzelnen Morgen und jeden Abend eine SMS geschickt. Nichts Tiefgehendes, nur „Guten Morgen“ und „Schlaf gut“. Er versucht nicht, das Vorspiel zu initiieren, er versucht nicht, sexy zu sein, aber all das lässt mich ihn umso mehr wollen.

Ich kann nicht aufhören, an ihn zu denken, den ganzen Tag, die ganze Nacht – die ganze verdammte Zeit. Ich nicke, als der Zulassungsberater mir Anweisungen gibt, was ich als Nächstes tun soll.

Ich habe die Highschool abgeschlossen und meine Noten waren so gut, dass er glaubt, ich würde keine Probleme haben, in das Programm aufgenommen zu werden. Der Berater zeigt auf das Unterschriftenfeld. Wenn ich auf der Linie unterschreibe, ist es offiziell, ich reiche meine Bewerbung ein.

Er hat mir bereits bei den Finanzanträgen geholfen, und wenn ich nach Hause komme, werde ich sie fertigstellen. Ich kann nicht glauben, dass es wirklich passiert. Ich kann schon in zwei Monaten in der Schule sein.

Ich verlasse das Beratungsbüro und bleibe stehen, als ich sehe, wer vor der Tür, mitten auf dem Parkplatz, wartet. Sein schwarzer Pick-up ist unverkennbar. Sein weißer Strohhut ist es auch.

Meine Füße bewegen sich, bevor mein Gehirn ihnen sagt, dass sie laufen sollen. Ich werfe mich in seine Arme und schlinge meine Beine um seine Taille, während Robby mich trägt. Mein Mund prallt auf seinen und ich ignoriere das Grunzen und schlucke es hinunter. So schnell, wie ich ihn geküsst habe, hebe ich meinen Kopf und sehe ihm in die Augen.

„Ich habe mich angemeldet. Also, mein Papierkram ist eingereicht“, rufe ich.

Er gluckst und seine Lippen verziehen sich zu einem breiten Lächeln. „Ich bin stolz auf dich, Baby“, brummt er.

„Ich will feiern!“, verkünde ich.

Er blinzelt, dann packen seine Hände meinen Hintern etwas fester und halten mich an ihn geschmiegt. „Was möchtest du tun? Sag irgendetwas, ich werde dir alles geben“, sagt er.

Ich weiß, dass er es auch so meint. Alles. Er würde mir alles geben. Was auch immer ich verlange, es würde mir gehören. Ich weiß es einfach. Ich kann es fühlen. Er meint alles ernst, was er zu mir sagt, und hiermit ist es nicht anders.

Ich senke meinen Blick und schaue auf seine Lippen und dann wieder in seine Augen. „Ich will dich, Robby“, gestehe ich.

„Emily“, knurrt er.

Ich schüttle den Kopf. „Ich will alles von dir. Ich bin bereit für mehr“, flüstere ich.

„Ich weiß nicht, ob du das bist“, sagt er mit zögerlicher Stimme.

Ich neige meinen Kopf und komme näher, um meine Lippen auf seine zu legen, küsse ihn sanft, zärtlich, meine Zunge gleitet heraus, um seine Lippen zu schmecken. Einatmend genieße ich seinen würzigen Duft, der mich umhüllt. Es ist ganz er, ganz Robby. Er umgibt mich, aber ich brauche mehr von ihm.

Er zieht den Kopf zurück, seine Augen sehen in meine, und ich beobachte, wie hinter seiner Stirn ein Krieg tobt. Er denkt nach, er versucht zu entscheiden, ob sein Verstand und seine Kontrolle wichtiger sind als seine niederen Bedürfnisse und Wünsche.

Das sind sie nicht.

Er braucht mich so sehr, wie ich ihn brauche. Ich kann es nicht nur tief in mir spüren, sondern auch daran, wie sein Schwanz unter seiner Jeans gegen meine Mitte drückt.

***

Robby

Ich spüre, wie sich ihr Körper gegen meinen Rücken drückt. Ihre Finger sind mit meinen verschränkt, während ich ihre Hand halte. Ich bin genau da, wo ich nicht sein sollte. Ich hätte ihren süßen Arsch nach Hause fahren oder mit ihr ein Eis essen gehen sollen oder so einen Scheiß.

Was ich nicht tun sollte, ist, in ein Hotel einzuchecken. Und doch stehen wir hier.

Der Schlüssel gleitet über den Tresen, und ich reiche dem Angestellten grinsend einen Papierumschlag mit Bargeld, drehe mich um und ziehe Emily hinter mir her. Sie kichert, drückt ihren Arm und eine Titte gegen mich. Mein Gott, ich glaube nicht, dass ich es auch nur eine Sekunde mit ihrem nackten Körper in voller Pracht aushalte.

Sobald wir im Zimmer sind, schließt sich die Tür hinter uns, und ich beobachte, wie Emily den Sicherheitsriegel vorschiebt. Langsam dreht sie sich um, den Rücken gegen die geschlossene Tür gepresst. Als sie mich durch ihre Wimpern anschaut, zuckt mein Schwanz unter meiner Jeans.

„Robby", haucht sie.

„Zieh alles aus. Ich will alles von dir sehen, Emily", fordere ich leise.

Ich höre, wie ihr Atem stockt, und sie bewegt sich nicht sofort. Ich frage mich, ob ich zu viel zu früh verlangt habe. Ich möchte sie nicht an Jacob erinnern oder sie traumatisieren, aber ich mag Kontrolle. Ich genieße es, hart zu ficken und die Führung zu übernehmen. Ich genieße es auch, Freude zu bereiten. Mit mir wird sie mehr Freude erleben als je zuvor in ihrem Leben.

Aber ich habe die Verantwortung.

Ich habe alles unter Kontrolle.

Dann, als würde sie etwas zwingen, sich zu bewegen, zuckt ihr Körper zusammen. Ich beobachte, wie sie sich ruhig entkleidet. Sie quält mich, ihr Blick bleibt mit meinen verbunden, während sie jede Schicht ihrer Kleidung abstreift, bis sie schließlich völlig nackt vor mir steht.

Jeder hinreißend schöne Zentimeter ihres Körpers ist zu sehen, und in diesem Moment wird mir klar, dass meine Träume ihr überhaupt nicht gerecht geworden sind. Sie ist schlichtweg atemberaubend. Ich habe noch nie eine schönere Frau als Emily White gesehen.

Scheiße.

Wenn ich sie ansehe, fällt mir das Atmen schwer.

„Robby?", fragt sie, und ihre Stimme klingt so dünn und unsicher.

Ich schüttle einmal den Kopf. „Komm her, Baby."

Sie kommt langsam auf mich zu, zögert bei jedem Schritt, den sie macht. Sobald sie nah genug ist, greife ich nach ihr, lege meine Hände um ihre Taille und ziehe sie an meine Brust. Ich senke mein Kinn, presse meine Lippen auf ihre und fülle ihren Mund mit meiner Zunge, bis sie nach Luft schnappt.

Ihre Hände ertasten mein Hemd und sie zieht es aus dem Bund meiner Jeans. Ich zische, als ich spüre, wie ihre Fingernägel sanft über meinen Rücken kratzen. Ich greife mit einer Hand hinter mich und packe mein Hemd zwischen den Schulterblättern, unterbreche unseren Kuss, ziehe es mir über den Kopf und werfe es zur Seite.

Emilys Hände sind als Nächstes am Bund meiner Jeans. Sie hat sie aufgeknöpft und den Reißverschluss geöffnet, bevor ich merke, was passiert ist. Ich schlinge meine Finger um ihre Handgelenke und stoppe ihre Bewegungen.

„Aufs Bett, ich will dich schmecken", sage ich.

Kapitel 6

Emily

Schmecken. Er will mich *schmecken.* Das hat noch nie jemand mit mir gemacht. Ich erstarre und schaue überrascht zu ihm auf. Ich meine, ich weiß, was er tun will, ich bin nur überrascht, dass er es tun will, *mit mir.* Um ehrlich zu sein, habe ich gedacht, es wäre eine lästige Pflicht, etwas, das nur verheiratete Männer tun, um ihre Frauen ruhigzustellen.

„Setz dich auf die Kante, spreiz die Beine", fordert er unwirsch.

Ich tue, was er sagt, aber mein ganzer Körper zittert bei jeder Bewegung, die ich mache.

„Hat das jemals jemand getan?", fragt er.

Ich schüttle den Kopf und spreize langsam meine Beine für ihn. Er stöhnt, seine Hände umschließen die Innenseiten meiner Oberschenkel, während er langsam auf die Knie sinkt. Seine Augen blicken in meine, seine Daumen massieren die Innenseiten meiner Schenkel und ich atme keuchend aus.

„Ich werde meinen Mund auf dich legen. Beweg dich, wie du willst, Baby. Ich möchte, dass du das genießt", raunt er.

Robbys Daumen fahren fort, kleine Kreise zu ziehen und sich meiner Pussy zu nähern. Ich zucke zusammen, als sie meine Scham erreichen, und seine Lippen verziehen sich zu einem kleinen Lächeln. Er spreizt mich mit seinen Daumen und senkt dann gemächlich seinen Kopf.

Sein Blick verlässt mich nicht, auch nicht, als seine Zunge langsam über meine gesamte Mitte leckt. Ich wimmere, als seine Zunge über meinen Kitzler streicht.

Unfähig, mich zurückzuhalten, tauchen meine Finger in sein kurzes Haar. Es gibt nicht viel, woran ich mich festhalten kann, aber ich ergreife, was ich kann, und drücke ihn an meine Mitte. Er stöhnt und seine Zunge bewegt sich noch schneller.

Meine Augen verdrehen sich, als er mich weiterbearbeitet, wie ich es noch nie zuvor erlebt habe. Seine Zunge schmeckt jeden Teil von mir, meine Pussy flattert und bettelt nach mehr. Würde er den ganzen Tag bei mir bleiben können, jeden einzelnen Tag, dann würde ich glücklich sterben. Ich habe in meinem ganzen Leben noch nie etwas so Erstaunliches gefühlt.

Ich spüre, dass nichts meinen Orgasmus aufhalten kann. Ich fühle ihn aufsteigen. Meine Atmung wird keuchender, mein Blick unfokussierter und meine Augen verdrehen sich noch mehr. Mein Körper zittert. Er ist gleich da, erreicht gleich den Gipfel, und ich weiß, dass er gewaltig sein wird.

Während Robby zwei Finger in mich gleiten und sie auf köstliche Art und Weise kreisen lässt, umschließen seine Lippen meine Klit, er saugt und schnalzt mehrmals gegen mich. Dann passiert es. Ich stoße einen Schluchzer aus, einen Schrei, und ich komme.

Mein ganzer Körper zittert, er bebt, und meine Finger greifen noch fester in sein Haar. Es ist unglaublich. Sein Mund hört nicht auf, und es ist zu viel, aber ich sehne mich trotzdem nach dem leichten Schmerz. Als er mich schließlich loslässt, küsst sich sein Mund behutsam die Mitte meiner Brust hinauf und ich stoße einen Seufzer aus, mein ganzer Körper fühlt sich bis in die Knochen entspannt an.

„Lass die Beine für mich gespreizt, Baby", befiehlt er sanft.

Ich würde sie nicht mehr schließen können, selbst wenn ich es versuchen würde. Ich bin völlig erschöpft. Aber sobald ich spüre, wie seine Finger durch meine feuchte Mitte gleiten und meinen Kitzler necken, bin ich sofort bereit für mehr von ihm.

Seine Lippen berühren mein Ohr, und er knabbert an meinem Ohrläppchen, zieht an der Haut, bevor er sich aufrichtet. Ich beobachte ehrfürchtig, wie er seine Stiefel und Jeans auszieht und mir seine ganze Nacktheit offenbart.

Sein Schwanz ist lang, dick und hart. Ich will ihn. Ich habe noch nie in meinem Leben etwas so sehr gewollt. Ich weiß, er wird mich dehnen und mich voll ausfüllen.

***

Robby

Als sich ihr Blick auf meinen Schwanz richtet, zuckt er. Sie leckt sich über die Lippen, und ich schwöre bei Gott, dass ich hier und jetzt fast explodiere. Ich wünsche mir nichts sehnlicher, als meinen Schwanz tief in ihre Kehle zu schieben und zu sehen, wie sie mein Sperma schluckt, aber nicht heute – nicht beim ersten Mal.

Ich lege meine Hand um meinen Schwanz und streichle mich sanft, während mein Blick an ihrem nackten Körper hinunter zu ihrer glitzernden Mitte wandert. Sie zieht sich auf dem Bett zurück, sodass ich mehr Platz habe, um auf sie zu klettern.

Ich schiebe meine Hüften zwischen ihre gespreizten Schenkel und stütze mich mit den Unterarmen neben ihrem Kopf ab. Dann gleite ich mit meinem Schwanz durch ihre nasse Spalte und beobachte, wie ihr Atem bei jeder Bewegung meiner Hüften stockt.

„Robby", wimmert sie.

Ich mache es ein letztes Mal, dann führe ich die Spitze meines Schwanzes zu ihrer Mitte. Sie ist warm und feucht, wartet auf mich, ihr Körper will mehr, will gefüllt werden. Sie spreizt ihre Beine und hebt sie hoch. Ihre Schienbeine drücken gegen meine Rippen und ich gleite ein wenig weiter in ihre feuchte Hitze.

Ich schließe die Augen, atme durch die Nase ein und wieder aus, um mich zu beruhigen. Ich will meinen Schwanz tief in sie hineinstecken und sie so hart in diese verdammte Matratze ficken, dass sie nichts als Schreie und Orgasmen von sich gibt.

„Bitte, ich brauche dich. Ich brauche es", fleht sie.

Ich bewege meinen Unterarm zu ihr hinüber und streiche ihr mit den Fingern die Haare aus dem Gesicht. Mit zusammengepresstem Kiefer spreche ich schließlich. „Was brauchst du?"

In ihren Augen liegt ein Schimmer, den ich noch nie gesehen habe. „Ich will, dass du mich fickst. Ich brauche dich, ich brauche es hart. Bitte, Robby, ich brauche es so sehr", fleht sie erneut.

Mit einem Ruck werfe ich den Kopf hoch und ohne ein weiteres Wort stoße ich meinen Schwanz tief in ihre wartende Mitte.

Sie wirft ihren Kopf mit einem Schrei zurück. „Ja, oh Gott, ja", schreit sie.

Ich ficke sie.

Ich behalte sie im Auge, beobachte ihre Reaktionen und ficke sie so, wie sie es braucht – so, wie ich es brauche. Hart und schnell, tief und unerbittlich. Ich weiß nicht, wo ihr Körper beginnt und meiner endet.

Wir sind eins.

Ein riesiger Knäuel aus Fleisch, Schweiß, Verlangen und Gier.

„O Gott, ich werde wieder kommen“, warnt sie.

Mein Rücken kribbelt, meine Eier ziehen sich zusammen, und allein ihre Worte reichen aus, um den Orgasmus aus mir herauszulocken. Ihre Pussy krampft sich zusammen und ohne Vorwarnung vergrabe ich mich tief in ihr und komme. Er ist heftig, er wird aus mir herausgerissen und er ist gottverdammt perfekt.

Wir verharren ineinander verschlungen, mein Körper drückt gegen ihren, wahrscheinlich viel zu stark, aber ich kann mich nicht bewegen.

„Ich liebe dich, Emily“, raune ich und schaue in ihr Gesicht.

Ihre Augen sind geschlossen und sie hat ein Lächeln auf den Lippen, das sie nicht wegwischen kann – selbst wenn sie es versuchen würde. Langsam öffnen sich ihre Augen auf mein Eingeständnis hin. „Ich liebe dich auch, Robby! Wenn ich mit der Schule fertig bin, werde ich zu dir kommen“, flüstert sie.

„Verdammt richtig, das wirst du.“

Ihre Lippen verziehen sich zu einem noch breiteren Lächeln, ihre Nase gleitet an meiner entlang. „Danke, dass du mich gerettet hast.“

Ich sage ihr nicht die Wahrheit. Ich sage ihr nicht, dass sie mich in diesem Moment, genau hier, gerettet hat. Ich hätte nicht gedacht, dass ich jemanden finden würde, der so gut zu mir passt.

Ich hätte nicht gedacht, dass es da draußen eine Frau geben würde, die mich mit einem einzigen Blick in die Knie zwingen könnte. Ich hätte nicht gedacht, dass ich mein Glück finden würde.

Und doch ist sie da, versteckt in einem einst ramponierten und zerschundenen achtzehnjährigen Körper.

Eine Überlebende. *Meine Überlebende.* Die Liebe meines Lebens.

Autorin

Als Einzelkind musste Hayley Faiman sich mit sich selbst beschäftigen. Im Alter von sechs Jahren begann sie, Geschichten zu schreiben, und hörte nie wirklich damit auf. Die gebürtige Kalifornierin lernte ihren heutigen Ehemann im Alter von sechzehn Jahren kennen und heiratete ihn mit zwanzig Jahren im Jahr 2004. Nach all den vielen gemeinsamen Jahren ist er immer noch die Liebe ihres Lebens. Mit ihrem Mann und den gemeinsamen Kindern lebt Hayley Faiman heute im Osten von Texas.

Die meisten Tage verbringt Hayley damit, sich um ihre beiden Söhne zu kümmern, ihnen bei den Hausaufgaben zu helfen oder mit ihnen zum Sporttraining zu gehen. Ihre Abende verbringt sie mit ihrem Mann und ihre Nächte damit, sich neue Romane mit heißen Alpha-Helden – gemäß dem Motto „Alphas Do It Better" – auszudenken.

Website: www.hayleyfaiman.com
Facebook: www.facebook.com/authorhayleyfaiman